政治哲学丛书

当代社群主义自我理论及其价值研究

袁洪英 著

中国社会科学出版社

图书在版编目(CIP)数据

当代社群主义自我理论及其价值研究／袁洪英著 . 一北京：中国社会科学出版社，2017.7
　ISBN 978-7-5203-0368-2

　Ⅰ.①当… Ⅱ.①袁… Ⅲ.①政治哲学—研究 Ⅳ.①D0

中国版本图书馆 CIP 数据核字(2017)第 099925 号

出 版 人	赵剑英
责任编辑	冯春凤
责任校对	张爱华
责任印制	张雪娇

出　　版	中国社会科学出版社
社　　址	北京鼓楼西大街甲 158 号
邮　　编	100720
网　　址	http：//www.csspw.cn
发 行 部	010-84083685
门 市 部	010-84029450
经　　销	新华书店及其他书店

印　　刷	北京君升印刷有限公司
装　　订	廊坊市广阳区广增装订厂
版　　次	2017 年 7 月第 1 版
印　　次	2017 年 7 月第 1 次印刷

开　　本	710×1000　1/16
印　　张	15.75
插　　页	2
字　　数	256 千字
定　　价	68.00 元

凡购买中国社会科学出版社图书，如有质量问题请与本社营销中心联系调换
电话：010-84083683
版权所有　侵权必究

目 录

导言："我们"——政治主体的价值预设与追求 …………（ 1 ）
第一章 "自我"的历史回溯 …………………………………（ 14 ）
　第一节 自我的"影子" ……………………………………（ 15 ）
　　一 自我的萌芽——古希腊时期 ………………………（ 16 ）
　　二 自我与上帝缔约——中世纪时期 …………………（ 18 ）
　第二节 先验自我观 ………………………………………（ 19 ）
　　一 主体自我——笛卡尔的认识论转向 ………………（ 20 ）
　　二 理性自我——康德的自我二分 ……………………（ 21 ）
　　三 自我作为实体与主体的统一——黑格尔的绝对
　　　　精神具体化 …………………………………………（ 23 ）
　第三节 经验自我观 ………………………………………（ 26 ）
　　一 生存的自我——雅斯贝尔斯的自我澄明 …………（ 26 ）
　　二 超越的自我——萨特的人道主义视野 ……………（ 28 ）
第二章 自由主义自我的样态与困境 ………………………（ 33 ）
　第一节 自由主义的理论预设——独立理性自我 ………（ 35 ）
　　一 自我与自由 …………………………………………（ 36 ）
　　二 自我与自主、宽容 …………………………………（ 37 ）
　第二节 自由主义自我的典型表现形态 …………………（ 40 ）
　　一 实体形态的自我 ……………………………………（ 42 ）
　　二 先验形态的自我 ……………………………………（ 43 ）
　第三节 自由主义自我的多重困境 ………………………（ 47 ）
　　一 自我与价值承诺冲突 ………………………………（ 50 ）
　　二 个人主义的隐忧 ……………………………………（ 56 ）

三　普遍主义的贫困 …………………………………………（61）
　　四　理性主义的虚妄 …………………………………………（65）
　　五　实践与设定的疏离 ………………………………………（68）

第三章　社群主义自我的历史出场与现实评介 ……………………（72）
　第一节　社群主义的理论内涵及其流变 …………………………（73）
　　一　社群主义的内涵 …………………………………………（73）
　　二　社群主义的历史源流 ……………………………………（77）
　第二节　社群主义自我理论溯源 …………………………………（86）
　　一　作为城邦至善生活中的自我 ……………………………（86）
　　二　作为政治显现的自我 ……………………………………（88）
　　三　作为生存状态的自我 ……………………………………（91）
　　四　作为现实关系总和的自我 ………………………………（92）
　第三节　社群主义者自我理论的评介 ……………………………（94）
　　一　叙事性自我：麦金太尔的美德追寻 ……………………（95）
　　二　构成性自我：桑德尔的共同体情怀 ……………………（101）
　　三　关联性自我：沃尔泽的复合平等 ………………………（106）
　　四　对话式自我：泰勒的现代认同 …………………………（110）
　　五　惯性自我：贝尔的社群现实 ……………………………（116）
　第四节　社群主义自我理论的阐释性内涵 ………………………（119）
　　一　自我与特定场域 …………………………………………（122）
　　二　自我与构成 ………………………………………………（128）
　　三　自我与语言 ………………………………………………（133）

第四章　对社群主义自我理论的深层解读 …………………………（137）
　第一节　社群主义自我内在的理论结构 …………………………（137）
　　一　情境式自我——社群主义自我的逻辑前提 ……………（138）
　　二　成员资格——连接个体与社群的纽带 …………………（141）
　　三　个体美德——社群自我的德性修炼 ……………………（147）
　　四　社群——自我的物质依托和意义框架 …………………（151）
　　五　共同善——自我的价值寄托 ……………………………（157）
　第二节　社群主义自我理论的统合理解 …………………………（161）
　　一　共享式自我的理论定位 …………………………………（162）

二　共享式自我的基本思想意蕴 …………………………（166）
　　三　对共享式自我的深层理解 ……………………………（171）
第五章　社群主义自我理论的时代价值检视 …………………（180）
　第一节　社群主义自我与哲学智识传统 ………………………（182）
　　一　还原个体生存的社会真实 ……………………………（183）
　　二　置换政治价值的结构方式 ……………………………（186）
　　三　凸显个体自我的公共性诉求 …………………………（189）
　第二节　社群主义自我与时代境遇 ……………………………（194）
　　一　现代性境遇中自我的分裂与统一 ……………………（194）
　　二　后现代语境下自我向社群的复归 ……………………（200）
第六章　社群主义自我理论的社会价值省思 …………………（205）
　第一节　社群自我与共享发展 …………………………………（205）
　　一　原子式自我与互惠共享的社群自我 …………………（206）
　　二　共享发展与马克思的"自由人联合体" ……………（213）
　第二节　社群自我与社会信任 …………………………………（217）
　　一　社群在先的社会信任 …………………………………（218）
　　二　自我与社会信任 ………………………………………（223）
　第三节　社群主义自我理论的价值缺憾 ………………………（227）
结　语 ………………………………………………………………（235）
参考文献 ……………………………………………………………（237）

导言:"我们"——政治主体的价值预设与追求

认识自我乃是哲学探究的最高目标。对人的自我反思与体认始终贯穿于人类的思想发展始终。因为西方传统哲学遵照的是"把客观世界当作镜子来反观自己"的二元思维路向,所以,西方传统中能够发展出"自我"概念。在西方学者那里,单就表面意思而言,自我通常用"self""organism""ego"等词语来表达,但是在政治哲学的派别论争中,自我一般被等同于个体来理解。在这里,我们为了用语一致将自我对应翻译为"self",于是,我们就此可以把自我理解为一种具有实体性的东西:当一个人思考或行动的时候,它是思考或行动的主体,而当一个人在思考或省察本身的一切时,它又是一个被动的客体。这种对自我的认识与理解影响到了政治哲学的发展历程,因此,在政治哲学传统中,通过对政治活动的主体的理解和设定来阐发和论证政治价值和政治原则的正当合法性或道德重要性,一直是政治哲学的主要言说方式。因为,政治哲学的理想化色彩及理性化方式决定了关于政治主体的价值判断和道德预设必然成为政治哲学的思考前提和理论背景。

一 自我问题的缘起

政治哲学对政治主体也即自我的不同理解、判断与预设影响到不同流派之间的根本区别。但是,对社会正义的追求是每个流派不变的思想主题,所以,我们有必要从社会正义背后的伦理主体出发来透视不同政治哲学流派对自我的认识。20世纪的政治哲学发展光彩夺目,其中,社群主义与新自由主义的论争成为其中最引人注目的风景,而作为社会正义的哲学基础和伦理学的价值本原,究竟是作为自由主义所持守的大写的、个体的、第一人称的"我",还是作为社群主义所推崇的群体的、他者形态的"我们"？这个问题值得我们去深入研究与思考。

有学者认为,20世纪70年代政治哲学的主题是新自由主义的正义,80年代政治哲学的主题是社群主义者的社群,而到了90年代正义和社群同时成为政治哲学的主题。① 在西方社会的政治文化传统中,自由主义无疑占据了主导地位,自由主义的出身背景和文化基因决定了自由主义凸显个体自由与权利的政治哲学本质。自由主义的共同本质体现了资本主义的"现代性",因为,个人主义是资本主义"现代性"的主要成分,而个体本位恰恰是自由主义的核心价值,个人自由的维护问题就构成了自由主义的首要关怀及其区别于其他意识形态的特征。而社群主义正是针对自由主义自我过度个体化的倾向所导致的负面效应而开展理论批判的,所以,我们需要在自由主义自我理论的基础上来探讨社群主义自我理论的理论内核及其价值。

西方政治哲学发展历程中,一般以约翰·罗尔斯为界,自由主义分成前后两个阶段,分别为古典自由主义与新自由主义,罗尔斯之前的所谓古典自由主义一直秉承自由主义传统价值,力图从自由的角度来规范和提升人们的个体生活,但事实上,推崇个体自由的古典自由主义理论并没能给人们带来安逸的生活,社会中反倒充斥着大量的不平等、暴力现象、整个社会表现为秩序紊乱、社会成员精神虚无等不良表征,出于解释社会现实和统领社会现实的双重需要,政治哲学的理论发展过程中出现了新的研究主题,为此,罗尔斯致力于转变政治哲学或道德哲学的研究进路,从社会公平正义的视角来理解和指导现实的制度设计与安排,诉诸于制度伦理来回应理论诉求和现实期待,这种鲜明的理论转向最终体现在他1971年发表的传世之作《正义论》中,这本书使罗尔斯获得极大的学术声誉和赞扬之外,也招致了来自自由主义内部、社群主义、保守主义、共和主义、西方马克思主义等各种理论立场论者对其的质疑乃至激烈批评。其中,以阿拉斯戴尔·麦金太尔、迈克尔·桑德尔、查尔斯·泰勒、迈克尔·沃尔泽以及小丹尼尔·贝尔为代表的社群主义对以罗尔斯为代表的新自由主义的批判最为有力。所以,20世纪80—90年代自由主义与社群主义之争成

---

① 俞可平：《社群主义》,中国社会科学出版社2005年版,第3页。

为当代西方政治哲学界的主要理论景观。

社群主义与新自由主义的论争几乎涉及西方政治哲学领域内所有的主题。概括起来，社群主义对新自由主义的批判主要有三种方式：一是对新自由主义普遍主义原则的批判；二是对新自由主义自我观念的批判；三是对新自由主义的原子主义的批判。但"对自我的理解成为这场争论的核心，理由就在于自我的概念其实构成了这两种据说'完全对立'的学说的理论基础；在这场争论中涉及到所有其他问题，几乎都可以看作是关于自我的争论的延伸。"[①] 由此，我们可以看出，这场争论的核心就是对自我以及自我同一性的不同理解，因此，我们可以断定，社群主义对形成几百年来的自由主义为基石的自我理论进行世纪般的反省，并在批判的过程中建构独特的社群主义自我理论便成为西方政治哲学和道德哲学的重要趋势。

概而言之，我们选取社群主义自我理论进行研究出于三方面考虑，一是理论上由于自我在哲学史上是一个历史悠久的普遍概念，对自我及自我理论的回溯与传承性研究能够为政治哲学的研究丰富理论基础；二是自我理论的普遍性理解也渗透到政治哲学当中，因为，实际上，政治哲学的主要言说方式就是对政治主体进行理解和设定，从而体现不同政治原则和政治价值，政治哲学流派之间的最大分歧就体现在对自我的不同阐述上；三是社群主义内部存在理论分歧，目前缺少统一的学派认知，所以用自我理论来替换自我观，更能够多样化全方位地体现社群主义对自我的丰富理解。我们通过对社群主义者自我理论的梳理，力图寻找其内在逻辑形成更加系统化体系化的自我观。重要的是我们希望通过对社群主义自我理论的阐释来丰富社群主义理论并进一步展现社群主义与自由主义论争的宏大场景和深远意义。

另外，之所以选取社群主义自我理论进行研究也出于实践层面的考虑。自由主义除了在理论上遭遇到多方的诘问之外，在当代西方社会，自由主义的实践也是危机重重，而这些危机的出现与自由主义对自我的抽象、个人主义式理解高度相关。在经济领域，自20世纪80年代以来，以新自由主义思潮为主导的全球化的迅猛发展加剧了世界范围内社会和经济

[①] 徐向东：《自由主义、社会契约与政治辩护》，北京大学出版社2005年版，第302页。

领域的不平等，强化了世界经济秩序的不稳定性，加深了全球环境的灾难性。到了90年代西欧经济开始出现低迷，失业现象加重，因而需要发挥各种社群的调控和缓冲作用。另外，在个人信仰范围内，奠基于自由主义哲学基础上的个人主义价值观的负面效应日益凸显，个人主义使社会组织瓦解、个体化，社会不再是人们由共同志趣、共同利益汇集凝聚成的社群。同样，在公共生活领域中，公民参与精神日益缺失，公共责任意识日渐淡漠，社群整体秩序亟待维系。总之，西方社会的自由民主基础发生动摇，人们开始进行深刻反省同时从更加朴实和具有集体约束力的社群信念中寻找寄托。

总而言之，每一种政治学说都有一套与众不同关于人或人性的观念，以及在逻辑上与这些观念相关的人类社会的一般理论。自由主义之所以在理论和实践过程中遭遇双重挑战其根源就在于自由主义政治哲学传统植根于一个共同的理论假设，即自我是一种独立的、先验的、自足的理性主体，而所谓社群或者社会不过是自我为了利益与他人联合的结果，因此，在自由主义者看来，自我作为个体才是道德和政治义务的真正本原。这种"原子式"的自由个人主义理论正是从这样一幅虚构的人性图景出发，建构起对他人、社群、历史、文化等的整体理解。而社群主义便需要从对自由主义自我观的批判入手进行论争和自身理论建构。

二 社群主义自我理论的研究概况

由于自由主义在西方政治哲学和道德哲学领域长期占据优势地位，所以，无论在西方还是在中国对自由主义的关注度向来很高，对社群主义的关注相对弱势。另外，由于社群主义的产生就是在与自由主义的理论对抗和交锋中完成的，所以，关于社群主义以及自我理论的理解都渗透到了自由主义或反自由主义的著作之中。

（一）国外研究概况

自我与社群的关系问题是近代以来政治哲学、道德哲学所涉及的主要问题。西方自由主义的产生就是为了保护一定的个人权利不受王权的干扰与侵害，但到了20世纪后期，西方社会经历了新的历史变迁，出现了各种个人权利被滥用和无法控制的局面，以至于人们对理性开始产生怀疑，对自由主义的传统自由价值感到厌倦，所以，罗尔斯发表的扛鼎之作

《正义论》正是反映了当时美国调整分配原则诉诸于平等价值的现实需要。社群主义的勃兴就以批判新自由主义为基础出现，所以，社群主义对自我理论的理解就隐含在社群主义及其其他学者对自由主义的理论批判过程之中。总体来看，关于社群主义及其自我理论的研究现状主要包括：

一方面，社群主义与自由主义（主要是新自由主义）的整体性论争研究，而其中自我理论是其论争的主题。社群主义产生于批判新自由主义的过程之中，所以国外最先开始的研究是对新自由主义智识传统的全面反对。社群主义几乎同时被其倡导者和反对者视为一种与西方社会占主导地位的个体主义和自由主义尖锐对立的道德哲学和政治哲学，有些学者甚至认为社群主义会取代自由主义成为占据西方政治哲学的主流政治话语。20 世纪 70 年代，最重要的政治哲学著作是罗尔斯的《正义论》（On Justice），其中，他通过"原初状态"这一表达性设置将人置于其后，"原初状态"背后的人被屏蔽掉了很多偶然性的客观因素，只保留了对理性生活的关注和推理的能力，这种状态下的人是一个整体，所以，罗尔斯这种对人的概念开启了社群主义对自由主义自我理论也即人的问题的争论。同为在自由主义阵营的诺齐克则针对罗尔斯"原初状态"中人的选择能力提出质疑，在其《无政府、国家与乌托邦》（Anarchy, State and Utopia）中，再一次重申了自我权利的至上性，而德沃金则从道德权利和法律权利的角度对自由主义关于人的设定进行了分析。

整体而言，自由主义的对自我的理解带有抽象、先验的色彩，这一点正是社群主义者对自由主义进行批判的切入点。以罗尔斯关于人的概念为核心，社群主义开始从理论上对其进行应对，社群主义在批判以罗尔斯代表的新自由主义基础上涌现出一系列的顶尖力作：20 世纪 80 年代，迈克尔·桑德尔针对罗尔斯的自我观念出版了《自由主义与正义的局限》（Liberalism and the Limits of Justice），在书中他专门从自由主义自我观的先验个体、先在个体、绝对选择主体等开始对自由主义进行了釜底抽薪式的批判，桑德尔本人也因其对自由主义自我观的深刻批判和对社群主义自我理论的立言而成为社群主义自我理论的最佳代表人物，也正是桑德尔对罗尔斯的批判，才使得罗尔斯后来在《政治自由主义》中对"原初状态"中的自我进行了纠正，开始强调人的公共理性与重叠共识，并对自我进行适用范围的限定，这些变化可以使我们看出自由主义的自我理解确实存在缺陷，而社群主义者对自我的理解有其合理性。而阿拉斯戴尔·麦金太尔在《追寻美德》(After Virtue)中从当前道德无序、理性无能的现状入手，强调个体美德的角度对自由主义自我理论进行批判。查尔斯·泰勒从自我的历史回溯中对自由主义的"点状自我"进行重构，突出文化、语言对自我的构成作用，这些社群主义自我观点在其《自我的根源》(Sources of the Self)中有充分体现。迈克尔·沃尔泽在《正义的范围：为多元主义和平等辩护》(Spheres of Justice: A Defense of Pluralism and Equality)中针对罗尔斯和诺齐克的简单平等从经济层面呼应了社群主义者对自我的理解。

除了社群主义者本身通过对自由主义的批判来提出自己的自我理论之外，到了20世纪90年代，在一些其他的政治哲学论著中我们也能总结出他们对社群主义自我的一些参考性结论，代表性的有威尔·金里卡的《自由主义、社群与文化》(Liberalism, Community and Culture)和《当代政治哲学》，前者从对社群主义对立者的角度来反思社群对自我理论的认识，后者通过当代英美政治哲学的历史梳理来为社群主义进行恰当定位，并对社群主义与自由主义关于自我的争论进行了理论总结。还有史蒂夫·缪哈尔和亚当·斯威夫特两人合著的《自由主义者与社群主义者》(2007年中文版第二版)，书中按照人物对桑德尔、麦金太尔、沃尔泽、泰勒等社群主义者的观点进行评介式分析，然后就罗尔斯对社群主义者的质疑进行了理论回应，在整个社群主义人物引介和评论过程中，人的问题从哲学层面再次成为彼此理论交锋的关注点。还有自称为社群主义者戴维·米勒的《市场、国家和社群》《社会正义原则》等著作，另外，1994年由 C. F. Delanney 编撰的 The Liberalism – Communitarianism Debate，在这本书里收录了 Jeffrey Reiman 的 "Liberalism and Its Critics"，Richard F. Galvin 的 "Moral Pluralism, Disintegration, and Liberalism"，Thomas Moody "Some Comparisons between Liberalism and an Eccentric Communitarianism"，Thomas W. simon "The Theoretical Marginalization of the Disadvantaged: A Liberal/Communitarian Failing" 等文章，集中探讨了二者争论的主题，从形上的理论前提到具体的观点都作了系统的分析和讨论，对自我的认识是这些文章讨论上所必然涉及的问题。由此，我们可以看到新自由主义与社群主义关于自我及其他主题相互辩驳和争论的宏大场景。

另一方面，来自于对自由主义抽象人性、普遍人性有所感悟的反自由主义者。他们对整个自由主义进行理论反思与批判，其中有代表性的是1984年安东尼·阿巴拉斯特以《西方自由主义的兴衰》为题写了关于自由主义的通史性著作，对自由主义所面临的理论困境和实践难题进行了诊断和揭示，其中包括对自由主义的个体主义、抽象人性观、普遍主义等批判。还有约翰·凯克斯，他在《反对自由主义》中认为自由主义把个人自主作为核心原则来考虑是不切合实际的，自主仅是人类幸福安康的一种必要条件，其他如和平、社会内聚性环境对人类幸福也同样重要，这种对人类幸福的理解和社群主义对自我的群体性理解有很大的相似性。其他反自由主义者如约翰·格雷《自由主义》、斯蒂芬·霍尔姆斯《反自由主义剖析》、安东尼·德·雅赛《重申自由主义》、伊曼努尔·华勒斯坦《自由主义的终结》、尚塔尔·墨菲《政治的回归》等著作都对自由主义的基本缺陷进行了详细的说明，都在对自由主义先验人性论批判的基础上对社群主义自我的理解提供了理论资源。

总之，国外对社群主义自我理论的认识主要体现在三种倾向：一是社群主义者通过与自由主义进行论战提出自己对社群主义自我的认识，这种对社群主义的认识大都隐含在两派理论争论之中；二是社群主义对自我理论的直接阐释，直接体现在社群主义关于自我的一系列代表著作中；三是在其他学者对自由主义进行反思和批判的过程中我们也能够发现与社群主义自我理论相关的论述。但这些对社群主义自我理论的论述重点还是以批判自由主义为对象，在自由主义基础上进行自我的理论建构，对于自我理论或者自我观，社群主义对其正面的阐述相对薄弱。

（二）国内研究概况

在西方思想界，社群主义和自由主义的争论已经进行了40余年。以罗尔斯20世纪70年代出版《正义论》引起社群主义批评开始计算，1981年被视为社群主义健将的麦金太尔出版了《追寻美德》，1982年桑德尔出版了《自由主义与正义的局限》，1984年沃尔泽出版了《正义诸领域》，1989年泰勒出版《自我的根源》等。而这一论争以文化流通的形式进入中国，只有10余年的历史。上述著作的中文译本大都出现在2001年、2002年、2003年等21世纪初的前几年之中，当代社群主义的代表人物丹尼尔·贝尔所写的博士论文《社群主义及其批评者》也是在2002年有了中译版本。所以，相对国外的研究，国内的研究略显单薄。

目前，国内关于社群主义及其相关理论的研究还处于初期阶段，概括起来，主要有三种倾向：

一是关于社群主义的整体性介绍。国内最早对社群主义进行介绍的当属1998年7月俞可平写的比较通俗的小册子《社群主义》。这是国内比较规范地介绍社群主义的作品，书中对社群主义从理论和方法论的角度对社群主义进行了全方位的阐释，这其中也包括对自我观的理解，自由主义是为自足的理性个人设计的，而社群主义的自我则不能脱离活生生的社会生活，这种对自我的理解与马克思对人是社会关系总和的理解有相似之处。与俞可平的《社群主义》同名，1999年应奇博士在台湾也出版了一部关于社群主义的介绍性读物，书中采用历史主义的线索从亚里士多德、黑格尔等历史人物中寻找社群主义相关理论的发展脉络。所以，二者书名相同，但对社群主义的引介方式存在差异，一个侧重于理论的面上的介绍，而另一个则侧重于社群主义历史资源的探究，但这两本小册子的出版对国内学者研究社群主义及其自我理论提供了良好的素材。

二是沿袭了西方对社群主义研究的思路，在社群主义与自由主义的论辩中识别出对自我的独特理解。刘军宁1998年编写的《自由与社群》是国内较早地阐述社群主义的论文集，文集中收录了"个人·社群·公正""社群主义构成一种挑战吗？""在自我与社群中的自由主义""民主社会中的个人与社群""从权利政治学到公益政治学"等文章，集中探讨了自由主义前提下社群主义的合法性和效用问题，其中对社群主义的理论基础——自我理论也进行了阐释，他们认为社群主义的自我理论是对抗新自由主义的自我观而出现的，新自由主义的自我是一种形上的预设，没有实际生活的支撑，这与西方的追求个体权利和无上自由的精神传统一脉相承，而社群主义对自我的认识则是对集体意识和集体权利的强调，这种自我是归属性的自我。顾肃教授在对自由主义进行梳理之后也对社群主义进行了研究，他认为，社群主义对新自由主义挑战的回应之一就是对自我与社群关系的定位，社群主义的自我是集体归属的自我，这和我国长期的精神传统有一定关联。应奇博士则从后自由主义的话语结构角度来分析社群主义和社群主义自我观，他认为在新自由主义者罗尔斯那里已经有了承认社会联合的主张，罗尔斯就已经有这样的思想变化。姚大志教授对社群主义也作了较为具体的研究，他从对正义的共同追求角度对自由主义、社群主义之间的理论分歧进行了分析。中国人民大学的何霜梅在2005年写成的博士论文《试论社群主义对以罗尔斯为首的新自由主义的批判》，这是从社群主义角度对自由主义进行全面批判的代表性文章。

三是对社群主义代表人物的人头式研究与对社群主义单项理论的研究并行的趋势。近几年来，国内出现一大批关于桑德尔、麦金太尔、泰勒、沃尔泽的硕博论文，博士论文《自我与社群：查尔斯·泰勒的社会政治哲学研究》，《桑德尔政治哲学研究》《追寻美德之路——麦金太尔对现代西方伦理困境的反思》《社群主义权利观研究》等，硕士学位论文有《麦金太尔对现代西方道德哲学的批评》《个人与社会：社群主义与马克思主义的视野分歧》《社群主义伦理学考辨》《麦金太尔德性思想的现代性批判之维》《沃尔泽分配正义研究》等。通过以上我们可以看出，近几年人们对社群主义的研究开始升温，这与自由主义在西方的境遇有关，更与我们对人类整体的生存关怀有关。

三　逻辑框架及研究意义

"自我"无论对于新自由主义还是社群主义而言都是其理论范式的基础性范畴，通过对它的理解和阐释，可以深化对这两派争论的认识，丰富政治哲学的整体图景。另外，"自我"与现代性具有天然联系，透过现代性的视角研究社群主义自我理论将具有全新的意义。

而由于对社群主义自我理论的理解大都建立在对自由主义自我的逻辑原子主义批判的基础上，所以，我们需要考虑在政治哲学领域中，自由主义对自我观如何理解？它又有哪些表现形态，在其自身发展过程中与社群主义对其批判过程中遭遇哪些困境？社群主义本身对自我理论如何阐释以及我们对社群主义自我理论又作何理解？身处当下语境如何评价社群主义自我理论的理论价值及现实意义？而这些问题都需要我们通过对社群主义自我理论进行分析和阐释来从整体上进行把握。

本书运用历史与逻辑相统一的方法，凭借哲学史中自我观发展的宏大历史脉络，寻找对自由主义自我观产生影响的人物与流派，为政治哲学自我观寻找历史来源与根据；通过对自由主义自我观所面临的诸多困境的揭示，引出社群主义的出场、社群主义对自我理论的理解；借助社群主义者对自我理论风格迥异的界定，提出对社群主义自我理论的价值定位与理论的内在结构；最后，立足于当下的时代语境，评价社群主义自我理论的意义与价值。

本书分为六章，加上导言，一共七部分。

第一章从历史回溯的角度为社群主义自我理论开启历史寻根之旅。西方传统哲学的二分对立思维方式使其确立了"自我"的概念，自此，对自我的理解与认识成为哲人们必须进行的工作。作为文明源头的古希腊虽然没有明确提出自我的概念，但我们谁都不能否认在对外在世界的探秘过程中存在自我的影子。而笛卡尔的"我思故我在"的主体认识论转向间接地构成了自由主义自我观的理论来源，新自由主义者约翰·罗尔斯就承袭了康德对自我的思维传统。同时，亚里士多德与黑格尔成为当代社群主义者公认的思想源头。由此可见，社群主义与自由主义在哲学历史发展中都能分别找到自我观的源头，只是一段时间以来，自由主义对自我的理解占了上风，因此，只有更加明确对自由主义自我观的认识，我们才能更清晰地为社群主义自我提供理论图解。

第二章则直接切入社群主义自我理论批判与超越的对象——自由主义自我观。自由主义长时间在西方政治思想传统中占有主导地位，这说明它对政治实践、政治意识形态起到过积极的促进作用。但是，在自由主义的发展过程当中，自我观一直是招致质疑和诘问的"阿基里斯之踵"，因此，自由主义自我观面临规范层面、方法论层面以及实践层面的多重困境：理论论证的形而上倾向、个人主义的隐忧、普遍主义的贫困、理性主义的虚妄以及实践与价值设定的疏离，种种困境使得社群主义从理论上对其批判与超越成为必然。

第三章伴随着对自由主义的批判，社群主义随之出场，社群主义自我理论也在与自由主义自我观的比对之下显示出其丰富的理论内涵。而社群主义者对自我的理解也风格迥异，麦金太尔从价值相对主义导致的当代道德困境入手，拒斥自由主义的情感自我，提出了"叙事性自我"；桑德尔则针对罗尔斯的"先行个别化主体"提出了"构成性自我"；泰勒则从历史回顾的角度，针对"点状自我"，提出了"对话式自我"；沃尔泽从物品分配的社会意义角度阐释了具体的、鲜活的"关联性自我"；小丹尼尔·贝尔则从人们生活的习惯化生活中总结出了"惯性自我"。整体而言，社群主义用对社群价值的强调置换了自由主义的正义主题，社群主义用厚重的、丰富的、共享式的自我替代了自由主义自足的、独立的、先验的理性自我。

第四章基于社群主义者各自丰富的自我理解，社群主义自我被重新定位为共享式自我，自我归属于社群其真正价值在于强调社群中自我的公共性与共享性维度，在这种价值定位的基础上进一步对这种社群主义自我进行了深层的解读：从自我与他者的共在角度来理解社群主义自我对公共领域与私人领域分离的克服，具有浓厚的人本化色彩；从文化生存方式的视角来阐释社群主义自我的文化意蕴，带有强烈的人性关怀；从思维的总体视野来融合自我与社群的紧张关系，带有对完整人性的青睐。另外，为了对社群主义自我有全景把握，我们也对社群主义自我背后的理论逻辑结构进行了分析与构建，社群主义自我理论，不仅仅是对自我这一概念的平面化理解，它本身是一个有着内在逻辑的立体网络理论结构：自我与社群、自我与美德、自我与成员资格、自我与公共善，这些共同构成了社群主义自我的多个理论面向。

第五章从历时和共时的角度来分析社群主义自我理论的时代价值。从整个政治学智识传统发展历程中来对社群主义自我进行价值定位，侧重于它对自我认知的社会性属性、对政治哲学公共与个体之间价值排序的重构等角度，分析其对整个政治哲学传统的思想价值。同时，结合现当代现代与后现代交织的时代情境来分析自我的生存境遇，力图为个体突破原子化倾向，走向自我的完整而真实的存在提供理论支持。

最后一章为了对社群主义自我的理解更有根据和宽广视野，从马克思主义的思想视角出发从理论上来审视社群主义的重要理论价值，从马克思的共同体思想中为社群主义自我寻找思想根源，结合共享发展来提升对社群主义自我的理论认知水平，同时也从当前社会信任资源匮乏的社会现实角度来探讨社群主义自我的现实价值。最后简单总结了社群主义自我理论的价值缺憾。

总之，自我理论是政治哲学所不能规避的，更是当代社群主义所需阐释的。社群主义的自我是"情境式自我"，处于一定传统、习俗、历史、伦理等背景之中。相对于自由主义的"普适自我"，社群主义的"情境式自我""共享式自我"更具现实感。而真正的自我对社群不是单方面的依附而是和社群存在一种批判的张力之中,真正的自我不是社群中的孤立而自私的个体,而是具有共享意识的存在。但是由于现代性的影响,人(自我)的全部生活不再能够被看成是一个统一体,现代性把人的生活分割成不同的板块,自我变成碎片化的生存。在这个意义上,现代性扩展了异化的频率和领域,所以,当今语境下,我们应该推动自我向真正的社群回归,自我成为我们所欲的那种共享式自我。

总而言之,自我理论既是自由主义的逻辑前提,同时也是社群主义的理论根基,更是社群主义与自由主义之间论争的最大分歧,在这其中,通过批判自由主义自我观,社群主义实现了自身关于自我的理论建构。所以,尝试性地对社群主义的自我理论进行分析和阐释,不仅具有一定的理论意义,同时观照当下时代个体的生存状态也具有一定的现实价值。

因为自由主义在西方政治哲学和道德哲学领域长期占据优势地位,国内外学者对自由主义的关注度向来很高,对自由主义的几乎所有论题都有所涉猎,反倒对社群主义关注不够,随着近些年国内出现的大量社群主义译作,人们对社群主义的热情逐渐升温。从社群主义自身而言,它是在批评自由主义的过程中成长起来并逐渐与自由主义对抗的一个政治哲学流派,"自我"无论对于自由主义还是社群主义而言都是其理论范式的基础性范畴,通过对它的理解和阐释,可以深化对这两派争论的认识。另外,由于社群主义作为一种智识传统,一直作为辩论者存在,所以它对外批判多而自身构建少,至今没能系统提出它的自我理论纲要,为此根据众多单个社群主义者的观点提炼出一套自成系统且能够令人信服的自我理论体系不啻为一项有意义的工作。总之,加强对社群主义自我理论的研究,不仅能够丰富对社群主义的理论理解,对社群主义形成整体把握,进一步丰富和加深对个体自我的认识,而且这也无疑对政治哲学理论本身的发展有着重要的理论意义,因为社群主义对新自由主义进行了批判,从自我走向社群,这实现了西方政治哲学研究方法论上的转换,并在罗尔斯之后又一次促进了西方政治哲学的繁荣。

对社群主义自我理论研究的现实价值体现在它对西方社会人们生存困境的感悟与指导,从而也对我国现实的个体人的生存提供借鉴。进入20世纪80年代后,西方社会中,在市场经济的环境下,自由主义自我理论的天然的个人主义倾向造成了人与人之间只保持一种法律的形式关系,自我与他人联合起来的唯一纽带就是为了各自的利益和需要，因为，它强调自我是目的，其他一切都是工具，所以，自由主义自由理念中人与人之间的这种利益关系与工具性关系无法为作为社会存在的自我提供所需要的社群归属感和历史厚重感，使人在精神上处于孤独无依的存在状态。总之，自由主义的个人主义原则造成了自我与他人、个体与社会被无情地分割，每个人均从自身利益出发对他者、对社会缺少了伦理意义上的关怀，因此造成了当代社会深刻的伦理困境。对于目前的中国社会而言，因为传统中国文化与其说注重公共利益，倒不如说是建立在家族联系之上的家庭利己主义，整个社会秩序仿照"家天下"的血缘式关系而建立，国就是放大的家，这种文化实际上造成了中国人对真正的公共事务的冷漠，从而造成缺乏公共精神，公共意识孱弱的不良局面。因此，在当前政治文明建设过程中，培育我国公民公共精神尤为重要，而培育公共精神首要的就是增强公民参与意识，主张公民参与各种类型的社群，培养共同体意识，从而突破"家天下"的狭隘眼界，走向更具民族凝聚力和文化凝聚力的社群。

第一章 "自我"的历史回溯

自我是哲学的最终基点，也是哲学的谜中之谜。对自我的认知是一项艰难的工作，但人类乐此不疲，这源自于人类对自身了解的深沉渴望与人所具有的理性思考的独特能力。进一步而言，认识自我也与人的思维方式紧密相关，西方传统哲学走的是"把客观世界当作镜子来反观自己"的二元思维路向，这也是西方能够发展出"自我"观念的一个内在原因。西方传统哲学最初确立了自我与自然的二元思维模式，从自我出发去探寻自然，目的是为了认识自然、改造自然、征服自然，从而最终确定"自我"的地位。所以，从哲学史中的早期发展中我们可以看出，西方传统哲学的基本思维方式是一种人与自然相分离的二元思维，在二元思维模式主导下，西方传统哲学中的人从自然中独立了出来，人在"自然"之镜的面前就彰显出了"自我"。而人的基本规定性是"理性"，人有了理性这一基本规定性，就可以通过它，并且也只有通过它认识人自身的存在及其价值。西方理性主义先驱苏格拉底就借用了德尔斐神庙的神喻，明确提出"认识你自己"的口号，这正是要提醒人们运用自己的理性认识自我的存在。于是，在意识层面上，"自我"观念的确立也就在引导着人们行动上确立"自我"的地位。正如康德指出的那样："人能够具有'自我'的观念，这使人无限地提升到地球上一切其他有生命的存在物之上。"[①]

而政治哲学作为西方哲学在政治领域的当代显现，主要论证政治价值和政治原则的正当合法性或道德重要性，与西方传统哲学关注人的主题一脉相承，它的正当合法性或道德重要性一直建基于自我理论之上。自我的本质是什么，自我与所处背景之间处于何种关系状态，自我过什么样的生

---

① 康德：《实用人类学》，重庆出版社1987年版，第1页。

活，这些都是西方政治哲学的主要言说方式，因此，认识自我也就成了一切哲学乃至所有人文科学探究的最高目标。

而对人的理解和定位，我们暂且称之为自我观或者自我理论，每一种哲学、每一个哲学流派都有自己独特的自我理论，当代政治哲学两大流派社群主义和自由主义正是基于不同的自我理论基础上来阐释各自的理论特色。作为当代西方政治哲学的最新成果的社群主义，它在批判新自由主义的过程中产生并壮大，社群主义与自由主义在论证逻辑、基本命题和方法论体系上存有很大差异，而自我理论既是自由主义的逻辑前提，同时也是社群主义的理论根基，更是社群主义与自由主义之间论争的最大分歧。在自由主义自我理论展现的前提下，社群主义对自由主义的逻辑前提——自我进行多方质疑，力图通过对自我理论的批判与反思，对自由主义理论进行整体上的超越，形成社群主义独特的自我理论体系。一般而言，相较于自由主义的理性独立自我而言，社群主义的自我即为具有历史感、现实感、厚重感的自我，这种自我理论的社群主义转向一方面体现了对当下人生存境遇的深刻洞见；另一方面恢复了人们对传统的尊重和敬畏，重新确立了对人自身的理解，从而对接于我们的生活经验与道德实践。

当然，任何主题都可以在历史发展长河中找到"始基"，所以我们要从哲学史中对自我的诸多认识和发展进行梳理，以寻找对社群主义自我理论与自由主义自我理论产生影响的思想资源。康德对自我的二分深刻影响到了当代自由主义的发展，亚里士多德、黑格尔等一直被誉为社群主义的先驱人物，而社群主义就是在批判自由主义自我理论的过程中提出自己的自我理论体系。所以，这种自我理论的回溯能够对自由主义的自我理论进行反思，对社群主义自我理论的内涵和理论结果有更为清晰地认识，从而能够寻找到自我理论深厚的历史积淀，更为我们构筑社群主义自我理论提供丰厚的历史资源。

第一节 自我的"影子"

从哲学史的角度而言，希腊理性传统与犹太—基督教传统共同塑造了西方文明的基本形态，二者的张力使得西方文明始终处于一种超越与创造的激情之中。希腊哲学从探究客观世界的本质开始，对外在自然产生浓厚的热情，产生了关于自然的"形而上学"，因而习惯于从与自然相关的角度来理解自我的存在，以苏格拉底为界，后期出现了所谓人文主义转向，人类本身成为哲学关注的主题。到了犹太—基督教盛行的中世纪时期，上帝进入人们的生活领域，对自我的理解与认识多了一个强大的外在参照物就是上帝。文德尔班对此进行了精辟的概括："存在与流变是古代哲学在开始时提出的问题，到古代哲学结束时，它的概念就是上帝与人类。"① 可以看出，自我在古希腊时期的隐现到中世纪时期自我显现作为群体与上帝缔约，都不完全具备我们所认定的理性的自我的特点，因此，我们把这两个时期的自我定位为自我显现的初期阶段。

一　自我的萌芽——古希腊时期

古希腊哲学思想作为人类智慧的发源，其中蕴藏着后来所有哲学流派思想的原初萌芽，当然从中我们可以找到自我的"影像"。古希腊时期的人，还没有把自己当作一个主体与自然界这个外在客体加以区别，两者处于一种虚幻、抽象的统一状态。作为一个个体要想从这种混沌中分离出来，达成"自我"，就需要产生独立的自我认识及认识"自我"的能力，因此，首先人要与过去的原始宗教进行决裂，直接去面对自然，探究自然，从外在自然中寻找普遍规律，因此，这就使得古希腊时期哲学具有明显的本体论倾向，即习惯于从自然物质中寻求世界的本源与始基，进而以此来解释世界的广袤与神奇。所以，就哲学发展形态而言，我们一般把古希腊哲学认定为是一种本体论哲学，看上去似乎它过于关注外部的对象世界而疏于反思认识主体的内在自我，执着于寻求外在万物的始基而尚未自觉地把内在自我看成是对象世界的凝视者和感受者，当然也就更没能意识到我们所言谈和面对的客观世界无非只是相对于自我的主观呈现。

虽然古希腊早期并没有明确的自我观念，但是其思维传统、对世界原本的论述及对灵魂的强调形成了其后自我学说及观念形成的理论来源。真正实现哲学由外在自然转向人类自身的是苏格拉底，苏格拉底的一句"认识你自己"将哲学引向了人，哲学将不再只考察自然，审视自然，探究自然，而把人类活动和心灵作为自己的研究对象，哲学成为关于人类自

---

① ［德］文德尔班：《哲学史教程》（上），商务印书馆1987年版，第351页。

身的反思的学问。因此，我们可以得出，"从苏格拉底开始，人真正作为人而成为探讨的主题。"① 自此，对人类活动以及人类心灵的研究就成为以后哲学家们重点关心和思考的问题。除了承认人具有"自由"和"思维"能认识自我之外，苏格拉底还认为人不仅肉体器官是由神来设计和创造的，并且神在创造人类肉体的同时也为人类植入了灵魂。我们熟知，原始的宗教起源于人对自然力的崇拜，那时人的意识与自然处于一种混沌的状态。而苏格拉底对宗教的恢复则建立在崇拜人的基础之上，这时人已自觉地意识到了主体自身与客体自然之间的对立，将人类探索的方向从混沌的灵魂转向唯一的灵魂也即人的灵魂。这种对人灵魂的强调典型代表为亚里士多德的身心二元论，灵魂被视为生命的第一现实性，赋予灵魂于一定的能动性，但是这种灵魂还不是一般意义上的主体。这种灵魂具有理念的功能，能够具有概念思维的能力，能够思维事物的本质，亚里士多德这种对人的灵魂的表述与强调确立了对事物存在原因进行研究的形而上学意蕴。

亚里士多德之后，希腊哲学开始走下坡路，社会处于动荡变革的时代，适应社会需要，孤独的个人与人类群体的联系凸显出来。哲学的出发点不再像希腊哲学那样思考自然与人的关联，而开始讨论人的起源与归宿，人与上帝、世界等之间的关系问题，人们开始关注孤独的个人在一个更广大、更复杂的世界中的处境和命运。哲学家们的注意力也开始集中于寻求个人幸福，寻找摆脱痛苦的途径，为心灵危机的人们提供自我控制和道德独立的精神支柱。

当然，整个古希腊时期关于自我的思想是以一种不自觉的方式体现出来的，人在追寻对外物物质普遍性的过程中逐渐意识到自我的观念，这个时候的自我观，科恩曾对此进行了说明："古希腊的世界观不是取向于历史，而是取向于宇宙……古希腊语中甚至没有表示个人、意志和良心这些现象的词……从发源来讲，古希腊文化确实像其他古朴文化一样，是无人称和无心理性的。"②

---

① ［德］胡塞尔：《现象学与哲学的危机》，国家文化出版公司1988年版，第165页。
② 转引自高秉江《胡塞尔与西方主体主义哲学》，武汉大学出版社2005年版，第4页；原文参见科恩《自我论》，三联书店1986年版，第94—95页。

二 自我与上帝缔约——中世纪时期

中世纪时期,已成为西方世界道德底蕴的基督教伦理,有着极强的团队意识并以其为前导和动力,这种团队意识主要表现在人们都生活在一种与上帝缔约的关系之中,这个时期没有独立的、理性的个体,全人类作为整体与上帝缔约同在。正如当代社群主义者查尔斯·泰勒所言:"在纯粹的宗教改革的变种那里,虔诚地为了上帝而生活的问题,现在变成了有理性地生活的问题。"① 于是,人类重新迎回对神秘事物的崇拜,当然对于人类认识自身这个问题而言,对上帝的崇拜不是一种思想上的前进但也绝非构成倒退。

这一时期,上帝在中世纪哲学中占据了主体地位,上帝是最高的存在,最高的善,其他一切存在物,包括人在内,都是上帝的派生物,人的认识也不过是接受上帝的启示。人们认定上帝是失去物质的形式,而且是世界上起作用和最终的原因。宇宙间除了上帝以外,任何存在者都能从上帝那里得到存在的依据,上帝是万物存在的源泉同时也是万物存在的目的,所以,人类最高的目的就是与上帝融合,而这种融合在现实的不和谐世界无法实现,所以人只能寄托于来世的生活,依靠内在信仰接受上帝的启示,获得与上帝的接近,从而获得新生。其实,一切宗教的特点都是力图超越有限,追求大全,同时这也是人性深层的一种永恒躁动。自我认识是认识上帝的最可靠和唯一的道路,这在中世纪得到广泛认可。社群主义者查尔斯·泰勒则从自我同一的历史角度讲道:"奥古斯丁主义只有在上帝那里才能找到同一和完整性的根源,如今却发现存在于自我之中。"② 所以,在奥古斯丁那里,"自我"与上帝同在,自我的同一需要在上帝那里获得肯定,自我的内在是通向上帝的途径。这时候即使有自我的出现也是作为整体与上帝缔约而存在,这一时期关于人的位置可以概括为:信仰高于理性、团体高于个人。

后期的宗教改革以其潜在的自我精神引领着西方世界走进现代,至此,外在的信仰变成了主体的自我反思和设定。宗教改革使得西方人从精

---

① [加]查尔斯·泰勒:《自我的根源》,韩震等译,译林出版社2001年版,第366页。
② 同上书,第559页。

神层面意识到"自我"的主体性，自此才衍生出后来政治哲学领域的信仰自由、言论自由和思想自由等基本人权的内容。这打破了传统宗教的统一性，现代世界"祛魅"带来的一个现代后果就是价值世界统一体系的崩溃，导致现代多元论的盛行和现代自我的出现，并经由现代个人产生了通往现代自由主义的现代性。作为对现代性高度敏感的哲学家黑格尔将宗教改革置于现代的开端之处，称之为"中古时代始终跟着那种黎明的曙光升起来的光照万物的太阳。"① 而这里的太阳指得就是他在宗教改革精神中发现的、初具主体性的现代自我。黑格尔认为，伟大的革命出现在宗教改革中，人从彼岸被召回到精神面前，人的美德、伦理和自由统统成为对人而言真正有价值的东西。当然，我们承认中世纪时期自我作为整体与上帝缔约，虽然这时候的自我以人性异化的方式表现出来的，但这种超越的上帝观念上接柏拉图的理念，下启康德的先验自我。

总体而言，古希腊至中世纪，自我是相对于宇宙秩序来定义的，尤其是相对于人周围的世界来定义。只有当我们在表现或实现上帝或自然赋予我们的那些本质功能时，我们的生活才能变得真正有意义，这就要求我们按照意义的范畴去理解世界，自我的生活就是要表现自然的天意秩序，显示神的生命的韵律或者上帝的意志，自我始终隐藏于世界秩序的背后或相对于这样一个秩序而存在，我们因此可以概括出："正如西方的自我观念乃是由于古希腊之立足于尘世而创立的经验主义认识论以及犹太—基督教（包括伊斯兰教）之作为一种本体论的、自我感知之存在的灵魂教义而产生并获得其恒久性的。"② 这是古代哲学带给我们的结论。

第二节 先验自我观

早期的自我理解对后来的先验自我、经验自我有强烈的渗透作用。这种相对外在秩序而存在的自我后来经过笛卡尔"我思"的演绎返回到人本身，演变成人内在不断进行超验和推论的理性，自由的、独立的理性自

---

① ［德］黑格尔：《历史哲学》，王造时译，上海世纪出版集团2001年版，第410页。
② ［美］A. 马塞勒等：《文化与自我——东西方人的透视》，任鹰等译，浙江人民出版社1988年版，第191页。

我出现，而理性自我本身出现两种分化：一种是笛卡尔、康德等的个体主义、先验的自我，这种对自我的理解成为自由主义对自我的标志性认定；另一种是黑格尔式精神演绎的自我，黑格尔从个人主义、自由主义走向了国家整体主义，国家在黑格尔的理论中获得了至高无上的地位，在一定程度上，黑格尔的国家理论成为社群主义自我理论发展的早期源头。这一切在后期社群主义自我的理论展开和发展过程中有突出的表现。

一　主体自我——笛卡尔的认识论转向

"人们关于自我和人类世界的表象由原先强烈的依赖宗教开始走向世俗化，而这样的过渡在笛卡尔在世的时候就已经初见端倪了。"[1] 所以，自笛卡尔以来，近代哲学实现了认识论转向，他通过怀疑这种否定性的方式将思想形式与思想内容分开，由此而确立了人作为主体的独立地位。笛卡尔认为什么都可以怀疑，但只有在做思考的自我不可以怀疑，这就是他的著名哲学命题"我思故我在"的深刻意蕴。这里的"我"则是一个心灵实体，其本质乃是思想，自此他改变了从存在本身出发去说明世界本原的研究方法，确立了人作为认识主体的崇高地位。把自我作为形上实体，以此为先在的逻辑前提来推论上帝和物质世界的存在，"笛卡尔的选择是把理性或思想能力看作我们必须构建秩序的能力，而这些秩序要满足知识、理解力或确定性所要求的标准。"[2] 如果说古希腊时期只是暗含着对自我的认识，那么笛卡尔这里已经明确地思考自我的问题。正如泰勒所说："我的建议是，笛卡尔分解式主体的图景，表达着对最适应这整个变化过程的主体性的理解，而且是这个图景在那个时代及超出于那个时代所具有的巨大影响力的基础的组成部分。"[3]

因此，认识自我的确立是笛卡尔哲学的阿基米得支点，按照他的形而上学论证，自由意志是心灵的功能，是独立于物质实体的非物质性实体，但它又能以某种方式作用于物质实体。笛卡尔认为"我"是一个精神，一个理智，或者一个理性，是"一个在怀疑、在领会、在肯定、在愿意、

---

[1] ［德］诺贝特·艾利亚斯：《个体的社会》，翟三江、陆兴华译，译林出版社2003年版，第110页。
[2] ［加］查尔斯·泰勒：《自我的根源》，韩震等译，译林出版社2001年版，第218页。
[3] 同上书，第240页。

在不愿意、在想象、也在感觉的东西。"① 在笛卡尔那里,"自我"超越了素朴的直观形态而进入反思形态,"自我"把自己看作是绝对的主体,又把那种对自身的确信看作是纯粹思维的力量。因而在笛卡尔的哲学中,"理性自我"也就成了终极性的东西,它成了笛卡尔全部哲学的基础。

而以笛卡尔为界,笛卡尔的证明不再寻求内在的与上帝相遇,我现在遇到的就是我自己,我自此获得了明晰而且完满的自我在场,现象学大师胡塞尔对自我的理解也沿袭了这种先验自我的逻辑,"借助于先验的还原,胡塞尔把先验自我揭示为所有意义综合体的构造者,他描述这个自我时说,它'连续不断把它自身构造为存在着的东西',这个自我构造有三个方面。首先,先验的自我是一个'流动的思想',一个持续的主观的时间过程。其次,它是一个'位于中心的自我',也就是说,这个先验的自我把它自身构造为持恒的,具有自我同一性的统一体,它比流动的我思'寿命更长'。最后,先验的自我也在它的'完全的具体性'当中作为单子而存在,这个单子把构造'周边世界'的流动的我思,自我同一性的意向对象这三者熔铸为一体。"② 诚如黑格尔所言:"从笛卡尔起,哲学一下转入了一个完全不同的范围,一个完全不同的观点,也就是转入主观性的领域,转入确定的东西。"③ 但笛卡尔的自我强调的是自我意识,因此也就确定了以思维和表象同一为基础的认知方式,这种自我认识同一的基础主义确定性一方面成为近代哲学的顽疾;另一方面也使近代自我理论开始罩上形而上学的神秘面纱。

二 理性自我——康德的自我二分

康德继承了笛卡尔式的自我,并把自我看成纯粹理性的存在。对康德来说,具有一种启蒙了的自主性就意味着"有勇气使用自己的理性"来评判和挑战传统权威,从而使自己成为一个真正独立的主体。康德因而把自我分成认识论的主体自我与作为本体论的主体自我,前者属于现象世界,后者处于本体世界。现象世界是表现或者显露出来的事物的世界;本

---

① [法]笛卡尔:《第一哲学沉思集》,庞景仁译,商务印书馆1986年版,第25页。
② [美]劳伦斯·E.卡洪:《现代性的困境——哲学、文化与反文化》,周宪、许钧译,商务印书馆2008年版,第196页。
③ [德]黑格尔:《哲学史讲演录》第4卷,商务印书馆1978年版,第69页。

体世界是自在事物的世界。现象世界是科学能够认识的世界；本体世界则是由道德开启的领域。康德通过世界二分确立了经验自我与先验自我的地位，而康德式的先验自我一方面仍然是古代哲学元存在所演化出来的一个元陈述；另一方面这种先验自我也启发了自由主义者罗尔斯等人对自我的逻辑设定。总之，康德的先验自我是独立的，具有自我阐发的道德力量，同时这种自我也是逻辑主体，是纯抽象的存在。

人只有作为一个纯粹的道德意志而不是一个自然存在物，他才是自我决定的，才是自由的存在。因为，在康德看来，"人是这样一种动物，如果他生活在自己的类的其他个体中间，那么，他就必须有一个主人。因为人肯定会滥用他相对于自己的同类所拥有的自由，而且，虽然作为理性的造物，他希望有一种给自由规定全部界限的法律，但是，他的动物性的自私爱好却诱使他，一旦有可能，就使自己成为法律的例外。所以，人需要一个主人，这个主人能够战胜人自己的意志，强迫他服从一个普遍有效的意志，从而使每一个人都能够得到自由"。① 自我的这个主人就是存在于每个人理性中的自由的纯粹理性，它是个超验的道德本体，其实就是人的理性本质或无限的人格本体，也就是思辨理性中的"先验自我"。有了先验自我的理性确证，人才能获得自由，而人的自由是康德政治哲学最大的道德预设和道德理想。在政治、法律领域，康德把自由界定为不受他人强制的独立状态，是人与生俱来的一种天赋权利，对自由可以有两种理解：一种是实践意义上的自由，具体指一个人不被自己的感性冲动必然决定而行动；一种是道德意义上的自由，作为最高的自由，它是指违背一个人所有感性倾向而根据道德责任的动机来行动。康德看重的是后一种自由也即道德自由，因为，在康德看来，道德律令是一种内在自由，是任何一个有理性的人出于良知自然而然地做出的判断，也就是一种"绝对律令"。

因此，我们可以说，康德对道德哲学以及政治哲学最突出的贡献就是确立了人的理性的主体性和自由的本质。康德认为理性的、有道德的人应该使他的行为服从内心的道德律令，应该按照道德和理性来行动，因此，人按照道德律令所做出的行为就是理性的行为，就是合乎道德的行为。同样，按照康德的理解，真正理性主体的行动，要按照被理解为普遍适用的

---

① 转引自李秋零《德国哲人视野中的历史》，中国人民大学出版社1993年版，第121页。

原则和理性也就是按照既定法则行事，因而按照自我真实性的要求和我的理性的要求行事就是自由。可以看出，康德关于理性自我的思想构成了现代性的源头，正如查尔斯·泰勒所说："它似乎提供了一个纯粹自我活动的前景，在那里我的行为不是由仅仅被赋予的本性（包括内在本性）因素确定的，而最终是由作为理性法则阐释者的我的主体性确定的。"① 这种理性自我的主体性的凸显实际上构成现代性的萌芽，理性本性作为他自身的目的而存在着，表现性的理性个体成为现代文化的基石。由此我们可以看出，康德试图预设一个逻辑上先在的理性主体，这种理性自我的先在性深刻影响到自由主义者对其自我的理解和定位，所以，就自由主义自我理论的来源而言，康德无疑是自由主义对自我认识的先驱和代表。

三　自我作为实体与主体的统一——黑格尔的绝对精神具体化

黑格尔哲学具有强烈的思辨色彩，他对自我的理解也带有同样的痕迹，黑格尔将自我转变为既是实体又是主体的绝对精神。在黑格尔那里，主体已经扬弃了个体自我的意义，他所关注的"纯思"作为一种绝对主体的逻辑精神，已经超越了笛卡尔实体意义上的"我思"和康德的"先验自我之思"，具有了无限意义的普遍必然性。黑格尔就指出康德的"我"从我的表象、情感，从每一个心理状态以及每一性情、才能和经验的特殊性里抽离出来。"我"，在这个意义上，只是一个完全抽象的普遍性的存在，一个抽象的自由的主体。② 而黑格尔确定："自我是这种关系的内容并且是这种关联过程的本身；自我是自我本身与一个对方相对立，并且统摄这对方，这对方在自我看来同样只是它自身。"③ 黑格尔的自我意识虽然是从他者向自身回归的，但它并没有取消他者，他把他者当作一个存在，当作一个有差别的环节，同时他把自己建构成一个有差别的内在世界。"黑格尔的论述提示我们：'我'是个别与普遍的对立统一。从个别性看，'我'是作为独立的个体而存在，'我'就是我自己；从普遍性看，'我'又是作为人类的类分子而存在，'我'又是我们。作为个体性

---

① ［加］查尔斯·泰勒：《自我的根源》，韩震等译，译林出版社2001年版，第561页。
② ［德］黑格尔：《小逻辑》，贺麟译，商务印书馆1980年版，第71—72页。
③ ［德］黑格尔：《精神现象学》（上），贺麟、王玖兴译，商务印书馆1979年版，第115—116页。

存在的'我'是'小我',作为我们存在的'我'则是'大我'。'小我'与'大我'是'我'的两种存在方式。由于'大我'具有明显的层次性,诸如家庭、集体、阶层、阶级、民族、国家和人类,因此又构成多层次的'小我'与'大我'的复杂关系。正是这种多层次的复杂关系,构成了人的无限丰富的社会性内涵。"① 总之,在黑格尔的理解中,人既为自身而存在,只有他被另一个意识或自由承认为意识或自由的时候,他才能意识到自己或自己的自由,自我意识只有通过扬弃它的对方才能确信他自己的存在,人同时也是类的存在,人是'我'与'我们'存在的有机统一。

"黑格尔区分了自我意识发展的三个主要阶段,这就是'单个自我意识'、'承认自我意识'和'全体自我意识'这三个阶段。"② 虽然黑格尔对自我的理解侧重从纯思的自我意识角度入手,但是在他对市民社会与国家关系的论证中,我们可以看出,他逐渐赋予自我以经验成分。在《法哲学原理》中,黑格尔赋予抽象的表现以具体内容,使国家的结果表现成社会阶段以及作为伦理实体的社会的各层次——家庭、市民社会和国家。家庭是社会存在实体,市民社会是一种独特的人类结合方式,独立的个人基于相互需要而联合在一起,一切人都追逐自己的利益而将他人视为达到私人目的的手段,因此市民社会中充满着"自我与他人""个人与社会""特殊利益与普遍利益"的矛盾。基于对市民社会的理解,黑格尔认为市民社会和西方的契约论传统有很高的相关性,而契约论又被誉为国家产生的合法性基础,社会契约实际上是个人意志的产物,国家由此成为个体本质的普遍物而存在,于是普遍理性就从个人意志中隔离出来客观化为制度、道德和国家,由此,市民社会、契约、国家三者联系在一起。

而黑格尔的自我理论具体体现在他的国家理论之中。国家是最大的政治社群,只有在国家中并通过国家个人才具有普遍性,个人所是的一切,都归因于国家,只有在国家之中,他才能找到他的本质。在黑格尔看来,国家构成个体的最终目的,个体从国家中找到其存在、义务和满足的真理,同时国家也构成了上帝在外在世界中的实现或显现。在国家中,个体

---

① 孙正聿:《属人的世界》,吉林人民出版社 2007 年版,第 82 页。
② 同上书,第 83 页。

超越了自私的、个人的思想和愿望，超越了黑格尔所谓单纯主观精神的存在。正如黑格尔所言："国家是伦理观念的现实——是作为显示出来的、自知的实体性意志的伦理精神，这种伦理精神思考自身和知道自身，并完成一切它所知道的。"① 黑格尔认为国家之所以高于个人，是因为普遍性构成个别的本质，个人只有在符合他的普遍本质规定时，才是一种真实的存在。个人只要成为也必须成为国家的成员，才能获得自我的实体性自由，所以国家是个人自由现实性的必要，伦理和自由只有在国家中才能实现为实体，作为特殊性的个体只有上升为普遍性的国家——最大的社群，才能实现自身的伦理和自由。在《历史哲学》当中，黑格尔更是明确的指出，"要知道国家乃是'自由'的实现，也就是绝对的最后目的的实现，而且它是为它自己而存在的。我们还要知道，人类具有的一切价值——一切精神的现实性，都是由国家而具有的。"② 正是因为黑格尔对国家以及国家与个人之间关系的强调，当代的社群主义者才确定地把黑格尔作为社群思想的理论源头，在此基础上，社群主义对黑格尔的社群主义观点进行了总结和展开。黑格尔认为，只有在相互认可的社会中，人格才能得以实现。个人身份是社会的结果，将个人自由现实化的需求也是正确建立社群的需求。个人的自由有赖于公共自由，没有个人自由，则不存在真正的公共自由。

通过以上的阐述，我们可以得出，从古希腊哲学到近代哲学，基本上都围绕人与自然的关系展开。古希腊哲学探讨认识自然的哲学问题，侧重对自然、存在的研究，而近代哲学在自我和自然的关系的讨论中开辟出一条新的思路，他们的认识论自我是抽象的、绝对的、纯粹的精神实体。无论是笛卡尔、康德还是黑格尔，他们对所谓的自我强调突出的是自我内在的自明性与外在的普遍确定性，这两种对自我的理解未能从关联的角度来理解自我、阐释自我、定义自我。

总之，古代哲学对自我的理解基本上是实体性的，无论是作为物质实体还是精神实体，这种实体性的自我是依赖自身而不需要他者的东西，自我是自满自足、自我说明、自我完善、自我提升的系统。另外，无论是笛

---

① [德] 黑格尔：《法哲学原理》，范扬、张企泰译，商务印书馆1982年版，第253页。
② [德] 黑格尔：《历史哲学》，王造时译，商务印书馆1963年版，第79页。

卡尔的思维自我，还是康德的先验自我，自我一直作为认识的手段而不是目的，都只能说明自我的存在，而不能解释自我如何存在。而关于自我的存在方式以及自我的存在基础问题就需要在雅斯贝尔斯和萨特关于自我的理论中寻找答案。

第三节　经验自我观

传统形而上学哲学的基本任务是解决思维和存在的关系问题，从而探究绝对的知识真理，因此，自我被认定为主、客二元框架内的一般认识主体，这种认识主体在面对外在秩序时容易把他的存在物作为对立物，并把他们纳入与自身的关联之中，认识主体在规定存在者的同时在意识思维中获得自身存在的意义，但这种作为认识主体的自我是超验的、自足的，只会导致主体自我意识的绝对膨胀，缺少自我存在完整而本真意义的关注。所以，以雅斯贝尔斯和萨特为代表的存在主义哲学超越了这种意识哲学传统，还原了人的经验化生存状态，当然这里的经验生活指的是人们共有的在其中发现意义与价值的世界，所谓经验化的自我也主要指的是人从注重纯思的自我意识转入人真切的生存体验，人成为与外在世界交互关联的意义存在物。自此，对自我认识的方向发生了根本性转变：由作为主体的自我意识向本真性的自我生存转变。

一　生存的自我——雅斯贝尔斯的自我澄明

雅斯贝尔斯生存哲学的基本前提是个体自我的"自我实现"。他主张应当从人所给定的本质或规定的抽象转向人的自由自主的本质力量的自我展示和自我澄明。"因为人之所以为人的本质，不仅在于他的可加以确定的理想，而首先在于他的无穷无尽的任务，通过他对任务的完成，他就趋于他之所自出和他之将返回的本原。"[①] 人按照自我存在的四种方式来实现其存在潜能。第一种方式是单纯的生命力的存在，主要指个体自我的身体条件、情绪和利益、本能冲动，我只是作为生命形式和功能的一部分，

[①] [德] 卡尔·雅斯贝尔斯：《生存哲学》，王玖兴译，上海译文出版社2005年版，第一讲，《存在论》第15页。

我只是一个和生命形式相同的自然过程,我只是一个具有生命力的自然存在。第二种方式就是自我所具备的"意识一般",而"意识一般"主要指的是个体自我的逻辑思维和合理思维,自我借助于逻辑思维和合理思维可以对外在境遇进行反思,并按照知性的形式范畴构筑普遍知识和规则。相较于人的生命存在,人的第二种自我实现的方式具有了意识自觉自发的能动特性,具有对外在世界的懵懂的认知、反思与理性构筑。在雅斯贝尔斯看来,个体自我实现自身的第三种方式是精神。人的精神存在意味着人的主观可能性和现实性。他认为前三种个体自我的实现方式只是代表着人存在的经验向度。对雅斯贝尔斯而言,个体自我潜能的释放与实现源于第四种方式即为生存。雅斯贝尔斯把生存称作自我存在、本真存在的现实向度。因为,"个体自我或自我实存,最初即来自他在世中而对此世之反抗。"① 所以,在雅斯贝尔斯的理解与阐释中,我们可以看出,这种自我的生存是超越性的自我澄明,自我生存构成了人存在的真正基础。

实际上,雅斯贝尔斯对自我生存的深切感受来源于对现实境遇中人所面临危机的深切体悟,由此发出注重人的生存,强调人的自由的有力呼声。虽然,"以往,生活是依其所是的样子而被接受的;现在,人的理性能够有目的地塑造生活,直到使生活成为它所应是的状态。"② 正因为如此,所以,他的生存哲学主要探究个体自我实现的种种侧面,如情绪、感情以及个人的真实态度等,还有以个体自我为中心的朋友之间、父母子女之间、师生之间等的各种现实个人关系,其目的使个体自我的生存全面展开从而能够自由建构、塑造人的生存,在雅斯贝尔斯看来,人能够理性生活并塑造生活就是人拥有真正的自由,自由不但标志个体自我存在的内在自觉性,人的本质的未来敞开和实现,更标志着个体自我存在的深切交往。

在关注个体自我生存的基础上,雅斯贝尔斯更关注作为人的集合的生存共同体,呼吁个人本位与群体本位的统一,历史的目标在于人类的统一。人并非作为孤立的单元而生存,从一定意义而言,人是作为某种社会

---

① [德]卡尔·雅斯贝尔斯:《时代的精神状况》,上海世纪出版集团2005年版,第143页。

② 同上书,导言第5页。

环境的组成部分而生活，人凭借原初的人类之爱以及普遍交往来进行生存，人只有在社会或外在环境中才能生存，"如果人要成为人自身，他就需要一个被积极地实现的世界。如果人的世界已经没落，如果人的思想濒于死亡，那么，只要人不能主动地发现这个世界中的适合于他的思想观念，人就始终遮蔽着人自身。"① 个人自由的实现需要以外在世界和他人为基础，个人作为现实的人，只能存在于人类共同体中，个体自由的发展也离不开他人自由的发展。个人自由与社会不可分割，自由需要一个真正的社会，因为唯有在社会共同体中才存在实现个人自由的最大机会，至此，个体自由、他人和社会三者紧密联系在一起，雅斯贝尔斯也完成了他对个体自我以及自由实现的整体理论建构。

相对于近代哲学对人主体地位的高扬，存在主义哲学奠基人之一的雅斯贝尔斯从消解自我意识的绝对主观性入手对自我的真实生存进行文化反思。因为雅斯贝尔斯的生存哲学诞生经历了第二次世界大战以及法西斯统治，所以，他的生存哲学是对这一情境下人的生存境遇的理性感悟，这一时期，由于生活意义的失去和非人统治力量的强大，人们在现实生活中陷入无家可归的茫然失措之中。正是在这种情况下，雅斯贝尔斯把目光投向人作为个体的真实生存，作为共同体的彼此依存，强调自我的经验性，还原了自我的生存维度，开始了对人类生存危机的全面透视与反思。

二 超越的自我——萨特的人道主义视野

科技进步与生产力的高速发展并没能带来普遍的自由、民主与幸福，伴随着两次世界大战的"浩劫"，资本主义的政治、经济危机出现，人们的信仰危机和道德危机迭起，人的地位、价值、命运和作用等问题为西方哲学家高度关注。因为人不仅生活在事实世界，而且也生活在价值世界，在这种危机重重的现实情境下，现代哲学对人的关注开始注重人的意向性以及情绪的真实表达，从关注人的自我意识进入到开始关注人的自我感受与选择能力。人的形象由抽象变得鲜活，在对人的全面透视中，重心转向人的内心世界，人人都有了自己的位置，都有了自己的丰富情感和喜怒哀

---

① [德]卡尔·雅斯贝尔斯：《时代的精神状况》，上海世纪出版集团 2005 年版，第 141 页。

乐。萨特正是在这样的大背景下高扬个体自我的选择能力、强调人的自由，展现他对自我理解的人道主义情怀。

萨特的存在主义哲学是通过解构上帝与自由这对核心概念来彻底斩断上帝与人的自由意志的关联，来实现人的自由及其选择的绝对地位。萨特通过对海德格尔以及法国存在主义者观点的梳理从而认定，"他们的共同点只是认为存在先于本质——或者不妨说，哲学必须从主观开始。"[①] 这表明人除了自己所认为那样，其他什么也不是，实际上，萨特以其自己的方式否定了抽象人性的存在，他对人是什么这一问题的答案即为人就是自由，人的自由就是人的存在，人的自由先于人的本质，并使本质成为可能。人要成为什么样的人，要具有什么样的规定性，完全由人自己决定，人是作为自为存在的人也就是意识中人而存在，在萨特的理解中，自我就体现为自我选择，正是人的这种自我选择，所以人注定是一种超越的存在。

由此，通过存在先于本质的命题，萨特得出人是创造性的、自我超越的存在。在进行这种理论论证时，他借助了两个相互区别又相互关联的范畴：自在的存在与自为的存在。他在《存在与虚无》中指出，"自在"即外部世界的特点是："自在的存在是其所是。"[②] 这就是说外部世界与自身绝对等同，不包含否定，为自身所充满；它是不透明的、不与自身之外的任何东西相联系；它超乎生成变化之外，没有自我运动和自我发展。所以，在萨特看来，没有目的论结构的自在世界是一个无意义的荒谬的世界。而自我是标志人的意识和现实的范畴，"自为"即人的存在的特点是："应该是其所是"，"是其所不是和不是其所是"。[③]这就是说人的存在是一个不断超越的过程。人永远不满足，总是不断创造，超过现在的自己即自我超越。

所以，在萨特看来，真正的存在在于人是自为的存在。从某种意义而言，这种自为性确定了人的本质，人的本质就是由人的一系列计划、选择和行动所构成，人的存在就在于他不断地设计、谋划和创造自己的行动，

---

① [法]让-保罗·萨特：《存在主义是一种人道主义》，周煦良、汤永宽译，上海译文出版社2005年版，第4页。
② [法]让-保罗·萨特：《存在与虚无》，陈宣良等译，三联书店1987年版，第26页。
③ 同上书，第786页。

"因此，人的存在就如同是一个充满各种可能性的括弧，它要由人自己的行动来填充。"① 由此，我们可以看出，萨特虽然承认在人的意识之外存在着外部世界，但又主张外部世界只有依赖于人的世界才有意义。"在他看来，自我并不是意识先天固有的结构，相反，自我和其他意识的对象一样，是在意识的流变、意识的'构成'行动中产生的。"② 当然，萨特所言的意识把人从先验层面转向了人性的方面。他接受了意识的意向性，但他反对用先验自我来确保意识的能动作用，他把自我拉回到现实世界，自我是意识活动的产物，自我与世界也是在意识活动之中。

萨特在突出人的自我超越之外，也强调自我意识要介入到他人、介入到社会之中。他集中阐述个体与他人的休戚相关、息息相通。他认为，人的存在不可能孤立的、纯粹的；相反，每一个人总是处在某种境况之中，这种境况包括世界上的各种物、他人的存在以及人自己过去的存在等。所以，人在做出选择时要承担责任，不仅为自己负责，而且为他人、为社会、为人类负责。萨特在其思想后期开始承认社会的存在，他在不放弃存在主义观点的同时偷用了马克思的学说，在坚持对人作主观性解释同时填塞进了社会性的内容。这一对人与社会的关联的理解体现在的他的《辩证理性批判》中。他将以个人实践为基础的社会历史发展学说称为"历史辩证法"或"人学辩证法"，即在人与社会、人与历史的关联中考察人的自由，所以，"我们批判研究的着眼点完全在于个体生命和人类历史之间的根本一致性（或者从方法论的角度说，是'它们的相互透视'）。"③ 萨特认为人作为主体创造历史分成三个阶段：个人实践构成历史，构成的实践变成了惰性的实践，人被异化，由此进入第二阶段，人与人互相冲突但又互相制约、依存，为了克服异化，克服物的统治，人与人真正结合，形成集团，发展成组织，人从必然恢复到自由，这是人与外在实践的第三个阶段。萨特的这种历史人学为研究个体自我问题提供了一种新的方法，既不仅仅以个人自由为根据，也不以对社会经济生活的分析为出发点，他试图寻找人与社会之间的中介，揭示出个人在社会中的活动以及社会对个

---

① 黄颂杰等：《萨特其人及其"人学"》，复旦大学出版社1986年版，第198页。
② 同上书，第129页。
③ [法]让-保罗·萨特：《辩证理性批判》（上），林骧华等译，安徽文艺出版社1998年版，第205页。

人的影响，在这种理解中我们可以看出，萨特试图把个人放到具体的社会、历史环境中来加以考察，自我逐渐具备了真实内容和实践向度。

从以上分析我们可以看出，雅斯贝尔斯把追寻自我生存本身的意义作为其哲学的基本任务，而萨特则关注自我的真实存在以及超越现实的卓越能力。他们两人都力图将自我从纯思的自我意识拉回到人的本真生存状态，使个体自我成为一个鲜活的、有生命力的存在。自此，自我由理性抽象走向富有活力的外在世界之中。自我从天上回归人间，成为纯然理性而世俗的自我，就必定要与世俗的秩序来成全和守护他的自由。正是由于理性自我的确立，并在一切事情上公开运用自己的理性，所以，作为人存在基本场域的社会和政治生活领域必然成为理性拷问、谋划和建构的对象。沿袭这一思路，我们对政治哲学领域的自由主义与社群主义自我与其场域的关系进行理性分析和建构就成为研究的必须。

对西方哲学史上自我观的发展进行历史考察，是出于双重目的：一方面，自我或人的问题一直是哲学关注的中心话题，这种历史上对自我由来已久的关注对我们深入研究政治哲学领域中的自我理论能够提供深远而宽广的历史视野，通过自我理论的历史，我们能找到当代政治哲学领域自由主义与社群主义自我论争的历史根源。另一方面，当代政治哲学中，无论自由主义还是我们要仔细研究的社群主义他们各自对自我理论的理解都能在哲学史上找到其先驱性理论代表，笛卡尔、康德启迪了自由主义对自我的人性设定和认识；亚里士多德、黑格尔等则被当代社群主义者公认为社群主义的源头性人物。综合而言，当代社群主义与自由主义关于自我的论争既是历史上自我理论的不同样态在政治哲学领域的再度显现，同时也是目前对政治现实中关于人的问题的不同理论解答。

从自我理论的历史回溯中我们可以发现，西方的自我认识一直以来大都把主体自我的意识追求及其实现作为其理论核心，而往往容易忽视自我的社会规定性。从心物二分的角度，主体自我由向外部世界寻求本质普遍性到近代向自身以内寻求自我主体观念，以求得理性普遍性，这种对自我认识的变化轨迹证明了对自我意识功能的突出，自我表现为我思、精神或灵魂等存在。从因果关系角度而言，这种对自我理性能动性的过度强调便产生了理性主导下的现代自我，所以，现代自我观的自我其内在本质就是理性，其外在实践表现为主体性，即主体先于社会历史实践而存在，在社会历史实践中自我就显示出笛卡尔和康德所说的自主性、自足性、自律性和自觉性。当代西方自由主义代表人物罗尔斯便沿袭了笛卡尔、康德等人对自我的看法，认为自我是一个可以独立于外在世界而存在的理性实体。罗尔斯在《正义论》中通过设置原初状态，将自我与外在偶然性的东西分离开来，在很大程度上重复了康德的自我观念。自我除了自身，除了自我决定之外没有任何本质，更没有任何经验的本质。唯有建立在这种自我之上的道德标准才可以成为衡量一切具体的道德原则的准则。这种自我不必求助于任何外在于自身的法则，这种自我是先验的、实体性的自我，是从外在框架来分析和认识的自我，这种自我理解奠定了自由主义自我观理解的基调，后来，把强调自我的决定性、个体性、自足性、形上性和普遍性的自我观认定为自由主义包括新自由主义的符号性标志，由于理性前提无法公度，自由主义的自我理论偏执于人性的先验层面，他们对人性的形上预设极易导致人的过于原子化，正因为自由主义自我理论的此种特点和倾向招致了各方面力量主要是社群主义的批判和质疑。

　　社群主义是在与以罗尔斯为代表的新自由主义进行理论对抗的过程中发展壮大的政治哲学流派，为了体现社群主义自我理论的针对性，所以我们这里所阐释的自由主义自我主要指的是新自由主义的自我理论，社群主义就是在与新自由主义的理论交锋中逐渐超越了自由主义自我的局限从而明晰了自身关于自我的理论架构。所以，在对当代社群主义及其自我理论进行分析和构建之前，我们需要在理论发展与实践进路两大方面对自由主义自我所面临的困境进行分析和阐释。

第二章　自由主义自我的样态与困境

作为一种规范的政治哲学，自由主义从个人理性原则出发主要关心个体也就是自我与国家的关系，个体自我与国家相比具有至高无上的价值。自由主义的其他理论主张具体包括：从个人理性出发来寻求普遍正义原则；从契约论的角度阐释政治合理性；从道义论角度强调正义优先于善，并把正义作为社会建构的道德合理性基础等。而作为其理论前提和逻辑起点的是：从抽象、分立的个人出发，以个人权利为核心构建社会正义原则，并进而主张个人高于社会。

我们所面对的自由主义是西方近代以来占主导地位的思想体系，也是西方政治文化主流传统的理论表现，自由主义在自身的发展过程中不断超越自己，尽管后来自由主义发生了种种变异，但其理论的基本内核和一致秉持的精神基础却未曾改变。纵观自由主义的整个历史，我们可以看出，"自由主义传统中各种变体的共同之处在于：它们关于人与社会的确定观念具有独特的现代性。这一观念包括如下几个要素：它是个人主义的，因为它主张个人对于任何社会集体之要求的道德优先性；它是平等主义的，因为它赋予所有人以同等的道德地位，否认人们之间在道德价值上的差异与法律秩序或政治秩序的相关性；它是普遍主义的，因为它肯定人类种属的道德统一性，而仅仅给予特殊的历史联合体与文化形式以次要的意义；它是社会向善论，因为它认为所有社会制度与政治安排都是可以纠正和改善的。正是这一关于人与社会的观念赋予自由主义以一种确定的统一性，从而使之超越了其内部巨大的多样性和复杂性。"① 这些特征反映出传统

---

① ［英］约翰·格雷：《自由主义》，曹海军、刘训练译，吉林人民出版社2005年版，导论第2页。

自由主义和新自由主义在思想观念上的一脉相承。所以我们可以说，无论是20世纪以前的传统自由主义还是20世纪以来的现代自由主义，以个人主义为基础的个人自由的发展始终是其关注的主题。在个人、社会和政府三者之间的关系中，社会在理论逻辑上先于政府，也大于政府，政府是社会的构成部分。无数个体构成社会，个体具有实在性，因此个人是目的，政府在性质上只是手段，个人是三者中真正具有终极性质的实体。

基于这种语境下的自由主义，凸显了作为主体原则的理性个体，这种理性个体的普遍化倾向与价值多元化形成强烈冲突，导致个体自我无所适从。具体而言，自由的、差异化的个体在进行自我选择时加剧了价值多元化，而个体理性必然导致普遍化的追求，这种普遍化的要求使自我总是倾向于把其所认可的价值上升为普遍和绝对的价值，这样价值的差异性、个体的选择性与理性的普遍性诉求便产生悖论，于是自由主义视界内便出现了韦伯所谓的价值世界的"诸神并立"的冲突局面。为了改善理性与选择的冲突，现代自我的个体选择因此便被封闭在自身内部，日益隔绝与他者的视域融合，使得自我选择的形式、自我指示性日趋强化，同时其选择的质料日趋贫乏，结果使自我日渐缺乏价值深度与广度，从而更多地在目的合理性的工具层面上日趋平面化和单面化，现代自我实际上陷入无从选择而日趋消解，这就是自由主义自我在面临理性选择与价值多元双重前提下的必然结果。

现代社会，自由主义理性自我所出现的种种悖论使得我们深入思考社群在理性个体生成中的价值与意义。这种吁求在20世纪七八十年代的社群主义与自由主义的关于自我的论争中得到回应。20世纪70年代是自由主义权利话语一统天下的时代，也是正义理论横空出世的时代，但是正如社群主义者迈克尔·桑德尔在其所编《自由主义及其批评者》撰写的序言中所指出："政治哲学也像日常生活一样，新的信仰很快就会变成旧的信仰。"[①] 果然，20世纪80年代便成了社群主义对社群价值凸显的时代，到了20世纪90年代，社群主义的社群与自由主义的正义共同构成了当时政治哲学的主题。我们可以断定，社群主义与自由主义之争成为当代西方

---

① M. Sandel ed. *Liberalism and Its Critics*. (Oxford: Blackwell, 1984), p. 3. 转引自应奇《从自由主义到后自由主义》，三联书店2003年版，第3页。

政治哲学界的最主要景观，二者争论涉及自我观、个体权利、公共善、公民德性、社群价值等诸多主题，但"对自我的理解成为这场争论的核心，理由就在于自我的概念其实构成了这两种据说'完全对立'的学说的理论基础；在这场争论中涉及到所有其他问题，几乎都可以看作是关于自我的争论的延伸。"① 这场争论的核心就是对自我以及自我同一性的不同理解，所以，我们把论证的重点放到了自我的分析和阐释上，以期望通过这一核心问题来把握这场论争的宏大场景和深远意义。另外，由于人们对自由主义关注已久，对自由主义的自我也即人或人性的理解都有系统化的理论表达，而对社群主义的关注处于相对弱势，社群主义目前缺少对自我的统合性认识，所以我们需要借助对自由主义自我的理论梳理与分析来重点阐释社群主义对自我的深刻理解。

第一节　自由主义的理论预设——独立理性自我

自由主义在西方一直占据理论和实践的主导地位。实践中，自由主义不仅是资本主义一种主要的经济导向和政策实践，而且在思想领域它也是资本主义的政治哲学、思想体系和意识形态。作为资本主义社会的基本理念，它与资本主义现代化的进程相伴随、共始终。所以，"西方人和非西方人一再把自由主义认作西方主要的区分标志。"② 长期以来，自由主义者坚持认为理性主体具有其他任何东西未享有的地位，高耸于其他造物之上，之所以这样设定是为了自我的理性普遍化追求，"古典自由主义者如洛克和康德，都试图对人类需求或人类理性作出某种普遍的理解，然后再诉求这种非历史的关于人的观念去评价现存的社会和政治结构。"③ 所以，普遍的、完全理性的自我一直贯穿于自由主义哲学的发展历程之中，且成为它的标志性人性设定，这里的理性自我主要指的是自我的一种认识与判断能力，这种对自我的理解影响了自由主义理论的具体构建和在各领域的

---

① 徐向东：《自由主义、社会契约与政治辩护》，北京大学出版社2005年版，第302页。

② 塞缪尔·亨廷顿：《文明的冲突与世界秩序的重建》，周琪等译，新华出版社1998年版，第62—63页。

③ [加]威尔·金里卡：《当代政治哲学》（下），刘莘译，上海三联书店2004年版，第377页。

展开。

自由主义的出身背景和文化基因决定了自由主义的政治哲学本质。其最大体现为自由主义的自由与独立，自我独立性的获得是人们反对封建束缚的一种胜利，而自由主义政治哲学把独立理性自我确定为其前提是对这种个人获得独立与自由的理论化表达和制度形式上的认定。因此，自由主义的各种变体的共同前提都是独立理性自我，理性自我的独立意味着人试图脱离一切外在束缚，追求个人自由，对个人自由的首要关怀也成为自由主义理性自我的独立性的集中体现；独立自我的理性是表明自由主义的自我在获得独立的前提下有理性思维力和判断力，是不依赖于外物的自主性存在，自我的理性与自我的自主性同义；这种理性自我在自由主义的理论背景下能够产生宽容的特性。所以，自由主义的独立理性自我内蕴了自由、自主与宽容等理想价值。

一 自我与自由

理性自我的独立主要体现在其与自由具有很高的相关性，自我独立就意味着个人自由至上。强调自由的优先性以及坚持个人主义的基本立基点，是自由主义传统的基本特征并为自由主义的后继者所继承。所以，个人自由的维护问题，构成了自由主义的首要关怀及其异质于其他意识形态的特征。

自由主义者在理性自我独立性的关照下坚持个人自由高于一切，个人自由神圣不可侵犯，认为个人自由能否获取应作为人类一切政治行为取舍的着眼点，主张群体或社会的发展必须给个人的自由的发展尽可能开拓出最大的空间，个人自由也不能以任何理由而被外在力量干涉、控制和强制，提出个人的自由"只能为了自由的缘故而被限制"（罗尔斯）的理论断言，如此等等均是这种自由主义理性自我观独立性的集中体现。理性自我的独立不仅仅指每个个体拥有自由，拥有独立的能力，更意味着每一个体拥有独立的权利，这种自我权利的强调最终导致了西方政治哲学中推出了所谓的"个体权利政治"这一中心概念，在权利政治的基础上，派生出以私有财产的捍卫为其基础的"个人法权"概念。其后，虽有罗尔斯为代表的"新自由主义"对这一个人法权思想进行纠偏，但由于罗尔斯作为自由主义者仍把社会视为是由独立自由个人组成的权利共同体，所以，这种对理性自我个体权利的高度强调在自由主义传统中仍然依稀可辨。

自由主义的理性自我其独立性在于自由，但自由的存在论基础是个人主义。强调个人的自由、个人的参与或个人的经济活动，认为个体的性质决定群体的性质，这种秩序规定了个人与国家、自由与强制的关系，规定了公共权威强制力的适用范围，也包含了规范个人与权威关系所必须的法律结构。这种作为自由主义理性自我前提的个人主义主要有两个预设：一是康德式的预设：每个人就像每个其他人一样，都具有同样的尊严和价值；二是契约主义的政治合法性预设：只有当一个制度被其所有成员一致地接受时，或者至少只有当它不可能被其他每个成员合理地拒斥时，这个制度才是政治上合法的。

除了理性自我对自由的突出强调和对个人主义基础的分析之外，自由主义的自我也是追求自由的理性自我，所以理性是自我获得自由的前提和根据。黑格尔就曾说过："所有的人都是有理性的，由于具有理性，所以就形式方面说，人是自由的，自由是人的本性。"① 虽然在黑格尔看来，理性是一个独立的领域，甚至就是精神的领域，与思想本身等同，但正是这个东西（理性），使人从自在的状态变为自为的状态。因此，自由主义式自我获得自由的前提是理性，而理性则使自我的自由更有深度和内涵，"自由的出发点是理性。自由而以理性为本，它的基础是坚实的，是颠扑不破的；同时，它所导向的世界是向上的。自由如以本能的冲动为本，它的基础是动物性的，因而它所导向的世界一定是个横决的世界。"②

二 自我与自主、宽容

自由、权利、平等和分配正义均是自由主义的基本价值，我们通过分配正义、获得权利、平等、实现自由的真正目的就是达到个体独立与自主，因此，我们可以说所有自由主义形态所要保护的真正核心价值就是个体自主，因为自由主义的个人是完全理性的，理性在这里主要指的就是自

---

① ［德］黑格尔：《哲学史演讲录》第一卷，贺麟、王太庆译，商务印书馆1997年版，第26页。

② 殷海光：《思想与方法》，上海三联书店2004年版，第25页。

主，自由主义把促进和保护个人自主当作自由主义对自我关切的核心。个体自主是自由主义的目的，其他价值都是它的组成部分或手段。在自由主义者看来，个人都是理性的个人，每个人都有独特的生命，每个人都有权利、有能力选择自己的生活方式，并且去自由地实现这种生活方式而努力，每一个正常的个人都应该享有被他人尊重的、一定范围内的自我决定，"在自由的个人必须拥有的、以便适合于自给自足和自我导向模式的各种能力之中，最为重要的是推理，或说理性。"① 亚里士多德就认为，人有逻各斯而动物没有，人有较高的灵魂而动物没有，作为有逻各斯的动物，人是受语言掌握的动物，人之为人的权利源于逻各斯。这里的逻各斯指的就是人的理性能力。作为有较高灵魂的动物，人有一个能左右欲望的自我，而自我是人区分自身与社会的基础，也是自主观念的来源之一，没有自我的概念，就不会产生自主概念。一种想要独立于社会与他人之外的欲求不可能产生，因此也就不可能有追求自由、幸福等诸多目标。所以，自由主义对自我观的理性预设中必然包含个体自主，自主就是自由的充分表现同时也是个体理性的自我说明。人作为一个自主的存在物，才能从自我意识进入自我反思的阶段，这样意识背后的自我才能脱颖而出。

　　但自由主义的自主是有条件的。在自由主义的视野之中，"自我决定要求多元主义，也就是要求生活方式的多样性，但是自由主义国家保护多元主义的任何集体尝试，其本身就是对自由主义正义原则的违背。"② 所以，我们可以看出，自由主义的自我理解与国家观是相互驳斥的。自由主义的国家中立观并没有否认个人自主所需要的社会条件，但却为此作了限定，个人自主依赖于社会过程而不是政治过程，自由主义在国家和社会之间选择了信赖社会，不信任国家充当评价善的场所和中介性力量。所以，自由主义自我的自主主要体现在国家之外的领域，个体可以自由运用自己的理性进行自我选择与决定，而这种自我选择与决定即使与国家进行价值排序的话，也应该是第一位的，自由主义包括罗尔斯的新自由主义都认为个体的自我选择能力不能以任何理由被僭越，选择与决定是自我与生俱

―――――――

　　① ［英］安东尼·阿巴拉斯特：《西方自由主义的兴衰》，曹海军等译，吉林人民出版社2004年版，第41页。

　　② ［加］威尔·金里卡：《当代政治哲学》（下），刘莘译，上海三联书店2004年版，第453页。

来、不容质疑的能力。当然，在后面的阐释中，我们可以发现，在对自我的理性自主强调上，社群主义者并不是反对个人的自我决定，而是着重强调个人自我决定的共同价值前提。

另外，自由主义理性自我也会产生宽容。自由主义的宽容指的是个人良心的自由以及保护个人脱离群体的权利，在历史上自由主义者一直把自主和宽容作为理性自我表现的的两面，凸显自由主义式的宽容就是自由主义所信奉的自主。宽容是自由主义的一个根本价值，同时也是自由主义赖以产生的历史根源。所以罗尔斯试图从宽容的角度出发提出政治自由主义的概念体系来试图来包容社群主义对其自我的批评，按照罗尔斯政治自由主义的理解，人们可以在私人生活中成为社群主义者，成为公共人，而在公共生活中仍然是一个自由主义者即为独立理性个体，但这种包容和调和似乎成效有限，因为支持政治自由主义会导致社群主义群体去承受私人生活被侵袭的代价。

当代反自由者强调人的社会性，就是从这个理性自我的前提出发，他们大都对这种独立理性自我持保留态度。社群主义的年轻学者丹尼尔·贝尔就从对这种自由主义自我的批判入手对自由主义面临的诸多批评进行大致的总结：自由主义过分地强调自我概念；即使自由主义关于自我选择的概念没有矛盾，视而不见社群与社会背景的重要性，也必然导致它没有实际意义；自由主义造成了或者至少没有充分考虑到现代自由主义社会的原子主义倾向所导致的负面社会心理作用，产生道德危机和价值危机。对于自由主义独立理性自我反对者意见一致，他们都认为自由主义的根本缺陷之一就在于它的自我设定出了问题，从而导致对人的社会本质不很重视。当代社群主义者麦金太尔就曾经指出，自由主义理论所描述的人，就像是船只触礁后漂浮到一个荒岛上的一群人，他们彼此都是陌生人，彼此没有关爱与互助。自由主义也不习惯于承认有什么高于个人利益的社会价值。对于近代的个人主义者来说，衡量人们行为的唯一标准就是个人的自我利益，这是一种"独立并优先于"政治共同体而存在的价值准则。

因此，我们可以简单概括为，自由主义的"自我"偏执于人性的先验层面，他们对自我的形上预设极易导致自我过于原子化，所以，自由主义的自由欠缺人性的社会学层面的考量，从本质上而言消融了自我的社会维度。首先，自由主义社会丧失了在社会成员之间培养共同感、价值感的能力，公民逐渐不认同国家，对政治冷漠，进而发展为不认同国家。因此，主张和谈论共同善就不再可能，因为自由主义社会的自我是孤立的、原子式的自我，国家无非是个体逐利和群体竞争的舞台。其次，自由社会未能在公民中培养出一种社群主义感，这一问题已成为政治哲学界评论的焦点，而人们对社群的渴望来自于各个理论流派和现实个体的不同声音，人们似乎都已经厌倦了自由个体的利益政治，转而寻求社群政治的温暖栖息。最后，自由主义者对社群主义批评的回应大多停留在理论层面，时常回避真实的世界场景，没能去真切地净化他们那过分的个人主义和具有抽象普遍性的一系列理性假说。正是基于对自由主义理性自我的这种理解才有这样的时代预言："罗尔斯的新自由主义、新康德主义、新社会契约论不过是天鹅的最后一次歌唱，这一切导致了一个'德性之后'的时代，一个不在有统一的德性观、价值观的时代的来临。"①

第二节 自由主义自我的典型表现形态

对于亚里士多德而言，社群优先于自我，这是不证自明的公理，而对于自由主义而言，自我优先于社群，并且自我是完整而自足的存在，这种观点上的基本差别影响了自由主义的人性观、人与社会观、政治价值与社会目标以及最终的政策选择。而流派纷呈的自由主义阵营却共同坚守着自由主义最基本的特征：个人主义的自我观。它强调个人的自由选择、积极参与以及经济独立，认为个体的性质决定群体的性质，基于个人主义所建立的社会秩序规定了个人与国家、自由与强制的关系。从本体论角度来看，当代自由主义者坚持人的分离性，认为自我独立于在任何时刻可能具有的欲求与目的，即自我先于且独立于其目的和目标。自由主义所做的理论努力，使"自我"真正成为了自我规定、自我存在和自我发展的存在者。但是与此同时它也使自我失去了外在的框架，使自我的行动失去了外在确定性秩序的依托，最终使自我面临归属感缺乏和身份感模糊的困境。

完整意义上来理解自由主义的自我应该包括个人本位的多元主义和自我优先于个人目的的先验设定两个方面。它具体而言可以被分析为两个层

---

① 应奇：《社群主义》，扬智文化事业股份有限公司1999年版，第57—58页。

面：一方面，任何个体都是自主的道德与政治主体，同时也存在众多相互独立而平等的主体，社会生活领域根本上就是以众多的独立主体的活动为逻辑前提的。由此出发，我们进一步确证了自我的本体地位，"正义不能只应用于只有一个主体存在的世界。正义只能在社会生活中找到位置，在社会生活中，人们是彼此间可以在某种意义上相互分别的存在者。"① 而罗尔斯所推崇和主张的正义原则所处理的是人们在分享社会合作利益时所产生的冲突，它们适用于若干个人或团体之间的关系，只有在多元的个体和团体状态下人们才能为了寻求正义的解决方法而订立契约。所以，"只要存在正义，就必定存在解决冲突要求的可能，而只要存在解决冲突的要求，就必定存在众多要求者。"② 独立主体的多样性作为一种经验的事实成为自由主义追求正义的一种必然前提预设。另一方面，既然独立的个体在逻辑上优先，那么，公共生活只是多元主体发生联系而形成的一个重叠空间，作为独立选择的主体自我必然优先于其目的。所以，这种自由主义自我根本意义上是一种自主选择能力，自我的本质乃是"我之所是"，生活中的价值与善也即目的乃是"我之所有"，此二者之间保持着适当的批判距离。罗尔斯就是在自我优先于目的的基础上建构了原初状态中的义务论自我，按照罗尔斯的理解，"要成为一个道义论的自我，我作为主体的认同就必须独立于我所拥有的事物而给定，也就是说，独立于我的利益和目的以及与别人的关系。"③ 自由主义的自我是一个先在的个别的占有主体，以区别于它所具有的偶然性特征和目的，而且这种自我总是处在这些目的和特征之后。

我们由此可以看出，自由主义的自我观念不仅是一个政治概念更是一个形而上学的概念，这样一种自我观念不是由个体所选择的善或目的构成，而是把自我就等同于作自我选择的能力。自由主义的自我观是一种仅仅统摄工具性社群的排他性自我，而不是一种本身即为构成性社群的包容性自我。这种自我可以随时独立于任何利益、目标以及各种依附关系。而当代自由主义政治哲学对自我的阐释在笛卡尔、康德那里获得了最初形

---

① 迈克尔·桑德尔：《自由主义与正义的局限》，万俊人等译，译林出版社2001年版，第63页。

② 同上书，第63页。

③ 同上书，第68页。

态，从这种角度而言，分析自由主义自我的形态与历程就以笛卡尔的"思考、怀疑的自我"与康德的先验自我为典型。

一 实体形态的自我

自由主义独立理性自我的定位表明自我的独立性就在于自我是实体形态的自我，这种实体自我最初来自于笛卡尔对自我的理解。所谓"实体"，是指其存在只依赖自身而不需要他物的东西。也就是说，实体是自满自足、自我说明、自我完善的系统，自我从中世纪的我怀疑到我思的过程证明了自我已经成为宇宙秩序背后的独立实体。这种新型自我观与古代哲学对自我的理解有很大不同，古代哲学中自我的角色始终是在一种本体论的宇宙观基础上进行的，人的灵魂中的秩序与我们对现存秩序的洞察密不可分，对外在于自我的秩序加以理解和反思是人的最高活动，自我始终是外在秩序的观察者和凝视者。正是这种思维方式，使得笛卡尔之前形成了一种从外在秩序框架定位和理解自我的传统，进入现代社会，这种依靠外在框架理解自我的方式，受到了巨大挑战，自我由外向内，自我变成自足的实体，这种对自我的定位为自由主义对自我的理解奠定了基础同时也为自由主义自我定下了基调。

笛卡尔对实体自我的解释是从"我思故我在"的哲学命题开始的，统一的知识体系、普遍性的必然法则其唯一的来源只能是自我主体的逻辑一贯性。这一命题实际上是近代西方自我形而上学命运的浓缩，同时这一命题表明，自我不是由外在的东西所决定的；相反，是自我的存在确立了世界意义和价值的阿基米得基点。笛卡尔正是以"自我"概念为出发点，以普遍怀疑的方法证明了思维实体的存在，进而表明自我这一实体是不需要外在框架加以理解的，它本身就清楚明确。我作为一个实体，其全部本质只是思想，它并不需要任何地点以便存在，也不依赖任何物质性的东西。"笛卡尔的选择是把理性或思想能力看作我们必须构建秩序的能力，而这些秩序要满足知识、理解力或确定性所要求的标准。"[①] 正如泰勒所说："我的建议是，笛卡尔分解式主体的图景，表达着对最适应这整个变化过程的主体性的理解，而且是这个图景在那个时代及超出于那个时代所

---

① ［加］查尔斯·泰勒：《自我的根源》，韩震等译，译林出版社2001年版，第218页。

具有的巨大影响力的基础的组成部分。"① 人从自然中分离出来,心灵从肉体中分离出来。自我最终变成了一个只具有思想性的抽象实体,不需要在其周围的世界中寻求生存的根据和意义的基础。自我被作为独立的和自我规定的东西,它的意义和价值就体现在其自我创造和自我选择的活动之中。这样,自我摆脱了任何关系的羁绊,成为真正的主体,而这种具有选择能力的实体形态自我便是自由主义对自我形态的最好理论表达。

笛卡尔自我理论的影响深刻地体现在自由主义的政治哲学发展之中,就实体形态的自我这一点而言,笛卡尔的自我理论就是对自由主义自我观的典型体现。与笛卡尔的自我理解相同,自由主义对自我的鲜明理解也在于其实体性质,自由主义对自我的形上预设意味着自我摆脱了外在的一切东西的束缚,一切外在的东西都需要从自我当中剥离开来。在笛卡尔那里,"自我"超越了素朴的直观形态进入反思形态,"自我"把自己看作是绝对的主体,又把那种对自身的确信看作是纯粹思维的力量。因而在笛卡尔的哲学中,理性实体自我就成了终极性的东西,这也深深影响到了自由主义对自我的最终定位和理解。自我在摆脱任何关系的羁绊过程中,成为了将自然对象化,并对自然加以支配和控制的主体,因而,思维和存在之间存在着二元对立的现象,这种实体性自我阻碍了自我与他者之间的交流与沟通,这种自我实际上被界定为其存在只依赖自身而不需要他物的存在者。自我由此而是一个保持自身同一性的精神实体,它自由地存在,保持着自身的同一性。而当自我成为绝对自由的东西时,自我也就成了空洞和抽象化的存在,成为了无负担性的存在,正因如此,自由主义自我的实体性质所以才屡遭其他政治哲学派别的质疑和诘问。这种自我意识之中的自我使自我成为原子主义的自我,在实践活动中,这种自我观念在社会领域也就体现为极端的个人主义原则,进而破坏了人与人之间的交流与沟通,自由主义的实体自我在现实的政治实践中如何确保个体权利就成为内在理论逻辑上无法解决的重大问题。

二　先验形态的自我

先验自我是一种与感性无涉的自我,它力图摆脱其中感性的、经验的

---

① [加]查尔斯·泰勒:《自我的根源》,韩震等译,译林出版社2001年版,第240页。

成分。康德所预设的这种先验自我具有典型的现代性特征，它包含了一种特定的个体性观念即从个体理性和自由意志的角度而不是从社会联系或社会价值的角度理解人。康德把笛卡尔的自我进一步发展为"先验自我"和"经验自我"，揭示了自我的层次性并将自我进行了功能性的处理。主体自我是一种与感性无涉的自我，它力图摆脱其中感性的、经验的成分。经验的自我包含了感觉材料在内的此时此刻的自我，这种自我并不是纯粹的自我，因为感觉经验是由外在的"物自体"刺激所引发的，并非纯粹自我本身的东西；而纯粹的自我则剔除了感性经验内容，使感性材料直观对象化为可能的纯粹逻辑同一性。在康德看来，这种纯粹的自我也即先验自我才是真正意义上的自我。这种先验自我的提法虽然出于康德，作为认识主体的自我是先验自我，而作为实践主体的自我则被康德称为理性的存在者，康德在实践领域中提出的道义论就是根据这个著名的划分提出。但是这种对自我的先验理解却成为自由主义尤其是新自由主义与其他政治哲学流派论争的焦点和重点，从这个角度而言，先验自我是自由主义自我观的标志性特征。

这种先验自我不是一个单纯的实体，而具有一种先验的逻辑功能。在先验自我的概念结构中，自我的存在并不是被放置在特定的历史脉络当中，而是先验的和抽象的东西，康德的"自我"正是具有综合统一性的先验自我，先验自我利用综合统一能力给经验材料以普遍必然性。他说："约束性的依据既不能在人类本性中寻找，也不能在他所处的环境中寻找，而是完全要先天地在纯粹理性的概念中去寻找。同时，任何其他单纯以经验原则为依据的规范，虽然有一定的普遍意义，……也是一个实践规则，永远也不能称之为道德规律。"①因此，康德自我理论的逻辑起点就是纯粹理性的预设。按康德的设定，自我除了自身，除了自我决定之外没有任何本质，更没有任何经验的本质。唯有建立在这种自我之上的道德标准才可以成为衡量一切具体的道德原则的准则。对道德主体资格的这种形上认定，是康德政治哲学和道德哲学的前提预设而非道德修养的成就。

在康德看来，人只有作为一个纯粹的道德意志，一个纯粹的先验自我而不是一个自然存在物，他才能自我决定并选择和决定他者，才是自由的

---

① ［德］康德：《道德形而上学原理》，苗力田译，上海人民出版社 2002 年版，第 18 页。

存在。康德提出对自由的两种理解：一种是实践意义上的自由，指的是自我不被自己的感性冲动必然决定而行动的自由；一种是道德意义上的自由，作为最高的自由，它是指违背一个人所有感性倾向而根据道德责任的动机来行动的自由。康德认为理性的、有道德的人应该使他的行为服从内心的道德律令，而不是为了追求结果，按照道德律令的行为就是自由的行为，就是按照道德和理性的主体来行动。按照康德理解，真正理性自我的行动，要按照被理解为普遍适用的既定原则和理性行事，因而按照自我真实性的要求和我的理性的要求行事就是自由。康德关于理性自我的思想构成了现代性的源头，"它似乎提供了一个纯粹自我活动的前景，在那里我的行为不是由仅仅被赋予的本性（包括内在本性）因素确定的，而最终是由作为理性法则阐释者的我的主体性确定的。"① 至此，为了突出自我的主体地位，强调自由的绝对至上性，自我被去除经验的、感性的成分，成为一种服从内心道德律令的先验理性主体。

所以，在康德那里，自我是"作为一个活动的原则，一个秩序和规则的源泉，一个多种多样创造形式的活动"②。我们不否认自我伴随着一切经验，但自我本身并不是个别的经验，而是先于经验并使经验得以可能的先天结构。康德的自我只具有逻辑意义，而不具有经验事实意义，这样的自我只是逻辑先在的自我或逻辑主体。康德的先验自我实质上假定了自我具有非历史的本质，这种时间和经验之外的普遍人性成为自由主义政治哲学和道德哲学的人性基础。

罗尔斯便沿袭了康德对先验自我的看法，认为自我是一个可以独立于外在世界而存在的实体，所以，我们可以一方面认定康德的先验自我是自由主义自我的理论来源；另一方面康德对先验自我的逻辑推演和设定也代表了自由主义自我观的典型表现形态。说罗尔斯继承的是康德的自我观，可以从罗尔斯所列出的公平正义两原则及其论证过程中得到证明：罗尔斯的第一个正义原则是"平等自由原则"，第二个原则是"机会的公正平等原则"和"差别原则"。"每个人对与所有人所拥有的最广泛的平等的基本自由体系相容的类似自由体系都应有一种平等的权利"，在这里，"每

---

① ［加］查尔斯·泰勒：《自我的根源》，韩震等译，译林出版社2001年版，第561页。
② 周贵莲、丁冬红：《国外康德哲学新论》，求是出版社1990年版，第159页。

个人"、"所有人"必然是康德意义上的为自己立法的理性自我、纯粹意志本身。即便是第二个原则也即差别原则也需要这种独立于且高于其任何属性、情感和目的的自我。因为,只有这样的自我才是根本上自主的、自律的。为了确立这种理性自我的地位,罗尔斯在《正义论》中通过设置原初状态来实现这一目的,将自我与外在偶然性的东西分离开来,就是在很大程度上复制了康德的自我观念。在罗尔斯看来,"目的论学说的结构是根本错误的:它们从一开始就以一种错误的方式把正当和善联系起来。……由于自我优先于目的,目的由自我确认,甚至一种支配性目的也是由自我在大量的可能性中选择的……因此,我们应当把目的论学说提出的正当与善的关系颠倒过来,把正当看作是优先的。"[①] 按照此种思路,罗尔斯实际上预设了一个可以不依赖任何客观外在因素所制约而又能完全依据正义原则做出正确判断的先验理性自我。我们可以断定,罗尔斯所设置的自我的概念是从康德对自我的理解当中获得其分析基础的。这种自我不必求助于任何外在于自身的法则,这种自我是先验的、绝对优先的自我,是从外在框架来分析和认识的自我,这种自我观奠定了自由主义自我观理解的基调。所以,后来把强调自我的自足性、先验性、个体性和普遍性的自我观认定为自由主义包括新自由主义的符号性标志。

自由主义自我的超验自我、实体自我及主体自我对于解除外在束缚确立自我的主体性曾经起到一定的积极作用,"在现代社会,人们将目光从超验的上帝转移到经验的自然和社会现实,通过对传统文化的批判和反思,使自我获得了自我意识的自由;道德和价值日益摆脱地域、种族、语言和宗教团体的束缚,获得理性论证和反思的能力;同时,由理性论证的普遍道德和法律日益成为规范人的行为的准则,从而使自我获得自我决定的自由;随着封建人身依附关系的解体和宗教来世意识的衰微,个人日益把个性化作为人生理想,并以此筹划自己的生活,自我实现成了人生存的标尺和追求。"[②] 但同时自由主义自我面临着明显的理论困境,因为,无论是笛卡尔的实体形态的自我还是康德先验形态的自我,其实都带有强烈

---

① [美]约翰·罗尔斯:《正义论》,何怀宏、何包钢、廖申白译,中国社会科学出版社1988年版,第28页。

② 吴玉军:《现代自我观的批判与重建——对自由主义政治哲学困境的一种考察》,浙江社会科学2008年第8期,第71页。

的独断论色彩，都强调自我的本质在于思维与设定，其价值体现在自我选择和创造活动之中，自我需要在摆脱外在束缚的同时成为绝对的主体，这会导致自我与外在自然、社会、他人产生紧张与冲突状态，自由主义自我突出自我的先验性决定了自我需要作为前提而存在，但这种先验自我无法与他者进行自由交流和沟通，自我逐渐变成脱离社会脉络和历史语境的原子式自我，缺少外在的框架依托，漂浮而不确定。也正因为自由主义自我理论的此种特质和倾向招致各方面主要是社群主义的批评和质疑。也正因为如此，麦金太尔认为自由主义的这种理性自我由于缺乏任何合理的历史而难于获得道德合理性的证明，只不过是一种幻想而已。社群主义者根本就不存在这种无归属的、先于目的、先于共同体的个人自我，存在的只是在一定共同体中的，被公共善培养、熏陶、塑造出来的共同体成员或公民。任何个人都必然受到各种归属的制约。正是从这种共同体视野下的自我理解入手，我们展开对自由主义自我观困境的分析。

第三节　自由主义自我的多重困境

　　自由主义在现当代遭遇了理论上的拷问和现实中的质疑，各个政治流派理论上的诘难均可以归结为自由主义对"自我"观念的前提设定，质疑自由主义，就要从分析和批判其自我理论开始，这已经成为批判自由主义的共识。现实社会自由主义许诺给人们的独立、自由、平等等价值理想遭遇到现实场景的强大反差，这种个人主义式的原子式的自由主义自我使得人们日益缺乏公共认同与公共理性，人们成为政治生活与道德生活的孤独行者，整个社会则成为人们的利益角逐的集散地。现实中这种形成强大反差的场景也使得人们认识到这也源自于自由主义的自我形上预设和价值认定。总之，自由主义自我观在理论和现实中遭遇双重困境。

　　具体而言，实际生活中，"二战"后严重的经济危机迅速蔓延，危机使通货膨胀加剧，经济状况恶化，社会问题迭起，阶级矛盾激化，伴随这场危机各国相继出现反战运动、学生运动、女权运动等，对政府的抗议浪潮风起云涌，现实中的境况使得人们对自由主义的指责愈演愈烈，自由主义仿佛已变成"死的纲领"。当代世界，自由主义的价值使得贫穷世界疾病交加，同样也使得富裕世界哈欠连连。

自由主义遭遇的理论批判似乎就从未停歇过，而这些批评之声几乎都与自由主义对人性设定有关。从19世纪以来，对自由主义的批判愈演愈烈，继卢梭之后的黑格尔和马克思是对自由主义进行批判的典型代表人物，他们试图用有机的、精神性的和统一的社会秩序观念去取代自由主义以促进利益的契约为基础的社会概念，用相对现实的人的概念来替换自由主义式的理性自我。其实，黑格尔和马克思的很多思想已经接近社群主义或者构成了社群主义思想的资源。同样，麦金太尔透过自由主义阵营内部的罗尔斯和诺齐克之争得出结论，当代社会的个人主义文化使得人们不能产生对正义这一社会政治生活中最重要的德性共识，罗尔斯和诺齐克两人争论就是典型例证，二者争论的前提和结论是不可通约、互不相容的，人们无法证明是权利优先还是需要优先，双方的互相指责表明两人都是站在自由主义前提下的个人主义立场而各抒己见。基于对自由主义的强大信心，美国学者福山最早宣告自由民主主义这一时代来临，1989年他在《历史的终结》中宣称，西方式的自由民主主义普遍成为人类政府的最终形式，这是意识形态的终结，也是历史发展的终点，但事实是其他的理论意识形态依然充满生命力，反倒自由主义在不同理论的拷问下面临重重困境。

当然，我们也不否认自由主义自我曾表达了人们对自由式个体价值的强烈渴望，但因为这种自我过于虚幻导致人们无法捉摸与把握。自由主义确认自我是现代性能量的来源和基本表征，主体性原则是自我确证的根本点。自由主义的自由、个体权利和普遍主义等强劲的道德理想形成了现代文化中强烈的道德渴望。自由主义的自我认为个人拥有质疑所参与的社会常规的自由，又可以对这些社会常规自由放弃。因此自由主义者主张从逻辑上讲，自我优先于它的社会角色和社会关系，并且仅当自我能够与它的社会处境保持一定距离并且按照理性的命令对其进行裁决时，这种自我才是自由的。"因此，不能通过个人在特定的经济、宗教、性或娱乐等社会关系中的成员身份来界定个人，因为个人有质疑和拒绝任何特定关系的自由。"[①] 当然，自由主义者所倡导的自由是一种追求选择的自由，追求选

---

① [加]威尔·金里卡：《当代政治哲学》（下），刘莘译，上海三联书店2004年版，第404页。

择的自由并不是因为自由本身的缘故而是因为选择自由是我们追求具有内在价值视野的有效前提,可见,自由主义的自我观始终与自由选择紧密相联。

但作为现代性之产物的自由主义催生了自我的个体意识,导致了自我与社群的分离,忽略了社群是人类生活的重要价值,所以自由主义自我理论有其内在的局限:过于偏重个体价值,忽略群体,正是这种局限招致了社群主义的猛烈批判。社群主义认为这种自由主义自我观忽略了一个客观事实:自我是被镶嵌于或置于现存的社会常规之中的,我们不可能总是有计划选择退出这些常规,我们必须把某些社会角色和社会关系当作个人慎思的目的和给定的背景内容,完全的自由会导致尼采式的虚无,自我的真正自由必须在一定境遇之中。对于社群主义者而言,只有在社会角色之中,自我才能实现自我决定,没有外在的自我确证,自我就会失去自尊感和厚重感,失去对自我价值判断的信心,我们应该把社群的共同价值作为我们设定的权威视域。具体的社群主义者对此都阐释了自己的理解:桑德尔指出,不受任何社会历史背景、经济政治地位、文化传统等影响,可以自由选择自己生活方式的理性自我完全是臆想出来的产物,实际上,任何自我都受到家庭、社群或民族国家归属的制约。个体不能选择自我,只能发现自我。麦金太尔反对个人第一、社会第二的个人主义自我观,他认为不存在抽象、孤立,与历史、传统和文化没有牵涉的个人,自我的存在、认同和发展都离不开社群。人们在庆贺自己挣脱了封建等级制约的现代自我生成的同时,丧失了最为宝贵、作为人生存根基的传统德性。按照社群主义的理解,"自我观"不是一个单纯的概念,"自我"存在于"我们"之中,"我们"是若干"自我"的整合。对于社群主义者而言,自由主义的问题不仅在于它对正义的强调和它的普遍主义倾向,更根本的则在于它在自我观上的个人主义。自由主义把所有理论奠基于关于个人权利和个人自由的理性观念基础之上,忽略了个人自由和福祉只能在社群生活中得以体现和实现。

总体而言,自由主义自我(以新自由主义者罗尔斯为代表)在理论逻辑、方法论和实践方面均存在缺陷:在自由主义的理论论证方面,自由主义从独立理性自我出发来建构理论体系,追求自由与平等的价值,但这种透着先验气息的自我与自由主义的实际价值之间存在不可逾越的理论鸿沟；从方法论角度来说，自由主义自我观其实体自我与先验自我的表现形态均基于个人主义、普遍主义以及理性主义的思维传统和方法论体系，个人主义容易产生原子式个体，普遍主义与多元化现实存在冲突，而理性主义对自我的规定不够完整；自由主义自我观在实践中最大的困境是自由主义目前所面临的社会危机、信仰危机等。以上种种急需一种强调社群环境、整体价值以及公共意识的社群主义自我对其进行纠正和超越。

一　自我与价值承诺冲突

自由主义和其他政治传统一样存在有关人以及人性的本体论方面的设定，这种设定偏重于自我的先验化层面，所以在与自由主义所追求的价值发生关联时，会出现难以逾越的理论鸿沟。独立的、自足的、先验自我如何与具体价值相匹配，如何将普遍性设定落实到具体的人身上，这种先验形态的自我除了逻辑上的功用之外还能否具有现实价值效用等，这些都是自由主义先验化自我与自由主义价值之间所需要考虑的问题。在西方社会的政治文化传统中，自由主义随着工业革命的兴起以及资本主义制度的确立得以产生与发展，它具体经历了古典自由主义、现代自由主义和新自由主义的演变过程。但在这种过程中，自由主义始终秉承着一以贯之的主导价值：个体自决，个人的生活只有在自由选择的意义上才有价值；公平正义，公平分配资源，以使得所有人都与追求其自身善的机会；最大限度的平等自由，国家应该保障每个人都有与他人同等自由相容的个人自由等。但是，这些自由主义的价值一直与其理论出发点的个人主义自我观相冲突，为了避免这样的冲突，或者把自由主义自我经验化，亦或者把自由主义价值绝对化，罗尔斯选择的是第一条路径，通过"原初状态"这一看似经验化的环境淡化自我的先验色彩，而诺齐克则走的是第二种道路：自我所有的绝对化。

（一）自我"仿经验化"——罗尔斯的尝试

罗尔斯表面上沿袭了康德的义务论思路，但实际上他却丢弃了义务论前提的先验道德主体。他力图通过"原初状态"和"无知之幕"的制度设计以及后来政治自由主义的重叠理性共识来使先验自我的先验色彩暗淡，自我变得经验化，但这种自我处于经验不够彻底，先验色彩不足的状态之中，实际上与康德的先验自我并无根本区别，所以这种自我的仿经验化设计没能为自由主义的自我提供新的面孔，同样也未能使自我与具体政治价值紧密相联，这种自我仍然是先验自我，这种先验自我与政治价值选择之间便产生冲撞。

"原初状态"是罗尔斯提出的一种是自我"仿经验化"的一种环境状态，在这种状态中，完全自由的个人在这一状态中进行反复的推理和选择后相互订立各种原始契约。按照罗尔斯的理解，从"原初状态"和"无知之幕"中人们就会推演出其作为分配公正的正义原则。人们在订立这些契约时，都受到"无知之幕"的约束，他们浑然不知他们的自然天赋和社会地位、善恶观念以及所处的社会背景。这个自我先于并且独立于目的，并且这个混沌无知的自我首先描述了我们是什么、拥有什么或想要什么的方式，它意味着在我所拥有的价值与我是一个什么样的人之间始终存在着差别。对特定的我的目的、企图、欲望等的认同始终意味着某种主体"我"在它们的背后的一定距离之外，这个"我"的形式必定先于任何我所拥有的目的与态度。罗尔斯力图通过原初状态这一带有经验化环境的设置来容纳背后的选择自我，以突出与康德的纯粹先验主体的区别，但罗尔斯用无知之幕来屏蔽人的客观信息力图实现选择的本性化和理性化，这当中存在人性事实与选择价值的悖论。

实际上，罗尔斯试图超越康德式先验自我的努力没有奏效。具体而言，由于自由主义假设社会有独立的理性个人组成，依据罗尔斯的主张，这种多元事实并不是一个短暂的历史偶然，而是当代民主文化的一个永恒样貌，所以，要使这些不同价值理想和生活方式的人共同生活在一个必须相互合作的社会之中，就必须制定一些大家所共同遵守的公共规范，制定和选择公共规范必须经由个体自由而理性的选择。所以，他虽然在表面上摒弃了康德的先验自我或形而上学主体的形式，力图通过原初状态这一仿经验化设置，淡化自我的先验色彩，但实际上却秉承了康德实践哲学的理论形式——先验自我与普遍理性，为社会确立一种普遍的正义原则。

作为公平意义上的正义在罗尔斯的视野当中只是一个为了适用于社会主要政治、社会和经济制度的政治概念，不必依赖于任何哲学层面上的理论论证。在理论逻辑上，他反对目的论伦理学，认为目的论混淆了正当与善、自我与目的的关系，在他看来，"对我们的个性来说，最为根本的并非我们所选择的目的，而是我们选择目的的能力。这种能力扎根于自我，且必须优先于自我选择的目的。"① 因此,他仍然沿用和遵从康德的义务论伦理传统,认为正义原则出自道德主体的自愿选择,同时设置一个先验自我,尽管他极力削弱这个自我的先验色彩,但罗尔斯的自我还是一个实体,是一个可以理性地进行选择和判断的主体,但同时他是先于目的而存在的,而目的本身是先验自我的选择结果,自我在罗尔斯那里更多地表现为一种纯粹的选择能力。正义原则是个体自愿选择的结果,我们的选择决定了我们选择的内容。按照义务论的要求相应地应该是一种先于目的,先于任何经验的特殊主体,但出于对形而上学的疑虑,罗尔斯拒绝了康德的先验主体,虚构了一个人们所处的假设性经验处境——原初状态,在不透明的无知之幕之下人们来作出理性选择。罗尔斯为了自我以及个体权利的普遍性,人为地排除了自我的一些经验成分,之所以说是一些经验成分,是因为罗尔斯去掉了人们对地位、利益等不利于主体选择的客观信息,因为,如果人们熟知这些客观信息就会变成普通人,他们就会有对自己身份的牢固观念,就会陷入日常的烦心之中,那么,他们就不会重复之前的理性选择。所以,罗尔斯除去了人的部分经验信息却保留了人所具有的理性、自由选择的能力,但没有客观内涵的自我无法做出自由的、合乎理性的选择。事实上,原初状态的人们在不具备任何经验和知识的前提下,无法作出真正选择,而无知之幕的精巧设计还是透露着康德先验自我的气息。

　　总结来看,罗尔斯把自己的作为公平的正义价值放置到一个关于人的假定上,以便能够在正义问题上得出有意义的结论,但这种人或者是经验化的,或者是先验的选择主体,罗尔斯做出了经验化的努力,但仍然为了强调自我的理性选择而使自我难逃先验自我的宿命。因为,从根本上他仍然认为只有抛弃个体自我的经验属性,进入原初状态的道德主体才有可能进行道德思考通过契约式设计因而才能进行所谓的词典序列的公平正义原则的选择。但是,"他的这种契约不仅从来就不会发生,而且只能在那些从来就不曾存在过的人中间想象性地存在;也就是说,只能在那些犯了无知之幕所必需的健忘症的人中间才能发生。在此意义上,罗尔斯的理论具

---

① [美]迈克尔·桑德尔:《自由主义与正义的局限》,万俊人等译,译林出版社 2001 年版,第 24 页。

有双重的假设型：它想象了从来就不会真的发生的事和永远不存在的人。"① 罗尔斯的假设性契约比任何具有想象力的契约都更富有想象力。在这样富有想象力的契约前提下，自由主义的自我优先于它的社会角色和社会关系，自我与它的社会处境保有距离，这样，自我才能对特定成规进行判断和决定。自由主义阵营内部的约翰·格雷对罗尔斯理论体系的深刻评价带有总结性意味："罗尔斯的自由主义原则不断在不确定的礁石和不可通约的漩涡之间摇摆。"②

（二）自我所有的绝对化——诺齐克的努力

在自由主义阵营内部也出现了对罗尔斯的激烈批判，代表性的人物就是激进的绝对自由主义者诺齐克，他在其《无政府、国家与乌托邦》中，用"最弱意义国家"批判罗尔斯差别原则的逻辑起点，维护自由主义一以贯之的自我所有权利。但诺齐克的绝对自由主义依然是建立在个人主义之上，其理论的出发点依然是原子式的孤立自我，自我之间彼此隔绝，个人权利具有绝对优先性，他在《无政府、国家与乌托邦》开篇中就抛出了这一原则："个人拥有权利。有些事情是任何他人或团体都不能对他们做的，做了就要侵犯到他们的权利。这些权利如此强有力和广泛，以致引出了国家及其官员能做些什么事情的问题。"③ 但这种对自我所有权利的绝对强调没能自觉地对自由主义的普遍主义、自我概念和个人主义的原子主义理解进行批判性思考。

为了使自由主义所允诺的自由、正义等价值得以充分体现，诺齐克对个体的自我所有进行绝对化的提升，以使得绝对自我所有与自我所追求的自由等价值在同一高度上相契合。处于这种考虑，他首先提出了分配正义的三原则，以回应并反击罗尔斯的差别原则。第一是取得的正义原则，主要用于解决对无主物占有的合法性问题。第二是转移的正义原则，用来解决转移而来的物品的合法性问题。第三是矫正原则，主要解决那些已经通

---

① [美]迈克尔·桑德尔：《自由主义与正义的局限》，万俊人等译，译林出版社2001年版，第128页。
② [美]约翰·格雷：《自由主义的两张面孔》，顾爱彬等译，江苏人民出版社2002年版，第75页。
③ [美]罗伯特·诺齐克：《无政府、国家与乌托邦》，何怀宏等译，中国社会科学出版社1991年版，前言第1页。

过盗窃、欺骗、奴役和剥削别人而获得的财产的正当性问题。如果每个人的持有是正义的，那么总体的持有就是正义的，不能因为需要考虑到最少受惠者就要牺牲个体自我在自由社会中的权利及所有，所以，诺齐克的权利原则实际上是一种对个体自我极端维护的自由原则的现实表现，作为自由主体的我与我所拥有的不是一回事，不管我以何种途径持有，我都是理所应当的所有者，可以看出，诺齐克的论证之中弥漫着一种对个体自我权利的绝对维护的强势气氛。诺齐克提出，任何东西只要是出于正当的情况用正当的方式得到就是正当的原则，在诺齐克那里，自我所有成了其政治哲学的基石，其实自我所有并不等于自主，同样自我所有也不等同于把自我作为目的。

同时，诺齐克通过自我所有的三个层次或环节对社会结构进行价值序列的阐述：国家、社群与个人，以此来突出个人自我所有的绝对化倾向。国家按照自由主义的一贯主张不必考虑人们的价值观念，在价值观念上保持中立，国家承担的职能就是为个体维持一种自由的安定环境，而社群就涉及人们的价值观念，它由一些追求共同价值的人们自愿组成。社会结构分化的最后落脚点就是作为主体的个人，只有个人才有独立的生命，才有互相差异的想法，才具有多样性。这种对个人的理解与罗尔斯原初状态背后人的多样性想法如出一辙，所以同样带有某种与生俱来的先验设定色彩。

诺齐克假定，自我是个体自由的理性存在物，个体自由与自我所有不受社会整体利益的权衡，也不能因为偏袒某一部分人而又所改变，每一个都有一种基于正义的不可侵犯性，个体的自我所有只能因为自我所有本身的缘故才能被限制。在这里，自我所有具有逻辑和道德上的双重优先性，自我是自省自立的理性主体，是可以自由选择生活方式的理性个人，自我所有不能僭以任何名义被越或伤害。"在自我选择的过程中，我成了实在的我，即一个具有无限向度的自我。"① 诺齐克式的自我正是通过选择实现了自爱、自我肯定与自我保护。

无论罗尔斯的自我"仿经验化"还是诺齐克的自我所有绝对化，实质上，他们理论背后的人性理解与以往自由主义对人性的理解一脉相承，

---

① ［加］查尔斯·泰勒：《自我的根源》，韩震等译，译林出版社 2001 年版，第 703 页。

认为人是在理性指导下功利地追求最大化利益的存在。"对于自由个人主义来说，共同体只是一个竞技场，在那里，每一个人都在追逐其自身所选择的善的生活概念，而政治制度机构的存在则提供了使这种自我决定的活动成为可能的那一程度的秩序。"①在自由主义者看来，共同体只是原子式自我的临时聚合，是个体角逐利益的场域，基于此产生的是无选择标准的现代自我。对于他们而言，个体组成社会都带有各自利益，他们不得不走到一起制定公共规则，以便我们最大限度地保护我们中的每一个人，这种自由主义的个人被马克思描述为社会化了的鲁宾孙。这种自由主义的自我观念无法为其正义理论提供基础，也无法使其自我假设与所追寻价值相符。桑德尔对此得出结论，正义不能在义务论的意义上是首要的，因为我们无法始终一贯地把我们自己当作义务论伦理学所要求我们成为的那种人，除了自我之外一无所有。所以，在自由主义的逻辑格局中，自我与目的的分离，其结果就是使自我成为可以不必依赖外在世界而独存的实体，这便是无牵挂的自我，查尔斯·泰勒称这种近代自我为"自我定义的自我"，而迈克尔·桑德尔则把这种自我的本质称之为"为选择而选择的自我"。

自由主义对权利与正义的价值追求与情境化自我是高度相关的，不能为了强调权利与正义的至上性而有意使自我的性质发生改变，自我的真正经验化不会对自由主义的价值追求产生损害。其实，罗尔斯、诺齐克等自由主义者关注的个体权利与社会正义，作为一个哲学问题，关于正义的反思无法合乎理性的与我们对"公共善"的生活的本性和最高的人类目的的反思分离开来，同样，作为一个政治问题，我们无法在不诉诸"善"观念的情况下，开始我们关于正义和个体权利的慎思。桑德尔批判罗尔斯的正义优先性正是从批驳自由主义的核心理论即自我优先性的个人主义开始的。他指出，自我是个情景化的自我，有约束力的自我，个人的认同部分也是由我们的社群属性所决定的，现实的自我都要受社群、共同体的各种归属的制约，个人总是属于家庭、社区、民族和国家等共同体，自我是历史的传承者。桑德尔对自由主义自我的批判几乎可以摧毁自由主义的整

---

① [美] 阿拉斯戴尔·麦金太尔：《追寻美德》，宋继杰译，译林出版社 2003 年版，第 247 页。

个哲学基础。

总体看来,自由主义秉持了一贯的做法即假定社会是由独特的个人组成,每个人先天地拥有一个超验自我,并且作为其认同的自我先于其目的和价值,把自我看成是一种不需要外部认同的自由选择能力。在其理论演绎中始终会面临着"本体自我"与"经验自我"的二元矛盾,在社会实践中面临者公私无法区分的烦恼,其根源则在于自由主义自我观的个人主义基点,个人主义成为自由主义自我招致批判的突破口。

二 个人主义的隐忧

自由主义虽然有不同形态,但其立足的基础是个人主义,长期以来,坚持个人主义成为自由主义自我观备受批评的核心原因,因此,个人主义被誉为自由主义的"阿基里斯之踵"。"自 17 世纪以降,我们发现占有性个人主义成为核心信仰的表达,即人的生命'属于'自我的观念。"[①] 它将一种抽象的、独立的、自由的和个体的自我作为整个政治哲学和道德哲学的出发点,将这种原子式的个人视为国家的基础和本原,而国家正是个人的集合,同时,它赋予个人以终极价值,个人是目的,国家只是保障个人权利的工具。作为自由主义自我理论基础的个人主义,在道德上容易导致虚无主义和直觉主义,随之产生对社会蚕食的不良因素,"社会上的个人主义精神气质,其好的一面是要维护个人自由的观念,其坏的一面则是要逃避群体社会所规定的个人应负的社会责任和个人为社会应做出的牺牲"[②],因而,就个人主义而言,自由主义自我面临不可能实现的困境。

(一) 自我观与个人主义天然相联

自我定位为社群主义者的戴维·米勒认为,社群主义与自由主义者的争论是误导人的,与社群主义形成鲜明对比的不是自由主义,而是与自由主义有着天然联系的个人主义。这种个人主义在西方社会具有广泛的社会基础,同时也渗透到自由主义关于自我理论的根基之中。自由被自由主义赋予至上且独一无二的目的,而个人是自由世界的固定参照,他或她是真

---

① [英] 安东尼·阿巴拉斯特:《西方自由主义的兴衰》,曹海军等译,吉林人民出版社 2004 年版,第 32 页。

② [美] 丹尼尔·贝尔:《资本主义文化矛盾》,严蓓雯译,江苏人民出版社 2010 年版,第 308 页。

实的、具体的，而社会实体则并不总是如此，个人在自由主义的理论语境和现实过程中有着独一无二的真实性。自由主义者认为，个人有权选择他自己的善观念或生活方式，任何人无权强加给他不接受的善观念或生活方式。自由主义对个人主义的看重来自它对个人自由选择权的珍重，它与其说是相信个人必会选择合理的善生活不如说是坚信个人自由高于善价值，哪怕个人不选择善生活而选择平庸的生活，也不得以善的名义强迫他。从传统意义上而言，自由主义抵制强调社会对个人及其本性欲望施加影响的各种理论形态，当然这包括社群主义。然而这种对个人角色的高度信仰，以及与之相伴随的对人的联合体的不信任清晰地暴露出了自由主义自我的困境。

对于自由主义式自我与个人主义的天然关联，当代自由主义者从多个角度对个人主义进行阐述。从本体论角度，当代自由主义者哈耶克解释了个人主义的本质特征，认为个人主义"首先，它主要是一种旨在理解那些决定人类社会生活的力量的社会理论；其次，它是一套源于这种社会观的政治行为规范。"① 所以，我们可以得出个人主义的核心是本体论的个人主义，在本体论上的个人主义突出表现在个人与共同体的关系上，它认为个人是社会的基本构成单位，共同体是每个人的总和，是个体的叠加，个人是第一位的，是根本，共同体是相对虚假的存在。功利主义者边沁对此也曾说过，所谓"共同体"完全是虚构的概念，"共同体的利益"只是该共同体的成员的利益之总和。从方法论角度上来认定个人主义的代表是当代英国社会理论家吉登斯，他认为个人主义理论主张只有分析个人的行为，才能解释社会现象，所有社会现象的判断都可以还原到个人性质的描述，强调只有个体才是真实存在的。

总体上，"西方思想家一般把个人主义分成三种：1. 方法论的个人主义，这是把个人置于任何政治理论或社会解释的核心地位，所有其他关于社会的陈述都要从这个前提出发；2. 伦理的个人主义，这意味着社会应该按照有利于个人的原则来构建，强调个人的权利、需要和利益；3. 自

---

① [英] 哈耶克：《个人主义与经济秩序》，贾湛等译，北京经济学院出版社1991年版，第6页。

私的个人主义,强调个人的自我追求和自我实现。"① 方法论的个人主义提供的是对社会现象的解释逻辑,伦理的个人主义是在对各种道德进行价值排序,而自私的个人主义则是西方文明发展进程中过度利己化的产物。所以,个人主义无论作为一种本体论、方法论还是价值论,对于自由主义的自我都有一定的破坏力。

（二）自我的阿基里斯之踵——个人主义

个人主义是自由主义的通病。因为,"自由主义许多最严重的弱点是植根于个人主义自身的不足。"② 而且个人主义可能已经发展为社会之癌,并且现在这种个人主义之癌可能更加破坏社会的肌肤,并且威胁到自我与自由本身。所以,从个人主义出发,自由主义赋予个人即自我以超越一切的价值,以至于它没有共同的善,也实现不了个人的善和价值,这就导致自由主义的"自我"偏执于人性的先验层面,他们对人性的形上预设极易导致过于原子化,而原子主义在现实政治中又容易与工具主义结合,从而对健康的公共生活产生不良影响。

个人主义从性质上看可以分成作为一种道德理想的个人主义和作为非道德现象的个人主义,但后一种经常会被我们贴上自由主义式自我的标签。正如丹尼尔·贝尔所言:"个人主义的精神气质,其好的一面是维护个人自由,其坏的一面是逃避群体社会规定的个人应负的社会责任和个人为社会应做出的牺牲。"③ 社群主义以及其他政治哲学流派在批评自由主义自我观时均在后一种意义上使用个人主义。"对许多社群主义者而言,自由主义的问题并不在于它对正义的强调和它的普遍主义,而是它的'个人主义'。"④他们认为,个人主义是自由主义理论的出发点,也是其自始至终坚持的核心原则。个人主义主张个人是唯一的主体,个人行为完全由私人动机支配。对于自由主义者来说,社会只是个人实现私人目标的

---

① 章士嵘编:《西方思想史》,东方出版社 2002 年版,第 241 页。
② [英]安东尼·阿巴拉斯特:《西方自由主义的兴衰》,曹海军等译,吉林人民出版社 2004 年版,第 462 页。
③ [美]丹尼尔·贝尔:《资本主义文化矛盾》,赵一凡等译,生活·读书·新知三联书店 1989 年版,第 308 页。
④ [加]威尔·金里卡:《当代政治哲学》（下）,刘莘译,上海三联书店 2004 年版,第 385 页。

工具，人们为此才从事社会合作。"从将个人看成是第一位而将社会看成是第二位，从将个人看成是比社会及其制度更为'真实'，直到将社会制度看成是'逻辑上的虚构'，除了以集体方式组成社会的个人以外别无其他存在，这中间并没有很大的跨越。"① 自由主义坚持个人自决权的根据是相信个人自治不会被滥用，或者说它相信人性。自由主义者是乐观主义者，他对个人充满信心，充分相信个人对道德的承担力，他把这个世界的进步和美好完全交付个人去推进。但这是一个不能被证实的假定，是一场对人性下赌注所进行的冒险。

如果说个人主义在西方文明进程中曾发挥过积极作用的话，那如今也到了我们对其检醒的时候了。"个人主义的局限性如果在过去还是隐而不显的话，那么它现在已成为社会问题的一个明显根源。"② 弥漫于现代社会的个人主义更多表现为自我观上就是政治原子主义、自恋主义文化、道德主观主义和相对主义等无所归依的消极现象，于是，人们的生活失去了宽广的目标，因为人们只关心自己，这时，"个人的阴暗面是把自我放在中心位置，这挫平和限制了我们的生活，使之缺乏意义，并对他人和社会漠不关心。"③ 一些社群主义者认为当代社会出现的人与人感情淡漠、公民责任感缺失、传统美德的遗忘等都出自人们对社群归属价值的忽视而过分关注自由式个体所造成的。"的确，从亚里士多德主义的观点来看，现代自由政治的社会只能呈现为一群为了共同防卫而困在一起的'乌有乡'公民的集合体而已。他们最多拥有以互利为基础的低级的友谊形式。"④ 这种出自个人主义的自由主义自我往往出于保护自身权利而松散地组合在一起，但这种组合关系本身很脆弱，容易使人抛弃社会责任，把社会公德置于追求自由的考虑之外，极大危害了社群的整体利益。而真正的个体自由与自治是一种成员间的有机组合，离不开社群环境和共享的集体意识。对此，威尔·金里卡进行了精辟地分析："自由主义者认为，要促进自

---

① [英]安东尼·阿巴拉斯特：《西方自由主义的兴衰》，曹海军等译，吉林人民出版社2004年版，第48页。
② 韩震：《查尔斯·泰勒对自由主义的批判》，《新视野》1997年第5期，第44页。
③ Charles Taylor. *The Ethics of Authenticity*. Cambridge. Mass. Harvard University Press, 1991. p. 4.
④ 阿拉斯戴尔·麦金太尔：《追寻美德》，宋继杰译，译林出版社2003年版，第198页。

主，就只有在政治领域之外去作出关于善的判断。但在现实中，个人判断却要求助于阅历共享和集体慎议。个人关于善的判断依赖于对共享常规的集体评价。"①

的确这种以个人自由为核心、以个人主义为出发点的自由式自我观念还存在道德问题。事实上，在市场经济的环境下，自由主义的这种个人主义造成了人与人之间只保持一种法律的形式关系，自我与他人联合起来的唯一纽带就是为了各自的利益和需要，因为，它强调自我是目的，其他一切都是工具，所以，自由主义自由理念中人与人之间的这种利益关系与工具性关系无法为作为社会存在的自我提供所需要的社群归属感和历史厚重感，使人在精神上处于孤独无依的存在状态。过度滥用自由主义式的个人主义将会导致不顾及公共利益或共同善的利益的私有化，同时在社会当中也会滋生焦虑、竞争的不良心态从而使自我的生活发生断裂，由此也就助长了掠夺性和排他性的情感。同时，自由主义式的个人主义通过将个人设想为独立于社会的原子式存在，这样会产生消解和破坏了有意义的人际关系和共同体的不良后果，并滋生缺少爱心、责任意识和公共关怀和具有潜在毁灭性的群体与社会。另外自由主义过分关注个体权利，将公域与私域之间的区分过于放大，以至于个体自我将个人的精力与注意力完全局限于私人空间之中就往往容易导致现实中的人际之间的冷漠和人们对于公共生活的普遍疏远的不良状态。总之，自由主义的个人主义原则造成了自我与他人、个体与社会被无情地分割，每个人均从自身利益出发对他者、对社会缺少伦理意义上的关怀，因此造成了当代社会深刻的伦理困境。

总之，自由主义的出发点是个人（个体自我），个人成为分析和观察一切社会问题的基本出发点和视角，个人成为分析和解释的核心范式。个人的自由选择以及保证这种自由选择在公正的环境中实现是自由主义追求的根本价值，社群的出发点是社群，社群主义者所认可的社群成为分析和解释政治问题的核心范式，社群主义的方法论属于集体主义，对照自由主义的个人主义，它更倾向于把社会历史事件和政治经济制度的动因和目的归结为家庭、阶级、国家等社群之上。社群主义认为，自由主义的个人主

---

① ［加］威尔·金里卡：《当代政治哲学》（下），刘莘译，上海三联书店2004年版，第456页。

义认定人为理性人，认为个体权利和自由选择至高无上。实际上，理解人类正确的方式是把个体放到其所处的社会、文化和历史当中的背景去考察，只有这样，人类个体才具有丰富的内涵。人之为人无法脱离他具体的、现实的社会历史情境，马克思曾对此作过总结："人的本质并不是单个人所固有的抽象物，在其现实性上，它是一切社会关系的总和。"①

三 普遍主义的贫困

"自由主义普遍主义作为历史的产物，反映的是资本主义商品经济发展的内在要求。正是资本主义的商品货币关系，把原先生活在狭隘血缘共同体中的有着固定身份关系的人，解析成了拥有某种自由权利的平等原子，并使他们以新的方式与更多的人建立了普遍性的关系。自由主义理想的自由平等的个人，就是这种服务于商品经济自由竞争需要的人。但是，这种理想却被自由主义思想家宣布为是从人的本性中或自然法则中引申出的超时空的普遍价值，是理性、永恒真理或永恒正义的体现。"② 自由主义的普遍主义主要体现在它运用普遍理性作为标准从普遍人性的角度来衡量和判断社会价值，带有明显的普世主义的特征和政治话语强权色彩。追求终极答案的一元论模式是西方文明的典型特征，这种一元论模式的最终产物就是普遍主义。它是一种超越时空看问题的方法，一种把自己信奉的价值和规范等视为普适性东西的理念，具体而言，"普遍主义既是一种世界观，也是一种价值观，还是一种方法论。"③ 普遍主义源自于古希腊政治哲学到近代自由主义得以发扬，其理论的逻辑起点从普遍神性转到普遍人性之上，在他们看来，人性就像其他自然现象一样都有普遍的规律，人性永恒不变，人类共有，这种普遍人性不仅永恒和放之四海皆准，而且是非社会性的和非历史性的，他们不把人看作社会的人，而是看作同质、抽象的个人，这种对人性的看法形成了自由主义对自我理解的一大要素。

自由主义作为一种理论思潮和政治主张也正是西方普遍主义的产物。自由主义的普遍主义既体现在它的政治哲学形式中，也体现在它所倡导的

---

① 马克思、恩格斯：《马克思恩格斯选集》（第1卷），人民出版社1995年版，第60页。

② 马德普：《普遍主义的贫困——自由主义政治哲学的批判》，人民出版社2005年版，第258页。

③ 同上书，第1页。

一套普遍原则和价值体系中，所以，这种政治哲学对自我的理解带有浓厚的本质主义、基础主义，因而也就带有强烈的普遍主义色彩。它认为理性反思可以适用于人类的所有行为，所以，自由主义所犯的错误在于运用游离于传统之外人的普遍理性，把自由主义、个人主义的正义性说成全人类的共同理想和所有社会的统一原则。正是基于自由主义的普遍人性，自由主义自我的理性普遍性诉求与主体自我意识之间出现深刻关联和内在紧张，编织了社会价值冲突的难解之谜。普遍性要求消灭特殊和差异，特殊性又总是追求上升到普遍性，因此普遍性成了无人认同的冲突场所，特殊性成了自我封闭和彼此隔绝的孤立原子，这就是现代性的悖论，也是现代主流政治话语方式——自由主义在自我设定与价值之间的悖论之一。

自由主义基于普遍人性的自我进行道德论证的代表人物是康德和罗尔斯，二者都力图从普遍人性基础下的抽象自我出发来强调人的道德自律与价值选择，但这种普遍主义倾向使得自我缺少历史深度而变成虚无，自我的虚无也就是自由价值的虚无。康德认为每个人都必然服从最高的道德律，这种道德律就是对人的绝对命令，它先验地存在于所有人的内心中，这一道德律具有最大的普遍性，不受时空限制，普遍地适用于任何时代、任何背景下的任何人。罗尔斯的理论便是基于此种道德学说，提出正义原则是一种超越时空的普适性原则。他提出两大原则：作为公平的正义原则和差异原则。具体解释为："第一个原则：每一个人对与其他人所拥有的最广泛的基本自由体系相容的类似自由体系都应有一种平等权利。第二个原则：社会的和经济的不平等应这样安排，使它们：1. 被合理地期望适合于每一个人的利益；2. 并且依系于地位和职务向所有人开放。"① 这种普遍正义原则相应地要求有普遍人性的自我作为选择主体与践行主体，但这种普遍主义的自我只能在理论中进行编制而无法在实践中躬行。但是一方面他未能看到正义原则作为一种价值观念本身有其历史传统，正义原则的概念内涵也随着历史呈现不同程度的丰富性，正义原则本身的发展就是一个过程。正义原则只能产生于人们所处的现实生活状态。另一方面，个体自我从本质上而言总在某种程度上与社会情况的特殊性相关联，摆脱特

---

① ［美］约翰·罗尔斯：《正义论》，何怀宏等译，中国社会科学出版社 1998 年版，第 56 页。

殊性成为普遍性自我的愿望，只不过是一种幻想，剥落一切特殊性而求得的个体自由，只可能是形式的自由，正如亚里士多德所言，如果某一个体"出于自己的天性而不是由于偶然情况生活于国家之外，那他不是在道德方面不健全，就是一个超人"。①

由此，我们可以看出，自由主义的普遍主义自我最大的弱点在于它缺少一种历史主义的视野，"从人类的认识来讲，普遍主义是人类试图超越自身的有限性，超越事物纷繁复杂的多样性，以追求无限性和对多样性进行普遍把握的一种努力，"②但是它无法解释历史，无法解释未来，也无法为自身进行解释，倡导历史主义和实践哲学或许是对普遍主义的一种超越，因为"历史主义不是单纯的传统主义、现实主义和理想主义，而是它们的融合；它不是普遍主义者的那种自以为是的独白，而是过去、现在和未来或者传统、现实和理想的对话；它不是简单地全盘否定和肯定，而是不断地学习、继承、批判和超越；它不是一种作为教条来看待的狭隘独断的'主义'，而是一种视野广阔的、注重发展变化的'方法'；它不是一成不变的制度模式、道德体系与政治原则或一劳永逸的普遍答案，而是不断研究新情况和新问题的一种永无止境的探索任务。"③罗尔斯从传统自由主义自由和权利的关注而转向对平等的关注，认为只有更好地处理对社会不平等问题，就能完成自由主义普遍主义的任务。但是，罗尔斯的新社会契约论仍然是一种普遍主义方法，它不考虑现实中由于文化、宗教、种族、民族、国别、阶层以及个人特性，或者说它怀着一种道德憧憬，把人视为自由而平等的同类，人人都拥有相类似的对善的感知能力和对不干涉其他人生活的道德感能力，在"中等匮乏"的物质环境下，这样的个人会形成一个合作的社会结构，来推进他们的利益或善。但是，立足于这种普遍人性，自由主义理论的稳固性屡遭质疑。

因此，社群主义者秉持"历史主义""多元主义"的立场来对抗新自由主义在自我理解上的"普遍主义"倾向。在麦金太尔看来，自由主义的理性自我观念却由于缺"缺乏任何合理的历史"而难于获得道德合法

---

① [苏]科恩：《自我论》，佟景韩等译，三联书店1986年版，第110页。
② 马德普：《普遍主义的贫困——自由主义政治哲学的批判》，人民出版社2005年版，第265页。
③ 同上书，第283页。

性之证明，因为，从根本上来讲，个人行为常常是一个社群行为。他认为人是处在不同的社会背景之中的人，这就决定了在个人之间会形成不同的要求、愿望和利益，形成有差异的责任、义务和权利概念。自由主义无视人的差别，因而只能是一种非历史的和反传统的哲学，所以，要想达成一致的正义观念和普遍人性根本不可能。为了有力反驳自由主义的普遍人性以及普遍道德，他从英雄社会的诸多美德的分析中得出结论：人类道德的普遍性不过是一种幻想。"首先，一切道德总在某种程度上缚系于社会的地方性和特殊性，现代性道德作为一种摆脱了所有特殊性的普遍性的渴望只是一种幻想；其次，美德只能作为一种传统的一个部分而为我们所继承，并且，我们对它们的理解来自一系列的前辈先驱，其中英雄社会就是其最初的源头。"① 同时，麦金太尔提出：第一，不是只有一种普遍的正义，而是存在着各种各样冲突着的正义，而且这些正义之间的冲突无法得到合理的解决；第二，正义是历史性的，并存在于共同体的生活实践之中，所以古希腊的正义不同于中世纪基督教的正义，基督教的正义不同于现代自由主义的正义。② 因此，从历史主义的角度而言，不可能存在普遍的正义、普遍的道德，更不可能存在普遍的人性。

另外一位社群主义者沃尔泽便是从多元主义的立场出发，批评新自由主义确定正义原则的哲学基础是排他性的一元论，即肯定唯一性的人与唯一性的价值的存在，沃尔泽认为根本不存在唯一通用的原则与普遍意义上的人。不同的分配需要不同的政治安排来实现同时也需要不同的意识形态来证明。从来不曾有过一个普遍适用的交换媒介，也从来不存在单一的控制所有分配的关键点或一套作出决策的机构，更从来不存在一个适用于所有分配的单一标准或一套相互联系的标准。沃尔泽在《正义诸领域》中提出，不应从客观的、具有普适性的原则出发，而应该从传统出发去解释我们共有世界的意义，要把价值学说建立在特定状态下产生的准则和制度，而不是寻求永恒的正义原则，基于此，他对罗尔斯的分配正义原则提出异议，认为分配是按照社会理解的意义进行。一个平等的社会其实践的

---

① [美]阿拉斯戴尔·麦金太尔：《追寻美德》，宋继杰译，译林出版社2003年版，第160页。

② 姚大志：《现代之后》，东方出版社2000年版，第12页。

可能性应该扎根于我们对社会物品共享的认识中。"分配的正义是一种丰富的思想，它在哲学反思所及范围内绘制了整个善的世界。"[①] 而承认多样的分配标准以及对社会产品的共享就意味着承认自我作为分配主体的多样性、具体性，自我是真实的、差别化的社会存在。自由主义者错误地把社会正义理解成一种普遍的、非历史的外在标准，然后用这个外在标准来评判一个社会的生活方式和状态，得出的必然是抽象的、普适性的结论，所以，沃尔泽认为追寻一种普遍的正义理论是没有出路的，"根本就不存在外在于共同体的视野，根本没有办法跳出我们的历史与文化。"[②] 我们对社会正义的论证不能够只依赖哲学论证，更应该对自我与分配进行文化阐释，这样使得正义原则具有丰富的社会内涵，有无尽的生命力。

　　自由主义把自己打扮成普遍主义的面目，实际上，普遍主义的人是不存在的，超越时空的普遍主义价值也是无法存在的。一方面，包括正义原则在内的所有道德或政治原则都有自身的历史传统，都是历史地形成和发展起来的。它们由传统构成，不是先验存在的，因此对这些原则在现实中的体现和作用也要作历史地论证和理解；另一方面，历史和传统不是简单划一的，而是丰富多彩的，这就决定原则和概念也存在多样性。永恒不变的和普遍正义在事实上无法存在。新自由主义的正义原则、哲学基础的一元论倾向等与多样化的现实生活产生强烈对比，再一次验证了超越时空抽象的普适性原则只能在理论中存在而无法在现实中留存。我们不应该从普遍的原则视角出发来进行思考和实践，应当植根于我们的传统，向公民解释我们共有世界的价值意义，因为人们的价值和思想来自于自我对现实的理解和人们的真切的生活体验，我们确立任何理论原则和理解自我都应植根于深厚的生活背景，而不是按照普遍主义倾向寻找外在的普适性标准和原则。

四　理性主义的虚妄

　　理性主义一直是西方哲学发展壮大的基石，而自由主义也被看成是理

---

① [美] 迈克尔·沃尔泽：《正义诸领域》，褚松燕译，译林出版社2002年版，第1页。
② [加] 威尔·金里卡：《当代政治哲学》（下），刘莘译，上海三联书店2004年版，第383页。

性的成就，它不断地将理性作为护身符来加以援引，因此，我们可以看出理性主义是自由主义赖以生存和发展的根基，但理性主义渗透到自由主义自我理论中会使自我产生过度的控制倾向。理性是属人的存在，所以，理性的确立与人的主体意识的确立密切相关，"在自由的个人必须拥有的、以便适合于自给自足和自我导向模式的各种能力之中，最为重要的是推理，或说理性。"① 至此，理性主义对人的理解就渗透到自由主义对自我观念的理解当中。因为，理性主义的核心观念是肯定认识的确定性、价值的普遍性以及人性的普遍性。而这种人性普遍性广泛地渗透到了自由主义自我的各个理论面向，自由主义自我就是在理性主义的逻辑架构中得以确立和展开的。

　　理性主义对自由主义以及自由主义的自我观念具有很强的破坏性。集中体现在：理性主义追求认识的普遍性以及人性的普遍性使得自由主义自我在面对外在世界时有一种普遍的征服欲望，自我利用理性就可以实现自由主义的自由价值，而这种自我对自然、他人以及社会的强势确定性认知倾向造成自我角色的不完整。这种理性主义发端于西方古希腊理性传统，蛰伏于中世纪宗教统治的"千年黑暗"，开启于15—16世纪的人文主义运动中，并重振于18世纪的启蒙运动而最终在近现代充分发展。这种理性主义在近现代的日益壮大导致了西方人在认知上完全用事实判断取代价值判断，这一点可以在自由主义那里得到验证，自由主义将自我主体与自由价值抬高到至高无上的地位，认为人所拥有的理性具有思维的明晰性和确定性，在此基础上信仰普遍不变的人性，认为人生来具有理性能力，人凭借理性能力可以改变世界，但未能考虑到人的非理性等方面的偶然性因素。自由主义信奉理性主义，所以它会产生完美主义、普适主义倾向和带有意识形态的功利主义特点，在这种信仰的前提下，自由主义自我自然精于计算、最大化地追逐私人利益，理性成为人所利用的工具。理性主义相信所有人都是完全理性的，所有人根本上都是向善的，其结果就是对邪恶的天真。这种结果在政治领域尤为突出，政治领域本该是最难按照理性主义方式对待的领域，因为，政治本身深受传统和环境等外在偶然因素的影

---

① ［英］安东尼·阿巴拉斯特：《西方自由主义的兴衰》，曹海军等译，吉林人民出版社2004年版，第5页。

响，而且在存续时间上也具有转瞬即逝的性质。但持有政治理性主义观点的奥克肖特却指出，事实上，除了宗教以外，理性主义所取得的最显著的胜利恰恰就是在政治领域的胜利。理性主义者相信，完美至善的人类理性是政治活动的最可靠的导引。然而，奥克肖特指出，理性主义运用到政治上将充满危险并且要付出昂贵的代价，这种危险性在于理性主义的理智时尚对全部社会生活的牢固宰制。理性主义逐渐将人们引向对理性的迷信，理性更多表现为理性的霸权、理性的控制，这令自我感到窒息，感到受奴役，人沦为从属于理性的对象性存在，对理性的极度夸大最终失却了对人生价值和意义世界的终极关怀，使人与自然、人与社会和人与人的关系更趋紧张。对于自我和社会而言，失去了对崇高或至善价值的崇尚和追求，社会面临解体，自我面临价值崩溃。

此外，自由主义自我对理性主义的过分倚重，加之过度相信价值的普遍性，使得自我陷入工具理性的泥潭而无法自拔。工具理性即为人在特定的活动中，对达到目的所采取的手段进行首要考虑、计算的态度。在西方社会发展过程中，自由主义秉持着人能够利用理性获得价值普遍性，人成为超越性的存在，所以，在这种理性主义前提下，把外在世界这一客观存在看成既是科学认识的结果也是科学认识的前提，客观而言，这种工具理性固然拓展了人的认识能力、生存能力和驾驭自然的能力，给人类带来了物质财富的长足发展和社会的日益进步，但是它在为社会中的作为自由个体的人的发展产生致命的伤害。这种把人的生活变成一系列的投入与产出的冷酷的计算的理性，使社会中的人的精神生活和物质生活失衡，丰富多彩的世界只剩下一个单调的、冰冷的理性世界，失去对人的幸福而言必不可少的深刻的审美体验和情感关怀，失去了人的内在的丰富性与完整性；人们逐渐失去超越的维度，不再有对一个高于现时现世世界的追求和向往，不再对生命和自然心存敬畏。总之，自由主义世界中工具理性的一味独裁与价值理性的缺失，这种扭曲与断裂，必然导致人性的工具化、贫乏化、碎片化。正是基于工具理性对自我的这种侵蚀与破坏，社群主义才开始对自由主义的自我观念进行理论层面的反省、批判与超越，社群主义用社群的温暖价值来整合这种工具化、原子化、碎片化的自我，使自我的生存完整而富足。

如果说自由主义自我观念以科学的理性主义为其价值取向的话，那么社群主义对自我的理解则是以伦理的德性主义为其价值取向。在社群主义者看来，科学理性的确立以休谟的"事实本身不产生任何价值"这一所谓的"价值中立"为前提，这种"价值中立"的事实与价值二分法必然会造成社会政治生活领域中人的德性本质的丧失，而人所具有的德性正是人类社会政治生活不可或缺的人性基础。因此，麦金太尔以大量事实为我们描绘了现代西方社会道德争论的无休无止的这一道德困境，并以深刻的理论分析为我们揭示了这一道德相对主义产生的理论和历史背景即理性前提的不可公度性。他指出，一种真正的关乎人的道德唯有在一种人们服务于共同利益、共同目标的社会共同体实践中才能真正得以产生，而古希腊的城邦制社会恰恰为这种道德实践提供了可能，在那里，做一个好的公民与做一个好人实际上是完全一致的。相反，现代社会由于自由主义的实践导致的这种社会共同体实践的解体，其必然使道德存在面临灭顶之灾。因此，正是针对现代西方社会这一道德危机，麦金太尔提出了"追寻美德"这一个历史性主题，呼吁我们重振昔日的古希腊德性传统，从而恢复现代自我所缺失的德性根基。

五　实践与设定的疏离

自由主义自产生之初就向人们允诺自由、正义、至善等价值，但正是基于独立、抽象、自足的自我理解前提下，自由主义的实践与自由主义为我们设定的价值存在巨大裂隙，人们不由地去反思自由主义对自我的规定性认识。我们眼前所看到的是："自由主义的价值，被那些富人世界的媒体所宣扬的骗人颂词所败坏，在今天，这些价值却使得富人世界感到厌倦，使穷人世界感到厌恶。"[①] 进入20世纪之后，资本主义从自由竞争发展到垄断阶段，资本主义固有的经济矛盾和社会矛盾不断加深和激化，人类文明受到严重摧残。严酷的社会现实粉碎了自由主义所编造的种种神话，其中也包括贯彻了"法律面前人人平等"就意味着实现了社会公正的神话。人们在思考自由主义社会中的诸种困境的同时也在仔细寻找其在

---

① ［英］安东尼·阿巴拉斯特：《西方自由主义的兴衰》，曹海军等译，吉林人民出版社2004年版，第5页。原文载于 Conor Cruise O, Brrien. *Writers and Politics* (Chatto Windus, 1965) p. xv.

自我观也即关于人以及人性理解上的深刻根源。

随着自由主义成为西方社会的主流价值和制度基础，自由主义所坚持的个人权利、个人主义、个人自由等成为现代社会的主流政治话语，而社群的价值、美德价值、共同善的价值等一一被后置。人们只从自己的利益角度出发考虑问题和做出决定，个人权利和公共义务、个人自由和社会秩序在一定程度上已经出现失衡，孤立的、原子化的自由式自我开始出现，个人处于对自己的关爱而心安理得的抛弃社会责任，把社会公德置于追求自由的考虑之外。托克维尔针对这种自由主义中的自我从个人主义与利己主义的角度对此加以概括："利己主义可使一切美德的幼苗枯死，而个人主义首先会使公德的源泉干涸。但是，久而久之，个人主义也会打击和破坏其他一切美德，最后沦为利己主义。"①

大多数社群主义者都对理性统治之下的自由主义式自我的社会生活给予了深刻的揭露。在贝尔的笔下，现代西方社会已经成为一个"无神无圣"的社会，人人都以追求新奇、享乐等为能事，其结果是人们产生无节制的贪婪、无归属感的心态、人与人之间的隔绝孤独、离婚率的增长等已成为社会的顽症，这种人的生存状态具有扩大和发散效应，使整个西方文明陷入一种伴有末世感的不可救药的崩溃之中。正如贝尔所描写的那样，这种自由主义式自我也使得西方社会陷入重重危机而无法自拔，从基础的经济领域内人们过度的贫富分化到人的信仰缺失直至人创造和依存的文化整体感的逐渐隐退，这些均由自由主义自我所造成的分离式文化所造成，具体表现在经济领域、人的信仰领域以及社会领域。

经济领域内危机重重，问题迭出。日益严重的贫富分化，新的发展模式的转变使得个人不足以成为主宰自身权利和命运的主体，加强人际联合已经成为时代的必须。从 20 世纪 80 年代开始，在主要的西方国家，以保守主义思想为指导的社会经济改革虽然取得了一定的成效，却无力从根本上解决资本主义发展的根本问题。福利国家政策令人们失望，人们对自由主义主张丧失了信心，但代之而起的"经济复兴计划"也未如人意。20世纪 80 年代中期兴起的新凯恩斯主义，重新分析了经济危机和失业严重

---

① ［法］托克维尔：《论美国的民主》（下卷），董果良译，商务印书馆 1988 年版，第 625 页。

的原因，在90年代成为官方的指导理论，这一理论的主旨是要在自由放任的政府和过度干预的政府之间，寻找一条新的道路。但这种努力目前来看，收效甚微，因为，在经济发展的同时，失业率却大大增加，社会发展日益加剧了社会不平等，贫富分化成为了一个非常突出的社会问题。这种经济窘况使得依靠个人的努力已经无法实现个人命运的转变，也就是说，历史上自由主义所主张的个人决定自我的自我发展模式已经无法适应新的社会形势的需要。

此外，自由主义关于个人权利至上的政治神话被现实击的粉碎，自由社会中的个体信仰出现缺失。20世纪80年代，自由主义的个人主义泛滥成灾。首先，过分看重个人权利导致人们失去了宽广的生活目标和面向，因为他们只关注他们的个人生活。过度的个人主义把自我放在中心位置，它挫伤和限制了人们的生活热情，使之缺少意义归属，并进而对他人和社会漠不关心。其次，过分的追求权利导致工具理性占据首要地位，过分的现代自由和平等将直接引向自我毁灭。

还有，从社会整体的视角来看，自由主义的个人主义由于过分强调自我的自由和权利影响了社会的发展。西方资本主义市场经济，作为一种"利益经济"，它以追求经济利益最大化为主要目标，随着市场竞争的加剧，人们相互之间的冷漠却日益加深，人们成为孤立于社会而存在的"原子"，相互之间的矛盾和冲突影响了社会的稳定和发展。在自由主义为主导的社会文化中，人们越来越相互隔绝、自私自利、精于计算和精神空虚，社会问题层出不穷。体现在社会文化上，因为个人主义文化本身难以确保对规则的先在性的一致见解，因而德性丧失了一致的、客观的标准，于是道德相对主义日益盛行，传统美德日渐衰微。从本质上来说，这标志着一种衰退，一种严重的文化丧失。整个社会当中，越来越多的人变成极端自私的自我陶醉者和社会责任放弃者，并且，更为严重的是，社会道德的贫乏预示着一场更加严重的道德危机：德性传统从道德领域中被驱逐出去，德性的位置只处在生活的边缘，或者干脆被驱逐。其实，感情的归属和自我的认同是个体的一种需要，社群主义者沃尔泽认为，社会如果是一种契约的存在，那么只有当人们的需要得至满足时，契约才有意义，而只有社群才能很好地满足个人感情的归属和自我认同的需要。

通过上述分析，我们可以总结到当代自由主义的真正问题乃是整个自由主义政治哲学传统的内在缺陷所致。这一内在缺陷植根于不同自由主义学派共同肇始的理论假设即假设一个抽象、孤立和大写的人,这是启蒙思想以来一直沿用至今的解释学范式。自由主义所认为的人是完全独立自由、自主的这一观念本身,也不过是西方资本主义生产方式发展变化所形成的社会形态的结果,是与私有制、市场经济相适应的人的存在形态。它不可能对支配社会互动的经济、政治和历史过程给出真切且充分的解释,在社群主义者看来,没有对社会与文化的差异性解读,没有对社会真切和充分的了解,就不可能理解人本身。用一个虚无的自我概念作为全部政治哲学的形而上学基础,显然是靠不住的。

至此,我们可以进行一下简单总结:自由主义在确立、发展的过程之中,其自我理论成为各个哲学流派攻讦的焦点,其中原因概而言之,自由主义承诺的个体自由价值遭到社会现实的无情反对,人们开始从理论上对这种自我进行反思,而后得出这种自由主义的自我理论是出于普遍主义、理性主义以及个人主义综合性思维方式的结果,所以这种自我理论先天就带有普世性的霸权色彩、工具理性的强权痕迹以及个体私欲侵蚀公共生活的潜在危险,这些征候在自由主义社会中已经初露端倪。为了恢复公共价值、回归公共生活、确立价值理性,社群主义对自由主义自我进行了纠正与重塑,将自我从政治价值排序中的绝对前置拉回到现实的社群生活之中,还原了自我生存的本真。从根本意义上而言,社群主义对自由主义关于自我理论的争论主要出自于两方面的原因:一方面是因为理论上论争的必需,自我实际上就是对人的认识或定位,每一种哲学都有自己的自我理论,对作为哲学基础的自我进行批驳能够实现对一个哲学流派的整体梳理与反驳;另一方面也是最重要的,是基于目前西方自由主义社会的人所面临的生存困境,人称为漂浮式的独立个体,缺少激情与责任,缺少对公共美德的崇拜,缺少对共同体价值的追崇,使得人成为无根的存在。正是基于这样的双重原因,社群主义出场,社群主义在对自由主义自我进行批驳的过程中确立了自身对自我的系统化的理解与认识,而这也是人们对个体自由与公共责任二者失衡进行救治的一种必然。

第三章　社群主义自我的历史出场与现实评介

1971年约翰·罗尔斯发表其扛鼎之作《正义论》，使政治哲学沉寂很久之后再度复兴和繁荣。社群主义即在批判以约翰·罗尔斯为代表的新自由主义者的过程中逐渐壮大，成为政治哲学领域与自由主义相抗衡的一大理论流派，成员包括迈克尔·桑德尔（Michael J. Sandel，另译成迈克·桑德尔）、阿拉斯戴尔·麦金太尔（Alasdair MacINtyre，另译成阿拉斯达尔·麦金太尔、阿拉斯太尔·麦金太尔、阿拉斯太·麦金太尔等）、查尔斯·泰勒（Charles Taylor）、迈克尔·沃尔泽（Michael Walzer，另译成迈克·沃尔泽、迈克·瓦尔策等）、丹尼尔·贝尔（Daniel Bell）等。社群主义因此也涌现出一系列的顶尖力作与自由主义进行思想交锋：80年代迈克尔·桑德尔《自由主义与正义的局限》（*Liberalism and the Limits of Justice*）、阿拉斯戴尔·麦金太尔的《追寻美德》（*After Virtue*）、查尔斯·泰勒的《自我的根源》（*Sources of the Self*）、迈克尔·沃尔泽的《正义的范围：为多元主义和平等辩护》（*Spheres of Justice：A Defense of Pluralism and Equality*）、丹尼尔·贝尔的《社群主义及其批评者》（*Communitarianism and Its Critics*）等。从某种意义而言，政治哲学著作的大量问世，是社会本身正在经历艰难困苦时期的征兆，因此，社群主义著作的大量出现，证明现代社会出现个体价值混乱、传统美德缺失等分离现象，人们变成了孤独的、缺少归属感的行者，漂浮而动荡。

从理论发展主题而言，如果说20世纪70年代政治哲学的主题是新自由主义者的"社会正义"的话，那么80年代政治哲学的主题则是社群主义者的"社群"，而到如今，社群和社会正义同时成为政治哲学关注的焦点话题，进入人们的研究视野，但是无论我们理解自由主义的社会正义还是社群主义的社群我们都要从一个前提出发那就是对自我或者个体的理解与阐释。自由主义自我的界定及其表现我们在分析其面临的困境时已经作出解释，为了体现理论的持续和超越性我们需要重点对社群主义的自我进行阐释。

第一节 社群主义的理论内涵及其流变

自由主义所带来的诸多困境，无论是人际冷漠、个体公共责任感的衰退、公共精神缺失，还是责任与权利之间的失衡在理论上都可以归结为自由主义自我本身的缺陷所致，因为自由主义从一开始便把其逻辑起点建立在抽象的、理性的、自足的自我个体之上。所以，社群主义自我理论的出场既是对自由主义自我理论困境的超越，同时也是对自由主义自我导致的现实窘境的一种回应。但就社群主义而言，它是一种涉及面广但联系相对松散的综合性社会思潮，有多少社群主义者就会有多少种社群主义，关于自我理论的理解散见于诸位社群主义者的不同洞见之中，所以，我们需要先了解社群主义智识传统的理论全貌，才能对其自我理论有更广阔的定位视野。不管怎样，社群主义是政治哲学晚近发展中与自由主义和新自由主义势均力敌的一种政治话语，从某种意义而言，社群主义作为一种政治哲学智识传统，对自由主义构成了挑战，甚至提供了某种替代性选择。

一 社群主义的内涵

虽然表面看来，社群主义处于松散的形式，但由于他们对社群以及社群价值的共同推崇而具有理论同一性，所以，我们理解社群主义需要从社群这一核心范畴入手。

（一）社群的界定

社群主义的核心概念是社群，它以社群为基础来构建自己的理论体系。严格意义来讲，社群是一个社会学和政治学的概念。从发生学的角度来看，社群是个同一地域、具有相同的风俗习惯和共通的心理特征的个人组成的社会群体，是人们在自然的历史过程中为了谋求生存和共同发展而形成的结果。传统意义上的社群概念比较关注其地域特征，而新型社群的界定试图淡化地域界限的痕迹，强调社群成员共同的价值和意义关联。

汉语词源上，《辞海》对"社会群体"一词的解释是："人们通过一定的社会关系结合起来共同活动的共同体。"按照这一解释,"社群"这一概念显然是指"由居住在同一地区的并且具有共同心理特征的人群",其基本特征是:有较稳定的群体结构和一定的行为规范;成员间相互依赖、互动频繁;有一定的目标和成员间的分工协作;群体成员有共同的归属感和认同感。总结起来就是,社群是人类为了自身更好的生存和更好的发展而形成的具有自己特殊的道德观念和行为习惯的人群共同体。社群其核心是"共同"(common),具有某些共同特征,有共同的认同感与归属感,它既可以包括家庭、村落、社区、社团,又可包含种族、国家等等,范围有大有小。一般的社群主义者把社群看作是一个拥有某种共同的价值观念、行为规范和生活目标的实体,其中每个成员都把共同的目标当作其自己的目标。从这一定义可以看出,在社群主义的眼中,社群不仅仅是指一群人,更重要的它是一个整体,每个人都是这个整体的成员,每个成员都拥有这个整体所赋予的一种成员资格,在整体的社会关系中形成了相近的信念和价值观念。

英文 Communitarianism,它的词根是 community,其词源是希腊语 koinonia。一般来说,Community 这个词既有"共同体"又有"社群"的含义①,共同体可以指称大型的社会,甚至还可以指不在一个地域空间内的文化共同体或学术共同体等;而社群的翻译则突出更强的群居的空间含义和更强的群体价值的含义,基于后一种理解社群主义就是强调共同体或社群的共同生活价值。因此,我们可以看出,社群主义的原初含义是重视共同体价值和理想,较少具有政治性色彩,是人们对共同生活价值的一种终极追寻和确证,反映了现代社会中的个体具有的共同善的生存情结。在此意义上理解的社群就是一个有机体,是一个人生于斯长于斯的场所,它基

---

① Community 通常被学者们译为社区、共同体、社群、社团等,指家庭、邻里、社团、国家,国内学者对 Community 有多种译法,何怀宏译为共同体,韩震译为社团,而俞可平认为这个词意义广泛,可以对应多个汉语:社区、共同体、阶级、民族等,所以有人把 Communitarianism 译为"社区主义"或"共同体主义""社群主义"等,国内学者对此有多种相应译法,何怀宏、万俊人译成共同体主义、韩震译为社团主义,俞可平译为社群主义,他认为采用社群的译法可以囊括多重含义,更具有包容性,更为妥当。本文倾向于采用社群主义的译法,其内涵是在认同、自我意识和共同利益方面具有共同感的社会群体。但目前为止,它是政治理论中使用十分普遍,然而又欠精确的术语之一。本文倾向于译作社群主义。但在引用资料时或恰当表达有时仍用共同体主义,社群有时也用作共同体。

于血缘、亲族、地域以及共同的态度、经验和感情等形成的意义场域。

概括而言，社群指的是具有共同价值目标、相互之间具有认同感和归属感的人的集合体，在社群中，每个人都把社群的目标当作自己的目标，联结社群中的个人的标志不是相互之间的契约和利益，而是他们的出身、习惯和认同，因此社群是一个拥有共同价值目标和行为规范的有机整体。在社群主义看来，任何人都是某个社群中的一员，不能脱离社群而存在，而且也不能自由地选择他所依赖的历史形成的社群。

(二) 社群主义的基本理解

近代以来，强调社群的观点经常成为批判个人主义、自由主义的理论资源，从这种意义而言，当代重新出现的社群主义对自由主义的批判不能算是新生事物，但我们必须承认当代的社群主义在对新自由主义的批判中达到的深度和产生的广泛影响已经使得当代社群主义成为足以与以罗尔斯为代表的新自由主义相对抗的少数政治哲学流派之一。

从历史上来看，对自由主义的批判曾出现三次高潮：第一次批判高潮是以黑格尔为顶点，从理论层面（自然权利论和社会契约论）和实践层面（法国大革命）对自由主义进行了系统深入的批判；第二次批判高潮是以20世纪60年代的带有社群观点的左派理论家为代表，一般称为旧社群主义；第三次批判高潮则是80年代的社群主义者以批判新自由主义所引发的。新社群主义与旧社群主义之间存在一定差别，艾米·古德曼1985年专门撰文《社群主义对自由主义的批判》进行了分析，指出新旧社群主义存在三方面区别：一是两者的理论来源不同，旧社群主义受到马克思的启发，而新社群主义则从亚里士多德和黑格尔那里寻找理论来源；二是两者的政治倾向存在差异。总体而言，旧社群主义者认为财产集体所有制和平等政治权利是良序社会的基本特征，而新社群主义则看重悠久的传统和根深蒂固的认同；三是两者的主题不同，旧社群主义关注自由主义的结论而不是其哲学基础，而新社群主义者则不仅关注结论，更关注结论产生的形上理论前提。[①]

[①] 参见 Amy Gutmann, Communitarian Critics of Liberalism, Philosophy and Public Affairs, Volume 14, Issue 3 (Summer 1985), pp. 308–310. 该文中文参见俞可平《从权利政治学到公益政治学》，载刘军宁等编《自由与社群》，三联书店1998年版，第69页。

社群主义的界定的具体方法存在差异，有学者认同从社群主义与新自由主义关系的角度对社群主义进行界定："在批判新自由主义的过程中，各种新自由主义的反对观点在许多问题上逐渐形成共识，而且这种共识是如此的广泛和具有系统性，以至于形成了一种新的政治哲学思潮，人们把这种系统地批评新自由主义的思潮称为政治社群主义。"[①] 俞可平认为"社群主义"是对社群生活方式、行为以及社群精神、价值追求的概括和总结，并区分了社群主义的四种层次：作为一种运动的社群主义（提倡为了成员及社群的利益，以整体的名义和形式组织一系列活动）、作为一种制度的社群主义（提倡政府积极地有所作为，鼓励成员积极参与政治、社会管理）、作为一种理论形态的社群主义（旗帜鲜明地反对自由主义、个人主义，提倡公益政治学）、作为一种精神的社群主义（提倡集体主义价值观、关心他人和乐于奉献的道德情操）。

　　还有学者虽然没有直接给出社群主义的定义，但也从社群主义的观点中概括了对社群主义的理解："十分清楚，作为一种强调社区联系，环境和传统的积极价值以及共同利益，旨在揭示人格自足的形而上学的虚假性并遏制自由主义带来的个人主义的极度发展所产生的危害性的理论思潮的社群主义，正是在形形色色的自由主义特别是其当代的表现形式即新自由主义的论战中发展起来的。"[②]

　　国内学者的界定方法虽然存在差异，但并不存在明显分歧，大家一致认可的社群主义是指自 20 世纪 80 年代以来，在批判以罗尔斯为首的新自由主义过程中兴起的一种强调社群至上价值观的新的政治哲学思潮。严格来讲，社群主义并非是一个完成了的、系统地理论体系，而是对新自由主义批评性反应，这种批判是建立在批判者各自不同的理论视野、偏好的理论工具和私人学术立场的基础之上，因此得出的结论和所持的态度不尽相同，所以迫切需要对其作一点理论整合，以便于展现社群主义的理论整体视野。但人们习惯于这些理论统称为社群主义（名称的由来很大程度上源于他们共同的批判对象——新自由主义的个人主义），与旧社群主义相区别，这里所研究的是当代社群主义，主要指的是 20 世纪 70 年代后针对

---

① 俞可平：《社群主义》，中国社会科学出版社 1998 年版，第 4 页。
② 应奇：《社群主义》，扬智文化事业股份有限公司 1999 年版，第 5 页。

罗尔斯为首的自由主义进行批判的社群主义，主要代表人物以麦金太尔、泰勒、桑德尔、沃尔泽和小丹尼尔·贝尔为主。除贝尔之外，前四位并没有公开认同这种身份定位，但是因为他们有一些共同看法即认为自由主义没有充分考虑社群化社会对于个人在社会中的地位的重要性，同样也没有考虑社群对道德和政治信念以及当今世界价值判断的重要性，基于此，他们都被归为社群主义者的行列。

综上，我们可以得出，社群主义是一种以社群为基础，强调社群成员间的联系，突出社群的环境和历史传统对成员的积极影响，体现社群共同利益对其成员的决定性作用的理论思潮。对社群主义的理解我们可以从三个方面进行把握：第一，从理论主题来看，社群主义的基本分析对象或其整个理论的出发点是各种各样的社群而不是个人，社群的群体意识、共同价值目标规定了社群不是孤立的个人的联合体，它包含了社群中人与人之间的感情、信仰、文化和政治归属等多种关系。第二，从分析方法来看，社群主义反对用个人主义和集体主义二分法的方法去分析和解释社会各种现象。第三，从价值观方面看，社群主义强调的是公共利益和普遍的善，认为个人的自由和个人利益都离不开个人所在的社群，只有公共利益的实现才能使个人利益得到最充分的实现，在这个意义上说，只有公共利益才是人类最高的价值。

二 社群主义的历史源流

在西方，社群主义虽然在 19 世纪末出现，20 世纪 80 年代繁荣，但是社群主义是对西方哲学思想中自古就有的社群观的继承与发展，这一点可以从古希腊时期的文化源头中得到证明。社群主义思想除了历史久远之外，后期的发展历程中经历的社会学、政治学和哲学等学科的融合发展，逐渐催生出我们当代的社群主义发展形态。

（一）社群主义历史之源

社群思想最早可以追溯到古希腊时期，因为作为两希之一的希腊文化蕴含了我们后来时代发展的所有主题。就古希腊而言，他们认为，善必须在城邦中才能得以实现，第一个著书立论的是柏拉图，他从至善的理论出发构建了一个现实中不曾出现的理想的至善城邦，他敏锐地观察到人性的不足和缺陷，认为国家作为城邦是自足的且完善的，个体的人们需要在社会和国家中才能完善自我，由此，他认为个人的价值只有在理想的城邦国家中各司其职地努力工作才能实现，而国家的至善则是每个个人追求的终极目的。我们且不谈柏拉图理想国的理想成分、悲观成分以及集权色彩，单是他所表现出的社群思想我们就能从中受益颇多。

如果说柏拉图的理想国只是隐含着对现实生活的理想参照，那么亚里士多德对城邦伦理的阐述则已经是一种明确的事实了。亚里士多德与柏拉图的不同在于，他将政治与道德、美德与善分开，认为美德是人的内在伦理追求，而作为城邦的善则是政治活动的目的。所以，亚里士多德认为城邦是趋于完美的人类社群。他曾说过，生活在城邦之外的人非兽即神。道德属于个人，但只有在城邦或国家中才能实现，所以当个人从城邦中隔离，他就不在是自足的，完善的存在物，亚里士多德由此得出人天生是政治动物的结论，人出生后按照自然本性就要过一种城邦生活，城邦政治生活是个人道德得以净化的必然场所。按照汉娜·阿伦特在《人的条件》中的分析，雅典人认为人们必须服从生活的自然必然性，只有在城邦政治生活中，个人才从动物性中提升出来，进入一个自主的世界。如果一个人不涉及城邦政治，说明他不能摆脱某种类似动物性的对自然规律的服膺，从而没有资格称得上是一个公民。[①]

当然，"古希腊人最首要的创造是城邦。对他们来说城邦不仅仅是开展国事的地方，而且是神与人彼此发生关系的地方，在这里人首次认识到尘世的必死及与之相反的上苍的不朽。"[②] 在这个意义上而言，城邦是人类之所以作为人的存在的根源。古希腊时期城邦政治导致自我的伦理根基为群体本身，它的社会道德体系紧密依托于社会结构。个人的依赖关系尚未被商品和货币肢解，宗族、村舍和城邦等群体形式被置于个人之上，并在时间和逻辑上均先在于个人，个人在社群基础上被确定了身份，这些社会身份是个体生命的价值归依，构成了个体自我的实质。由于个人价值只能在群体的共享图示中得到肯定和实现，所以，如果一个人想要脱离他既定的社会位置，那就使自我从社会中消失。

---

① [美]汉娜·阿伦特：《人的条件》，上海人民出版社1999年版，第18—29页。
② [美]列奥·施特劳斯、约瑟夫·克罗波西主编：《政治哲学史》，李天然等译，河北人民出版社1993年版，第1033页。

与古希腊从城邦政治中理解社群不同，社会学家滕尼斯通过社会和社群的区别来定义社群，他认为社会是一种机械的聚合和人工的制品，社会的最初是个人、个人的思想和意志，社会产生于众多个人的思想和行为的有意识、有目的的协调。人们之间形成社会是为了自我保护和自身利益。他所描述的这种以个人原子式的机械聚合而成的社会和作为这种社会的前提与基础的分离孤立的个人，是资本主义生产方式所推动的社会结构和价值体系转型的产物。缺乏价值共识和必要价值标准的个人间的社会联合与合作，只能采用外在程序性规则的调节，必需的社会合作仍然存在，但其本质趋向是分离的，缺乏有效的整合力量，个人成为洛克式的孤立无援的"点状自我"，逐渐失去价值的依托与支持。

然而，社群主义作为西方政治哲学中的一种较系统的学说，却是20世纪80年代的事情，有人因此认为，社群主义思想比西方盛行的个人主义思想观念更为久远，西方个人主义是近代社会发展的最终产物。1887年，法国社会学家埃米尔·杜克海姆（Emile Durkheim）首次用"社群主义"这一概念指称与自由主义相对的思想，并且断定："道德理论将为围绕着两种极端的立场展开：自由主义和社群主义。前者把个人看作一个根本上自主和各自独立的自我；后者把个人看作是由社会决定的。"[①] 众所周知，个人主义传统在西方历史发展中占据主导地位。正是这种个人主义的一些现实样态使得社群主义的出现成为必然，社群主义自我的意义才得以彰显。近代个人主义哲学发端于霍布斯。萨拜因说："正是这种直截了当的个人主义使霍布斯成为那个时代最富于革命性的理论。[②]" 在一定意义上，自主独立的个体从传统纽带的包裹中挣脱而出被看成现代性生成过程中的头等大事。[③] 摆脱传统宗法关系而自立的原子化的个体，一经确定独立地位即被商品经济的普照之光关照而改变自我生存的颜色，由此，个体感与此岸感的持续高涨，个人主义和功利主义的相互融合，就构成了现代个体的世俗生活样态。以个人为本位和视社会为工具，作为一体之两面，构成了自由主义社会主流伦理的基本价值面向。社会被单纯地看成是

---

① 俞可平：《社群主义》，中国社会科学出版社1998年版，第118页。
② 萨拜因：《政治哲学史》（下），商务印书馆1986年版，第526页。
③ 腾尼斯：《共同体与社会》，林容远译，商务印书馆1999年版，第52—53页。

人们为达到个人目的的一种互利合作体系，在这一体系之中，人际交往中的亲密契合成分被逐渐剔除，余下的为一系列孤立单元之间的利益关涉。

现代自由主义过度强调个体主义必然合乎逻辑地滑入道德相对主义，从而使道德判断无法相互通约。事实上，资本主义的商品经济使社会成员斩断了传统的依附和归属纽带，人成为原子式的独立个体。而群体本位的传统社会，则为人们提供生命的价值归依，从而使整个社群形成一致认可的看法。而传统社会一方面具有群体本位的归属结构，这种归属结构严格设定个人的身份角色与行为限域，同时，通过情感纽带的连接，个体成员之间形成浑然一体的团契秩序。马克思就曾分析过，越往前追溯历史，个人就越不独立，越是被各种血缘宗法关系所包裹。

（二）社群主义的兴起之流

20世纪以来由于实证主义的冲击，哲学逐渐转向语言学、逻辑学和技术哲学等纯粹技术性的研究领域，这使得哲学逐渐成为远离生活场景的专业化、技术化范畴，从而失去了其作为完备性价值观的规范性指导地位，同时，作为追求优良生活，规约现实政治生活的政治哲学其自身的合法性地位也逐渐受到了人们认知性的质疑，自由主义作为现代性主流话语的核心地位动摇不定，整个西方文明陷入了道德虚无主义的境地，于是整个西方社会陷入了哈贝马斯所说的"合法化危机"时代。走出政治行为主义的理论研究范式，恢复政治价值在政治生活中的主导地位，因此，这个时候作为价值观的实践哲学才以道德哲学和政治哲学的面目重现于人们的研究视野，这种现实激发了人们对政治哲学全新理论诉求探究的热情。整个20世纪70年代，以罗尔斯为代表的新自由主义或新康德主义在政治哲学领域中一直占据着无可动摇的主导地位，但是正如桑德尔所说，"政治哲学也象日常生活一样，新的信仰很快会变成旧的信仰。"① 社群主义正是作为新自由主义的批判者而出现与发展的。

社群主义在20世纪晚期的兴起并非偶然，除了哲学发展的宏大转向和现实价值的合法性危机之外，总体而言，它主要是西方社会文化中个体主义分离性文化促成的结果。在当代，随着社会化程度逐渐提高，人们在

---

① ［美］迈克尔·桑德尔：《自由主义及其批评者》，布莱克韦尔出版社1984年版，第3页。

社会实践活动中一方面得到了越来越多的个人的自由和权利；另一方面人们之间的社会联系也越来越紧密，相互依赖程度也愈来愈高，所以社群主义思想家埃茨欧尼说，以往人们依靠人人独立为己的信念，社会经济就会繁荣，而现如今在极端个人主义原则的指导下，社会无法正常运转。有学者对这种现状进行概括："托克维尔所描述的美国的公民精神和积极的参与传统正在丧失，人们社会活动的方式由原来的集体参加俱乐部的方式正在转向一个人'打保龄'的个人娱乐方式。这种个人化趋势的发展会削弱美国的社会资本，进而破坏美国的政治生活。"[①] 这种个体主义因为与自由主义的天然关联而成为社群主义自我确立自身的基础和批判前提，除了这种文化层面的主导性原因之外，社群主义的兴起是众多因素作用的结果。

社群主义兴起其理论背景在于与新自由主义的论战中逐渐形成自身的理论特色，是对新自由主义进行回应的产物，社群主义的基本主张就是要缓解当代自由主义社会中各种类型的新型矛盾，找到促进社会协调发展的有效途径。与强调个人权利优先的自由主义相比，社群主义价值趋向明确：强调社区联系、环境和传统的积极价值以及公共利益，致力于社群价值与个体自我价值的相互协调，从而遏制自由主义的个体主义文化所带来的消极后果。其兴起的现实原因在于：

第一，西方社会国家能力弱化。建立在自由主义原则上的现代西方政治制度，主要功能是保护个人的选择自由和机会均等，重点在于扩大公民个人的自由活动范围而限制国家和政府的活动。从本质上说，国家职能除了给个人提供消极权利外还应该为个人提供积极权利，即国家的积极作为增加个人的利益，所以从这个角度而言，国家职能的弱化本身就是对个人权利的一种损害。20世纪前半期随着福利国家制度的兴起，国家的职能曾大大加强，但是到了20世纪晚期，在资本主义全球化的形势下，国家的职能便又开始弱化，一些大的跨国集团跃跃欲试，企图干预经济政治生活，这表现为国家对经济文化生活的干预减少，福利制度遇到严重危机。而21世纪出现了许多全球性问题，如环境污染、国际犯罪、经济危机等，

---

① [美]普特南：《一个人打保龄：美国社会资本的衰落》，载《民主杂志》1995年1月号，第65—78页。

解决这些问题单凭个人或某些小集团的力量是不够的,国家政府的干预必不可少。社群主义倡导强国家正是对西方社会国家职能弱化的一种积极反应和应对。另外,由于国家对社会生活的干预减少,福利国家制度遇到危机,使社会弱势群体利益得不到恰当维护,从而引发个人对社会产生强烈不满,人们意图加入各种群体,从更加朴实和具有集体约束力的信念中寻找情感与价值寄托,试图填补因政府式微而留下的空白,从而能够更好地维护社会发展秩序,进而重扬社会价值,恢复社群的人性温暖。社群主义正是适应了社会裂变这一趋势,它提供了联系个人和社群的新的纽带。

在政治现实当中,英国工党代表安东尼·吉登斯说过:"对自由主义政策的失望,加上刚刚谈到的政府管治的诸多问题导致了近年来社群主义思想的崛起。对社群主义而言,社群和整个市民社会的巩固能够克服政府职能弱化和市场支配地位带来的社会分裂。社群主义者不但已对新民主党和新工党产生了直接和明显的影响,也影响了其他国家的社会民主党。社群主义代表了一种'恢复公民美德'和'振兴社会的道德基础'的呼声。"[①] 而他的学生布莱尔更是表现出了对传统社群精神受到侵蚀的关注,他声称要让社群主义成为欧洲左翼复兴的酵母。

第二,中间性社群的衰微。20世纪前半叶福利国家制度的兴起,以及在西方民主政治的历史上各种中间性社群,如教会、社区、协会、俱乐部、职业社团等,都曾经起着极其重要的作用,特别是中间性社群有效地调解了公民个人之间以及公民与政府之间的各种社会危机。然而,随着信息化和全球化时代社会生活和政治生活的日益一体化,中间性社团的地位开始发生动摇。20世纪后期,人类快步进入"知识经济时代",信息化高度发达,经济生活、社会生活和政治生活也日益一体化,各种利益团体的作用严重削弱。曾在西方民主政治历史上有极其重要地位的中间性社群,如教会、社区、协会、俱乐部、职业社群、种族等逐渐隐退于西方社会的政治文化生活之中。传统的自由民主价值在现实生活中受到挑战,为了维护传统的政治价值,社群主义者挺身而出。

第三,适应旧经济发展模式的传统社群正在逐步衰落,传统的社群组

---

① [英] 安东尼·吉登斯:《第三条道路及其批评》,孙相东译,中共中央党校出版社2002年版,第64页。

织（例如阶级、等级社团）在市民社会中的主导地位不复存在，而与新型知识经济等经济发展模式相应的新社群正在兴起。如绿色运动组织、反战和平组织、女权运动组织等新社会运动，并且对现实生活发生越来越重要的作用。从这些组织的存在和发展来看，他们迫切需要在理论上和意识形态上对其地位加以确认，并从制度上来保障其权利，从而使其发挥在社会历史进程中应发挥的作用。从哲学层面上加以确证，并在伦理层面上进行规范，特别需要在政治生活中的权利也需从制度上得以确认。同时，各种大小不同的公司作为利益主体，需要有长期的共性主义投资来弥补短期的个性行为的投资。于是人们的态度发生了一定的变化，社群主义在这种变化中得到了发展的空间。在这种全球化的浪潮之下，越来越多的国家进入国际市场。就如马克思所说的要把所有民族都卷入世界市场一样，这会迫使一切民族国家采用市场经济的生产方式，按照应有的进程创造出一个广袤世界来。所以，社群主义需要系统化的理论作为支撑。正是在这一背景下，20世纪八九十年代，社群主义在西方社会得以兴起，到目前为止已对人们生活、社会生活和国家决策产生了重大的影响。

第四，20世纪70年代兴起的新人权运动和新社群运动对社群主义的兴起起到了催发作用。从历史进程来看，第一代人权运动以争取个体的公民政治权利和限制政府干预为典型特征；第二代人权运动则是争取公民的经济、社会和文化权利，将政治权利进行了范围的扩展，并且主张政府的适当干预；而第三代人权运动则是为争取公民的集体权利，如和平权、发展权、资源共享权等，权利主体由以往的个体变成社群。同时，当代西方发达国家还兴起了一股社区运动，这是居民自发形成的互助友爱运动，提倡为社区服务，为他人做好事等，具体口号如："友善的人际关系能促进本单位、本街区的同舟共济"等。这些新社群运动促进公民意识的发展从而为政府分担了部分责任，也因此博得不少政治家的兴趣与重视。到了20世纪八九十年代，不同社群的分裂过程不断延续，新社群运动转向"身份政治"，这是对远离一般社会、政治、经济问题而转向关注文化和个体身份的斗争的恰当命名。在身份政治中，个体首先把自己定义为从属于一个给定的群体，通过这些身份标志，个人被从属到统治文化之中，我们成为真实而深刻的自我。个人身份的质疑和重新认定加强了人们对构成身份的社群重要性的记忆，因而，人们又一次走向了归属性的社群。历史表明，美国的地方社区曾起到过重要作用，正是因为地方社区的存在促成了最初中央集权国家的分裂，相对弱化了国家政权，也使得普通的民众能够有计划融入到社会政治进程之中，从而保证了社会机制的自我调节，这些都为社群主义准备了思想资源和实践参照。

而到了20世纪90年代初便开始形成了调和的新社群主义思潮，与80年代的社群主义者略有不同的是新社群主义者要使个人权利与社会责任、个体自主与共同善之间的平衡成为政治哲学领域主要关注的话题，很显然，90年代的新社群主义是80年代"自由主义和社群主义之争"的调和的产物。1991年，美国50多名学者发表政治宣言《负责的社群主义政纲：权利和责任》指出："美国的男人、女人和孩子是许多个社群的成员——家庭、邻里、无数的社会性、宗教性、种族性、职业性社团的成员，美国这个政治体本身也是一个社群。离开相互依赖和交叠的社群，无论是人类的存在还是个人的自由都不可能维持很久。除非其成员为了共同的目标而贡献其才能、兴趣和资源，否则所有社群都不能持久。排他性地追求个人利益必然损害我们所赖以存在的社会环境，破坏我们共同的民主自治实验。因为这些原因，我们认为没有一种社群主义的世界观，个人的权利就不能长久得以保存。社群主义既承认个人的尊严，又承认人类存在的社会性"[①] 社群主义的核心思想是反对在现代西方社会占据统治地位的个人主义的自由主义，弘扬与个人主义观点相对立的社群主义，最后得出的结论是：必须用社群主义的观点处理我们这一时代所有重大的社会的道德问题和法律问题。这是一份影响深远的政治宣言，旨在为当代社会以自我为中心的个人主义寻找可替代的道德根基，缓解人们无根与疏离的生存状态，用社群主义的真实自我、道德自我置换自由主义的虚幻自我、法律自我。

新社群主义宣言特别强调历史和现实条件的重要性。主张在个人和群体之间、在权利和责任之间，在市场和市民社会之间寻求平衡，而且这种

---

① ［美］丹尼尔·贝尔：《社群主义及其批评者》，李琨译，生活·读书·新知三联书店2002年版，引言部分，原文为《回应的社区》（1991—1992冬季）4页中的《回应的社群主义宣言：权利与义务》一文的序言。该刊物是研究个人权利与社群义务之间关系的权威性季刊。

寻求在历史之中进行，而且社群的价值体现在社群成员之间的对话活动。比较典型和集中地反映新社群主义思潮的著作是阿米泰·依左尼所编的《社群主义精读》一书，书中讲到，新自由主义者所做的不只是传播已有的社群理念，20世纪80年代的社群主义者强调社会力量、社群和社会关系的意义，而90年代出现的社群主义者从一开始就关心社会力量和个人之间、社群和自主性之间、个人权利和社会责任之间的平衡。相较于80年代的社群主义者关注随着现代工业、城市力量的兴起等而产生的社会的分裂破碎，关心社群和权威的失落，90年代的社群主义者则从一开始就认为社会秩序和个人自由之间应该有一个平衡点，美好社会应该在国家和市场之间确切地说应该在国家和市场之外的社会建立，主张社会行为应该受社会联系的非正规网络和社群的道德来维持和指引，如果依靠社群能够对某些行为进行有效管理，那会降低国家和市场的成本。

因为社群主义缘起于对自由主义尤其是对新自由主义的批判，有人将社群主义说成后自由主义哲学，所以，我们可以看出社群主义的言说方式大多是否定性的陈述，关于自身的正面阐释少之又少。选取自我理论作为我们对社群主义理解的总体性视野是基于西方政治哲学所面临的"人"的危机，现代西方政治哲学的基础可以简单概括为原子式的个人主义，这种个人主义由于缺少历史和现实关照而大多表现为抽象的、非真实的自我，自由主义政治哲学的自我观就是这种形象的典型表现，但到了当代，这种形而上学的人的形象瓦解了，理查德·罗蒂总结为："像海德格尔和伽达默尔这样的哲学家使我们可以把人看作是完全历史的东西。……其结果是取消了为古希腊形而上学、基督教神学和启蒙运动的理性主义所共有的关于自我的图画。这幅图画把自我看作是由偶然的非本质的围绕着非历史核心即人类尊严的场所。"① 形上自我的消亡意味着社群主义历史性的真实自我的出现。为了展现社群主义对自我理解的理论全貌，我们首先需要从肯定叙述的角度对社群主义自我观进行理论阐释，以期能够形成特色鲜明的政治话语方式，能够清晰地表达社群主义自身的理论特色。

---

① [美]理查德·罗蒂：《后哲学文化》，黄勇译，上海译文出版社1992年版，第164页。

第二节　社群主义自我理论溯源

当代的社群主义从源头而言来自亚里士多德的城邦思想，也导源于黑格尔关于伦理生活的精准描述，所以探寻社群式自我必然要从亚里士多德与黑格尔开始，同时我们在海德格尔的生存论视野中也能找到此在的人的意蕴，在人类博学大师马克思的言说方式中我们也仍然可以见到人在社群中的影像。

一　作为城邦至善生活中的自我

城邦既是共同体，城邦也是至善，过城邦生活的人也是至善的存在。亚里士多德在《政治学》开篇就讲："我们看到，所有城邦都是某种共同体，所有共同体都是为某种善而建立的（因为人的一切行为都是为着他们所认为的善），很显然，既然所有共同体都在追求某种善，所有共同体中最高的并且包含了一切其他共同体的共同善，所追求的就一定是最高的善。那就是所谓的城邦或政治共同体。"① 这段话表明，城邦是某种社群，除了城邦之外还有其他许多不同种类的社群，社群是一个类，而城邦不过是类的一种而已，而作为城邦追求的善也有很多种，亚里士多德认为人类社会的善可以按照次序进行高低排序，从而决定何者最高来排给最高的社群——城邦，城邦追求某种善体现了强烈的目的论色彩，不论城邦是出于自然还是认为指向某种目的。所以，自我在城邦中获得生存的价值与意义，城邦与自我生存同一。

而亚里士多德时期的"自我"一词更多的被个体或人这一类词语所替代，而人与城邦、个体与城邦是那一时期的典型表述方式。从中我们仍然可以看出，作为个体的人对城邦的天然依赖，城邦对个人的天然卫护，个体与城邦天然同一。城邦根源于人的需要，每个人不管是正义的还是不正义的，都有多方面的需要，而且至少是需要他人。而健康的城邦是快乐的城邦，是正义的城邦。"个人的和政治共同体的利益或有益的生活，是

---

① 颜一编著：《亚里士多德选集——政治学卷》，中国人民大学出版社1999年版，第3页。

亚里士多德政治学的最高主题。"① 如果从个人角度看道德美德的顶峰是灵魂的崇高，那么从城邦的立场看构成道德美德顶峰的是公正，公正与城邦紧密相连，一般意义而言，公正就是创造和维护政治共同体的幸福，法律的目的是通过对人们生活的各个领域的制约而确保城邦的共同利益。亚里士多德认为，"完全意义上的公正只存在于由相当自由和平等的人组成的，其相互关系由法律规定的共同体中。"② 所以，在亚里士多德的理解当中，城邦的个体要想实现幸福，要积极培养美德，更要把城邦的善与个体之善进行有机融合，这样才能实现城邦的公正与个人的幸福。

城邦是最高的善，城邦产生于自然，人天然要过一种城邦生活。当多个村落为了满足生活需要，以及为了生活的美好结合成一个完全的共同体，大到足以自足或近于自足时，城邦就应运而生了，所以说城邦是自然的产物，相应的人天生是一种政治动物，人注定要过一种城邦的生活，正如亚里士多德所言："在本性上而非偶然地脱离城邦的人，他要么是一位超人，要么是一位恶人。"③ 这种人的生存就好像棋盘中的孤子一样孤独可怜。

虽然城邦是人们为了生活而产生，但它也为了人们更好地生活而存在。人们之间初级的合作关系是自然的，城邦也是自然的，城邦是一种自然的存在，所以人天生就是政治动物，这需要从城邦的自然本性来理解，"人天生是政治动物"首先指的是人作为个体在任何地方任何时候都会聚合为大于家庭的群体，都要自然地符合本性的过一种群体式的生活，在亚里士多德看来，离开城邦的个体是无法想象的，在现实政治中也是无法实现的。另一种意义上，人比任何蜂群和兽群都远为更多地是政治动物，因为在所有动物中只有人有语言和理性，而正是因为人的理性言说能力使人通过沟通、交流、共享等方式过群体式的城邦生活，也因此才能成为城邦中的最高存在。

在亚里士多德看来，城邦的产生与存在是基于一种平等的、自由的人的合作关系，在其中人们分享某种有关善或者正义的生活方式的概念。这

---

① ［美］列奥·施特劳斯、约瑟夫·克罗波西主编：《政治哲学史》，李天然等译，河北人民出版社1993年版，第128页。

② 同上书，第134页。

③ 颜一编著：《亚里士多德选集——政治学卷》，中国人民大学出版社1999年版，第6页。

种合作关系独一无二,它比其他合作关系更具权威性且包含它们的特殊目的或目标。城邦是联合体或共同体,亦即共同分享或持有某些东西的一群人,它有别于政治的家庭共同体,也有别于帝王对一个部落或民族的统治,因为城邦不仅是由多个人组成,而且是由不同种类的人组成。城邦起源于特殊的具体环境,因为城邦的本性就是多样化,而且也只有城邦才能够全面关心人的广泛利益。城邦成为自我所依托的社群必须符合三种特征:社群必须是由平等、相似而又不同的成员组合而成;成员之间也必须有共同分享的基础;巩固社群必须依赖情谊和正义。也只有在城邦中,人才能实现其达于幸福的潜能,过合乎于道德的生活,因而,城邦并非单纯是生长成的,而是通过特定的人们的断断续续的活动而创立的。

因此,亚里士多德强调政治社群必须有所"共",这相对于近代自由主义强调"分"的趋势形成强烈的对比,因此,社群主义的真实自我与近代自由主义的抽象自我也形成强烈的反差。其实,客观而言,自由主义并不总是漠视社群或共同体的存在而是因为它经常与多元主义、个人主义纠结在一起,对个体权利、利益等更为在意,比较习惯用怀疑的眼光看待国家和社会整体,所以他更倾向于把自我看成是孤立的、抽象的原子式个人,目的在于能够更好地突出个体权利,防止其受到社群或共同体的侵袭。而古希腊时期的亚里士多德呼吁城邦公民注意他们是一个共同体的成员,不是各自为利的私人伙伴,这对于提醒我们形成良好的自我意识,形成良好的社群有很重要的历史意义,因为正是缺乏共同体心态的社会,人们才会处在生存的匮乏和紧张之中。

二 作为政治显现的自我

对于某些当代社群主义者而言,黑格尔的著作一直是灵感的源泉。认为黑格尔哲学对其影响很大,如阿维内里和德夏里特在一篇合写的文章中说:"对于某些当代的社群主义者来说,黑格尔的著作一直是灵感的源泉。"[①] 黑格尔晚年对政治产生浓厚的兴趣,虽然他没有明确提出"政治哲学"的概念,但是在他关于历史和伦理等的论述中我们仍能发现他与

---

① Avineri, Shlomo (ed.), Communitarianism and Individualism, New York: Oxford University Press, 1992.

当代社群主义的异曲同工之处。

黑格尔对人绝对自由的政治构想与社群主义对自我的理解有高度相关性。在黑格尔看来，人的自由不可能被连贯地设想为某种纯粹理性的自我决定，因为自我本身不是超越与任何历史经验之上的，如果不去理解我们的自我统一性得以形成的社会历史过程，我们也就不可能实现自我理解。黑格尔确定"自我是这种关系的内容并且是这种关联过程的本身；自我是自我本身与一个对方相对立，并且统摄这对方，这对方在自我看来同样只是它自身。"① 黑格尔的自我意识虽然是从他者向自身回归的，但它并没有取消他者，而是把自己建成一个有差别的内在世界。黑格尔把他者当作一个存在，当作一个有差别的环节。人是为自身而存在，但只有他被另一个意识或自由承认为意识或自由的时候，他才能意识到自己或自己的自由。自我意识只有通过扬弃它的对方才能确信他自己的存在，这种对自我与他者的关系的强调成为当代社群主义对自我与他人、自我与社群关系理解的参照。

黑格尔对个体理性与共同体关系的认识主要体现在他通过道德和伦理的概念区分上，基于此种区分形成了一套与近代自由主义不同的理念和学说，而对伦理的强调突出了共同体的关系意蕴。在黑格尔看来，道德是个人的内心生活，伦理着重于人的社会关系，人们之间的一切社会关系都不过是某种客观伦理精神发展的环节和表现，所以，他的伦理概念意味着个人只有投入一个社群和共同体之中，并在自己作为共同体成员的身份中，才能找到个体真正的自我和身份认同。黑格尔引入伦理生活的概念主要想表明在现代社会中，如果现代社会结构未能给个人的抽象概念提供切实的体现，那么启蒙思想家所设想的个人的权利和道德也无从实现，反之，一旦我们在伦理生活中认识到自我的同一性，我们就能明确社会秩序的构成与自我认同。所以，"黑格尔说，对个体而言，共同体也是'本质'，也是'终极目的'。隐藏于'实体'和'本质'背后的观念是，个体只是他们内在于共同体中的东西。"② 我们可以看出，在黑格尔那里，国家或

---

① [德]黑格尔：《精神现象学》（上），贺麟、王玖兴译，商务印书馆1979年版，第115—116页。
② [加]查尔斯·泰勒：《黑格尔》，张国清、朱进东译，译林出版社2002年版，第580页。

共同体拥有一种更高的生活，作为共同体组成部分的个体只有处在这种更广大的生活之中时，他才是一个真正的个体，也才是一个真正意义上的自我存在。

由此我们可以推知，自我作为个体其权利的源泉并不在于理论推论出来的康德自由主义式的绝对命令之中，而在于我们的共同体的伦理生活之中。为了证明道德源自人们广泛的伦理生活，黑格尔在某种意义上回到了亚里士多德式的共同体概念。这种伦理生活中的个体自我对共同体的依赖关系具体到黑格尔的国家观上。国家是大的政治社群，只有在国家中并通过国家个人才具有普遍性，在黑格尔看来，国家构成个体的最终目的，个体从国家中找到其存在、义务和满足的真理，同时，也正是在国家中，个体超越了自私的、个人的思想和愿望，超越了黑格尔所谓单纯主观精神的存在。这样，在黑格尔看来，国家作为一个有机体，就实现了个人利益和普遍利益的完全同一。

因此，我们可以把黑格尔式社群主义关于自我的观点概括为：个人身份是社会的结果，将个人自由现实化的需求也是正确建立社群的需求。个人的自由有赖于公共自由，没有个人自由，则不存在真正的公共自由，对黑格尔来说，只有在相互认可的社会中，人格才能得以实现。可见，黑格尔的承认伦理强调的是只有通过与他人进入某些关系之中，自我才能获得一种自由感和自我价值感，因此，只有在一个能够相互尊重理想个体的权利的共同体中，我们才能获得我们追求和实现的那种自我价值感和满足感。一个自由的社会是自我在其伦理机构中能够产生家园感的社会。除了强调人与共同体的关联性之外，人的历史与自由也在黑格尔的考虑之中，黑格尔认为理性是世界的主宰，而理性的本质就是自由，于是他把人类历史看成是自由发展的历史，所以，人类历史就是人的活动。黑格尔的人创造了历史，那么人也同时存在于历史传统中，因此个人不是生活在天国里的天使，也不是超社会、超历史的生物，而是生活在社会、历史运动中的活生生的个体。黑格尔关于人具有社会性、人与他者的共在以及人与社会、人与历史的关系等观点直接影响了社群主义。他所理解的社群是一个有机的整体，不但具有共同的文化和传统，而且也有统一的认同和情感。而桑德尔正是以黑格尔式的互主体的自我观念，像当年黑格尔批判古典自由主义一样，对新自由主义作了釜底抽薪式的批判。

三 作为生存状态的自我

西方传统哲学中的存在是个已经完成的状态，而海德格尔通过"此在"表现出的存在是生存意义上的理解，是作为人存在的生成状态。也就是说并没有一种先验的人的本质，人是在生存过程中获得其本质或人性的。"此在"不仅是一个生存的过程，而且总是从它的生存中领会、展现着的存在。"此在"的生存活动是与世界共在的，那么"此在"便不是一个"主体"，而是包容了主体和世界的"在世"。因而"此在"的认识活动，作为自我存在的自身显现，也具有整体性。

海德格尔认为，此在的基本存在状态是"在世界中"，即在世。"此在"在世并不意味着此在与世界的空间关系，而是指此在与世浑然一体。世界也不是离开意识独立存在、并作为意识对象的客观世界，不是什么可以规定的现成存在的实在物，它只是"此在"的生存状态，或者说是"此在"的存在的敞开状态。这样，海德格尔拒绝了传统人本主义对世界认识的主客体对立图式。在海德格尔看来，这一认识图式的实质错误是首先人为地设定一个孤立的主体，然后去论证、认识与之相对立的作为客体的客观世界。海德格尔批驳了这一实际上并不存在孤立的主体，同时强调了也没有所谓的客观世界，世界就是此在的世界，这种对人的生存维度的理解与对此在世界的强调与后来社群主义自我对群体的强调有着千丝万缕的联系。

"此在"既指生存着的人，也指人的现实生存，这种现实生存的人与社群主义的真实自我形象在性质上是同一的。"世界"具有实体性质，是先于此在并且与此在同时存在的。在日常生活中，此在通常不是作为"我自己"、而是作为"他人"而存在，这种他人不是作为有独特个性的、确定的他人，不是一些人或一切人的总和，而是某种中性的东西，这被海德格尔称为"常人"。所以，海德格尔所说的"常人自身被召唤向自身"，绝不是指像近代社会契约论思想家那样回到自我的孤独的、无世界的内心，从而使之与外部世界相互隔绝。他所说的"自身"不是人类学或心理学意义的"自我"概念，因为那样的自我只能是一个形而上的人的概念，这里的关键是在于要理解此在的特征，就是他必须走出自己才能生存，也就是说，主体或自我始终处在世界之中，也始终处在与他人的共在之中。因此,海德格尔致力于探究"在"的意义,始终将"此在之本真存在"与"世界"和"共在"看作是不可分割的。这种共在需要一种共同体以及共同体视野,"首须以此在为基础,像'世界历史'这样的东西才有可能",但他还是把历史和世界历史实体化了,历史即"生存着的此在所特有的发生在时间中的演历"①,此在的共在需要世界,也需要共同体具有的历史感,更确切地说是"共同体的演历,民族的演历"。② 无世界的单纯主体并不首先存在,此在即是自我的存在在其自身与他人、他物处于不断交道和关联之中,此在本质上就是共同存在。

由此可以看出,通过此在对人的存在的追问,海德格尔哲学表现出了海德格尔对西方哲学危机的超越性思考和对西方世界现代技术发展所进行的批判性反思,而这种思考和反思的对象就是所谓的"自我"。通过此在对主体性形而上学的批判考察,海德格尔注意到人本主义的主观性所主导的以主体征服客体方式对待世界的危险性:整个世界变成了按照抽象理性改造世界的主体的活动场所,进而,他以"此在"为基点提出了关于人的活动的全球性后果和人与自然界的关系问题,发出了让西方理性主义世界中的人类摆脱严重生存困境的紧急呼吁。我们从海德格尔那里可以找到从生存论的视角批判西方文明中关于自我的个人主义或原子主义的形而上学的总根源。因此,我们就可以得出结论:作为一种后自由主义话语的社群主义便是从海德格尔的此在与共在之间找到批判个人主义、自由主义自我的理论资源,二者在理论旨趣与价值目标上具有高度的相似性。此在即自我的问题一直在海德格尔的理论视域之中,当然也在社群主义对自我的洞见之内。

四 作为现实关系总和的自我

就性质和所设计的内容而言,马克思主义哲学是一种现代意义上的哲学;从影响力的角度来看,马克思主义哲学始终在场。虽然,马克思不可能明确当代社群主义的自我概念,解析社群主义式自我的内涵,但我们不能简单放弃曾推动社会发展和进步的价值和理想,因为这些价值和理想有

---

① [德]海德格尔:《存在与时间》,陈嘉映、王庆节译,三联书店1999年版,第429页。
② 同上书,第435页。

一些是我们创造美好生活所必须的。早期社群主义就曾把马克思主义哲学作为自己的思想来源来看待，而马克思主义哲学的出发点就是现实的个人，致力于人类解放的伟大目标，更高的理论层次上验证了认识自我对于人而言是不可抗拒的使命。而由于思想的沉淀和连贯性影响，当代社群主义的自我理解必然能从马克思主义哲学对人的深沉理解中获得灵感和启发。

这一点我们可以在马克思著作中的用语习惯中和具体观点中得到证实。在用语方式上，西方有学者对马克思的相关思想和相应用语习惯进行深入的发掘与考察之后发现，在马克思的一系列有关著作中，他不仅经常使用"社会"，更乐于用"共同体""联合""公社""共产主义""社会主义"等词汇来代表他心目中理想的社会。在《资本论》中，马克思把英译本中涉及 Community 之处一概写成德文 Gemeinwesen，由此我们不难发现他对表达"社群"（Gemeinwesen）这一名词的价值偏好，对人类未来共同体的美好期望、理想设计以及深刻洞见。

同样，马克思在《关于费尔巴哈的提纲》《德意志意识形态》和《〈政治经济学批判〉导言》等著作中，也多次论及个人对共同体即社群的依附关系。他基于人类生活的现实状况提出："全部人类历史的第一个前提无疑是有生命的个人的存在。"[①]而人作为生命有机体必然处在与自然、与他人、与社会的关系网络之中，所以，"人的本质不是单个人所固有的抽象物，在其现实性上，它是一切社会关系的总和。"[②] 马克思善于从经济视角对社会生活进行分析，他认为人类的首要生产是物质生产，但物质生产的前提是一定社会性的人，天生独立的主体不过是鲁宾孙式的想象，孤立的个人在社会之外进行生产是无法想象的事情。"我们越往前追溯历史，个人，从而也是进行生产的个人，就越表现为不独立，从属于一个较大的整体；最初还是十分自然地在家庭和扩大成为氏族的家庭中；后来是在由氏族间的冲突和融合而产生的各种形式的公社中。"[③] 所以，从历史演变过程中我们可以看出人作为个体需经由类似于家庭、氏族再到大

---

① 马克思、恩格斯：《马克思恩格斯选集》第 1 卷，人民出版社 1995 年版，第 67 页。
② 同上书，第 56 页。
③ 马克思、恩格斯：《马克思恩格斯选集》第 2 卷，人民出版社 1995 年版，第 2 页。

规模的共同体进行自身的生存与发展。这表明一方面个人无法离开社会而独立存在，社会是个人赖以存在与发展的必不可少的环境条件。只有在集体中，个人才能获得全面发展其才能的手段，也只有在集体中才可能有个人自由。另一方面，社会发展的基本宗旨在于使每一个社会成员获得自由和全面的发展，社会整体发展的实现也有赖于个人的充分发展，人类理想的社会将是那样一个联合体，在其中，每个人的自由发展是一切人自由发展的条件。

因此，马克思心目中理想的"社群"，不只是一个简单经营社会生活的集体，它还包括在社群中的成员及其社会生活。所以，马克思的"自由人的联合体"既代表了一种制度，也代表了人与人之间一种新的关系。这种关系承认了个人自由，也承认了每个人的自由而全面的发展，并认为个人的自由发展不仅不妨碍其他人的发展，而且还为其他人的发展提供了条件。自由人联合体的物质社会形态即为未来的共产主义，对未来共产主义的理解是作为类整体的生存本位为依归而进行设定的价值理想。未来共产主义社会作为一个社群共同体的最大特色在于，透过直接参与，让人去关心和实际参与社会公共事务，形成一个有理性的、有意识的公共活动计划，培养出人们高度的公共意识和公共精神。共产主义作为公共主义则是为所有人类个体而存在的，在这种彻底的公共主义社会中，所有的人都被当作目的性存在。因此，可以说未来的社群是一个民主的社群，一个具有完整民主形式的政治的社群。马克思对未来社群共同体的关注主要表现为人的本质是自由，而人的自由只有在"共产主义"和"自由王国"中才是可能的。而这种带有未来价值理想的设定对于社群主义也是一种巨大的鼓舞，社群主义的最大目标就是使人的生成更丰富、更有意义。所以，就对自我关注的价值诉求上，社群主义与马克思主义也具有一定的亲缘性。

第三节　社群主义者自我理论的评介

就自我理论而言，社群主义在面对外部共同批判对象即自由主义时它是一个整体，而在社群主义内部，由于各自出身背景与学术偏好的差异，社群主义者对自我有不同的认识与理解。他们对自我的理解视角上略有差异，涵盖了理解自我的诸多层面：麦金太尔和桑德尔都从心理层面来关注自我，桑德尔认为自由主义国家在认同和维持自我认同方面存在局限，麦金太尔则立足于当代道德混乱无序人们认识前提不可公度的现代图景，试图从前现代的亚里士多德那里恢复个体自我的德性传统；沃尔泽侧重从经济上来保障自我的认同，他强调社会物品的分配对于自我的认同和正义来说是最重要的；查尔斯·泰勒更多是从历史与文化相结合的层面，通过追溯历史来突出现代自我认同的特性；而丹尼尔·贝尔从宽泛的社会层面来阐述自我，他认为自我的行为大部分是按照习惯形成的无意识产生的，只有人们的惯例失效的情况人的有意识才会介入其中。所以，知晓社群主义者各自对自我理解的内容，一方面能够更好地展现社群主义者自我理论的丰富性，以便于我们更深刻地把握这一核心范畴以及理论体系；另一方面也能为我们整合各自观点提炼社群主义自我的核心内容以及理论构造提供基础。

一 叙事性自我：麦金太尔的美德追寻

麦金太尔正是通过由休谟奠基的"事实"和"价值"二分法来实现对现代道德哲学原则的釜底抽薪式批判，从而使他对启蒙谋划失败的论证达到了相当的理论高度。因而，他主张用传统美德伦理替代自由主义的规范伦理，而美德伦理所要求的是一个具有美德的"叙事自我"。

（一）批判规范伦理，拒斥情感主义自我

麦金太尔对自由主义的个人主义规范伦理持批评态度。现代自由主义的规范伦理学是一种与德性伦理相对的伦理学，麦金太尔以一种历史主义的方式把现代自由主义的道德论证看作是与亚里士多德主义的道德理论传统相对立的存在，由此，他批判规范伦理的非历史、反传统的道德立场。他认为正是因为15世纪至17世纪人们抛弃了亚里士多德以理智为核心的道德传统，所以才有了后来为道德寻求新的合理世俗基础的启蒙谋划，而正是启蒙谋划的失败才使得尼采及其存在主义和情感主义的继承人才能对以往的道德发动批判，启蒙谋划的失败可以看成是拒斥亚里士多德传统的一种后果。所以，"如果有人要为一种前现代的道德和政治观点辩护以反抗现代性，那么他要么使用某些类似于亚里士多德主义的术语，要么什么也不用。"①

麦金太尔首先描述了现实世界中的科学无序到道德无序状态并揭示了这种失范状态的不良结果。"当今占统治地位的分析哲学或现象学哲学，都将无力觉察现实世界中道德思想和道德实践的无序状态，如同它们面对相像世界中科学的无序状态时无能为力一样。"② 这种无序状态的最终结果就是道德相对主义和主观主义盛行，社会缺少统一的价值标准，人们生活在各种理论前提不可公度和无法通约的背景之下，当代道德分歧弥漫着自相矛盾的气息。"一方面，摆脱了等级制与目的论的个体性道德行为者以及道德哲学家们，都将这样的个体性道德行为者本身视为其道德权威的主宰。另一方面，必须为传承下来的、但已部分改变了的道德规则寻找某种新的地位，因为他们已被剥夺其古老的目的论特征，甚至被剥夺了它们更为久远的作为终极神法之表达的定言性质。"③ 这表明了现代道德理论在经历了启蒙谋划的失败后所经历的困境和身份危机。

因此，麦金太尔针对当代社会道德无序状态提出了拒斥以罗尔斯为代表的情感主义自我。麦金太尔认为，两位新自由主义者罗尔斯和诺齐克的立论都预设了一种不能自圆其说的自我（人）的概念，他们所表述的人仿佛是一群在海上遇难后流落到荒岛上的各不相识、彼此冷漠的人。罗尔斯的正义原则就是这样的人在"无知之幕"之后选择的结果，他的原则也只能是这样的人的选择结果，同样，诺齐克假定了每个人都有绝对的、不可剥夺的权利，由此才能得到他的关于获取、转让、矫正的原则。麦金太尔表示绝不同意这种极端的个人主义的人的概念，他认为不存在这种与历史、传统、文化没有牵涉的人。人总是生活在社群之中，由共同的利益相连接，拥有共同的善恶标准，彼此共存。罗尔斯和诺齐克对人的设定体现的是一种情感主义自我的样态。

传统宏大话语体系开始渐渐解体的时代，在当代西方道德文化的基本特征表现为情感主义。情感主义就其本性而言，只不过是个人爱好、态度或情感的表达。麦金太尔从历史主义出发，考察了情感主义的历史根源。

---

① ［美］阿拉斯戴尔·麦金太尔：《追寻美德》，宋继杰译，译林出版社 2003 年版，第 149 页。
② 同上书，第 3 页。
③ 同上书，第 79 页。

在休谟那里仅仅具有情感主义的因素，但是到了20世纪则成为盛行的理论。情感主义自我是启蒙运动的伴生物，个人摆脱了社会身份的束缚，成为任由情感支配的自我，个人的行为缺乏任何终极标准，自我的选择更多是没有标准的个人感情偏好。情感主义自我不愿意接受社会身份的约束，所以，情感主义自我缺乏任何标准，对任何事物都可以从自我所采取的任何观点出发进行批评。

在情感主义看来，自我有能力从任何自己卷入的情景中解脱出来，自我同样也有能力从自己的任何社会角色以及自己所具有的任何特性中全身而退，自我可以置任何社会情况于不顾，从纯粹普遍和抽象的观点来定义自我、观察社会、评判价值。另外，这种情感主义自我是一种没有任何既定连续性的自我，所以，这种自我在任何社会情形中都不可能存在，它缺乏语言表达所植根的语境，因而也就丧失了在这个世界中的言说方式和实践方式，因而表现出抽象的、幻影般的特性。"这种特殊的现代自我、情感主义的自我，在获得其自身领域的主权的同时，却丧失了由社会身份和被既定目标规定的人生观所提供的传统边界。"① 所以，这是一种没有任何既定连续性的肉体形式的自我，他失却身份，丧失标准，只是一种人们主观性设定中的任意性自我。"由此，这种不具有任何必然的社会内容和必然的社会身份的、民主化了自我，可以是任何东西，可以扮演任何角色、采纳任何观点，因为它本身什么也不是、什么目的也没有。"②

概括而言，自我所承担的社会角色并不是为了发现所谓真实的自我而须刨除的东西，这种情感主义自我由于无法确立终极价值而沦为一种工具性存在。因为，一个完成了的生命就是朝向既定生活目标的一个成就。这种自我已经被剥夺了原本属于它的各种性质，"这种自我现在被视为缺乏任何必然的社会身份，因为它曾经享有的那种社会身份不再有了；这种自我现在被看做是无标准的，因为它曾经据以判断与行动的那种目的不再是可信的了。"③ 其实，自我是一个历史的主体，具有自身独特的意义。一个社群的传统是历史地形成的，个人对所处社群的认识以及社群的传统对

---

① [美] 阿拉斯戴尔·麦金太尔：《追寻美德》，宋继杰译，译林出版社2003年版，第43页。

② 同上书，第40页。

③ 同上书，第42页。

社群成员的影响也是历史地发生的,自我人格的基本来源就是社群的历史文化传统,在自我能够叙事之前,叙事就已经存在了。

(二) 倡导美德伦理,张扬叙事自我

作为德性伦理的倡导者,麦金太尔以一种历史主义的方式批评了现代自由主义者的非历史反传统的道德立场,他认为自由主义的个人主义文化前提下很难获得道德的先在一致同意。麦金太尔认为目前所出现的道德困境,其深层原因是各种道德观念都是在理性旗帜下来证明自身的正当性,这充分证明了理性对于道德的无能,理性自身的无可公度性。但自由主义的错误恰恰在于把游离于传统之外的普遍理性当成是全人类和所有社会的统一原则。

麦金太尔针对当今道德无序状况提出,"这种无序源自于这样一种惯用语的主导性的文化力量,亦即,在其中,来自于我们的过去的各种搭配失当的观念碎片,一起被运用于私人的和公共的论争之中。"① 之所以出现人们观念搭配上的碎片是因为人们对亚里士多德美德伦理的遗忘与世俗化解释所造成的。所以,他认为拒斥亚里士多德的美德伦理传统就是拒斥一种独特的文化传统,所以,他主张在可理解性和合理性的前提下,重提亚里士多德的美德传统,以便能够走出目前的道德无序状态,使人的生活如在古代城邦中一样丰富而厚重。所以,他提出现阶段应该建构文明、理智和道德生活能够在其中存续下来的各种地方性共同体,而对经过历史上黑暗时代能够流传下来的美德传统我们应该加倍重视,因为现代国家产生的历史本身就是一部道德的历史。麦金太尔运用历史主义的方法从英雄社会的诸美德、雅典的诸美德、中世纪的诸美德到美德进行了考证,而后提出我们现在应该追寻美德,追寻以亚里士多德为代表的美德伦理传统。

而亚里士多德美德伦理的践行者便是具有美德的自我,由此,考察自我美德的社会关系领域成为我们需要考虑的问题。麦金太尔为补救西方道德衰退的现代社会,阐发了与个人主义观点截然不同的自我即叙事性的自我。他把个人生活描绘为特殊文化群体的一个叙述系统,这个系

---

① [美] 阿拉斯戴尔·麦金太尔:《追寻美德》,宋继杰译,译林出版社 2003 年版,第 326 页。

统由一个传统故事和神话所传播,通过叙述系统,自我在自己的社群生活中构造自己的品格与特性,"因为我的生活的故事始终穿插在我从其中获得我的身份的那些共同体的故事中。我与生俱来就有一个过去;而试图用个人主义的模式将我自身与这个历史切断,也就是要扭曲我现在的各种关系。"① 按照他的理解,"在成功地确认并理解他人的行为的过程中,我们总是趋向于将特定的事件放到一系列叙事性历史的语境之中,这些历史同时包括所涉及的各个个人的历史和他们在其中活动与经历的背景的历史。"② 由此得出,人在行为和实践本质上是叙事的动物,我们作为个体的人过着叙事的生活,我们依据我们所过的叙事生活来理解我们自己的生活。"因此,叙事性的自我概念的需要是双重的:一方面,我是在我历经从生到死的故事的过程中被他人所合理地认为是的那个存在;我是一个历史的主体,这个历史是我自己的而不是任何别的人的,并且有其自身独特的意义。"③ 所以,自我的人格同一性是角色同一性的先决条件,而角色同一性又是叙事统一性所必需的。我不仅是主体或自我叙述的主角,也是他人叙述的客体或角色。这些叙事及其角色构成自我生活的既定部分,也构成自我活动的道德起点。通过叙述传统,一个人在自己的社群生活中形成自己的品格,选择自己的生活计划,成为传统的组成部分。自我和他人共存在彼此的叙事生活中,我的叙事与其他人的叙事是同时发生的,在我成为他人叙事的一个组成部分的同时,他人也是我的叙事的一个组成部分。"所以,叙事形式是理解自我与他人行为、活动与生活的适当形式。

同时,他认为自我的叙事有一种框架背景,那就是人对故事的记忆和叙述。人在他的行为和实践中本质上都是一个"说故事的动物"。我是在我从生到死的生活的故事过程中合理地被他人所接受的人,我不仅是可说明的,还是一个可以永远要求其他人给予一种说明的人,我是他们的故事的一部分,正如他们是我的故事的一部分一样。任何一种生活的叙述是相互联结的一组叙述的一部分,故事也塑造和建构着叙事者的"自我"与

---

① [美] 阿拉斯戴尔·麦金太尔:《追寻美德》,宋继杰译,译林出版社 2003 年版,第 280 页。

② 同上书,第 268 页。

③ 同上书,第 276 页。

人格，故事是人对"自我"的认同。故事通过生活而得以创造、叙说、修改和再叙说，这展示了通向理解"自我"的入口，所以，我们把个人生活描绘为特殊文化群体的一个叙述系统，这个系统是由一个传统故事和神话所传播的。麦金太尔认为，"神话，在其原初的意义上，就是事情的核心。①而在我能叙事之前，叙事就已经存在了。

任何社会环境和社会历史中的自我要成为可以理解的，必须在一个叙述结构中得以描述。叙事结构就是内蕴与人的的历史传统，人只有存在于一贯的历史传统中，才是一个完整的人，也只有借助于传统，个体才能获得自我理解的能力和过上有意义的生活。因此，只有将自我置于某些叙述的历史背景中，自我才得以理解和识别。"在许多前现代的传统社会中，个体通过他在各种各样的社会团体中的成员资格来确定自己的身份并被他人所确认。我可以同时是哥哥、堂兄和孙子，可以既是家庭成员，又是村社成员，还是部落成员。这些并不是偶然属于人们的特性，不是为了发现'真实自我'而须剥除的东西。作为我的实体的一部分，它们至少是部分地，有时甚至是完全地确定了我的职责和义务。"② 同时，人们只有通过参加自己的社会生活才能成为自我之所是，也只有在其他自我当中才能是自我，而离开了周围的那些人，我就永远无法得到描述。"每个个体都在相互联接的社会关系中继承了某个独特的位置；没有这种位置，他就什么也不是，或者至多是一个陌生人或被放逐者。"③ 我们在确认并理解他人行为的过程中，总是会趋向于将特定的事件放到一系列叙事性历史的语境之中，而我们就是根据我们所经历的叙事来理解我们自己的生活。一个行为的可理解性与它在叙事序列中的位置是同一的，自我人生的统一性就是一种叙事探寻的统一性。正因为我们过着叙事的生活，也正因为我们依据我们所过的叙事生活来理解我们自己的生活，叙事形式才成为理解其他人行为的适当形式。因此，我们只能通过构成社会资源的那些储存下来的故事才能理解我们所在的社会，理解我们自己。自我是历史的一部分无论主观上是否喜欢，客观上我们都是历史的承载者之一。

---

① [美] 阿拉斯戴尔·麦金太尔：《追寻美德》，宋继杰译，译林出版社 2003 年版，第 122 页。

② 同上书，第 42 页。

③ 同上书，第 42 页。

因此，麦金太尔的自我观念具有强烈的历史主义色彩，他深刻揭示了自我与历史、自我与社会、自我与他人的关系。强调了自我的内涵只能在德性实践的历程中，在一个相互联结的叙述系统，在善的寻求中得以理解并不断完善。因此要摆脱当前西方道德危机，走出道德混乱的状况。在麦金太尔看来，就必须放弃启蒙运动以来的以个人主义为基础的道德论证方式和个人主义至上的道德价值理念，而应该向社群主义或共同体主义的价值观念回归。因为，在麦金太尔看来，任何人都生活在一定的社群之中，孤立的原子式的自我是不可能存在的，而且从来就是没有存在过。"一个人的道德立场和价值观念只有放在他所处的社群之中才成为其成员的身份来发现他的道德统一性。因而，共同体的价值决定个人的价值，共同体价值高于个体价值。"[①] 麦金太尔援引马克思的《论犹太人问题》力图通过人类解放的宏大理想来弥补个体原子式的独立和个体在国家中的抽象存在之间的裂隙，认为只有抽象的个体和丰富的类结合，才能最终实现全人类解放。到那时异化被克服，虚假意识被摒弃，达到了理想的社群状态，实现了平等和博爱的终极价值。

二 构成性自我：桑德尔的共同体情怀

社群主义者当中，当属桑德尔对以罗尔斯为代表的自由主义进行批评的最为猛烈，而桑德尔攻讦自由主义的基础就是自我理论。关于自我的论述中，桑德尔的构成性自我对以罗尔斯为首的自由主义式自我而言是一种强有力的批判，他主要针对罗尔斯的先在的自我主体进行批判，后又针对自我的空泛的、逻辑的选择能力进行质疑，正是因为罗尔斯的自我是突出主体的选择与构建，所以这种自我可以占有自身也可以占有他物，这在桑德尔看来是无法理解的，因为，自我与他者、社会无法完全脱离，反倒自我由其部分地构成。

（一）批判罗尔斯占有性自我

桑德尔借鉴黑格尔主义和后现象学的传统，矛头直指新自由主义的重镇罗尔斯的《正义论》，对个体自主和权利优先论进行了系统、深刻、富有思辨性的批判，使得他在美国政治哲学界的地位如日中天。桑德尔认为

---

① 江畅：《现代西方价值哲学》，湖北出版社2003年版，第522页。

罗尔斯的正义论是建立在义务论自由主义的基础之上的，这种以公平、正义和个人权利为核心的自由主义哲学基础主要来自于康德。但是，"义务论自由主义的要害是正义优先。在桑德尔看来，正义优先可以有两种互不相同但又相互联系的解释。第一种解释是道德意义上的解释。正义之所以优先，是因为正义的要求压倒了其他的道德和政治上的关切，这是一种与后果论相对的义务论；第二种解释即是义务论意义上的方式，正义优先不仅涉及道德，还涉及道德的基础，即涉及道德法则导出的方式。这种解释要求正义的优先是独立于任何特定的善观念而被导出。这是一种与目的相对的义务论。洛克和米勒是前一种，而康德则是后一种的代表。康德的独立于经验、先于其目的而被给予的主体概念是建立在义务论自由主义的关键。"① 而这种义务论自我通过摆脱自然属性和各种社会角色规约而获得自由，成为道德意义上的原创者。

所以，按照桑德尔的批判路向，他认为权利优先论必定有一个优先于任何经验的基础，这个基础就是康德所阐发由罗尔斯和诺齐克所继承和发扬的实践理性主体，这种主体本身就是目的，具有自律意志，有选择能力，权利优先于善实际上有一个前提就是主体自我优先于其目的。在康德那里，主体优先性的论证是超验的、形而上学形式存在的，而罗尔斯在康德的基础上作出了修正，罗尔斯认为康德的先验主体是抽象、模糊和武断的，它既无法产生正义原则，也不能应用于人类存在的现实世界，所以罗尔斯力图克服先验主体的形而上学成分，将它置于某种经验处境下，从而使正义原则和人的权利有了现实的土壤。但是，罗尔斯的这种道德主体设置仍然脱离了具体的历史环境，所以，他"作为建构主体，他们不能真正地建构，作为选择主体，也不能真正地选择。在桑德尔看来，罗尔斯试图摆脱康德形而上学的困境，拯救义务论自由主义的尝试是失败的"②。

因为，罗尔斯的自我是先验和个体化的道德主体、政治主体，是具有占有性的自我。这样的主体是一个矛盾的存在：一方面，为了合作互惠，他们必须是不同的、多样性的；另一方面，为了得到一致的正义原

---

① 应奇：《社群主义》，台湾扬智文化事业有限公司1999年版，第77页。
② 江畅：《现代西方价值哲学》，湖北出版社2003年版，第530页。

则，他们又必须完全同一。罗尔斯认为自我与人的经验特征完全分离，人绝不用自己的目的和属性来界定自己，人是完全自由和独立自足的自我。罗尔斯的自我不仅是一个占有的主体，而且是一个先在个体化的主体，且总与其所拥有的利益具有某种距离。这种距离的一个后果就是一次性地也是永久性地将其身份固定下来。罗尔斯依靠将自我概念看成一个纯粹的、毫无杂质的、"本质上无拘无束的"主体，来实现其哲学论证。通过任意性论证来否定个人应得，从而支持他的差异原则，但这样容易使自我丧失属性，所以，桑德尔指出，罗尔斯的原初状态理论就包含了这种假定，它不承认人的所有目的，因而也就排除了社群的善作为人的自我认同的基本维度的可能性。桑德尔和其他社群主义者认为，我们不能把自己理解为与我们的目的、属性无关，我们部分地由我们所从属的社群界定，因此我们必定与这些社群的目的有关。正如麦金太尔所说，对我是善的东西，对处于同样地位的人一定也是善的。罗尔斯的理论是一种关于人的忽视共性的、个人主义式的理论，应该对集体和社群价值的重视，如果说功利主义未能认真对待我们的独特性，那么作为公平的正义就未能认真对待我们的共性。

沿着这种思路，桑德尔认为罗尔斯对自我所组成的社会联合给出了工具主义和情感主义的解释。从工具主义角度而言，罗尔斯基于传统个人主义的假定，把社会安排看作个人的一种必要负担，人们之间的合作仅仅为了追求他们自己的私人利益。这种基于孤立于对社会的理解完全是一种工具性思维，从这种工具性的构想中，合作中的主体有某种最终目的，并将合作体系看成为善本身，罗尔斯正是为了确证差别原则，实现理想的分配正义，不仅认为所有的利益和财富属于重新分配范围，而且把由于天赋造成的利益也划到重新分配之列，从而得出"天赋并非私有财产而是公共财产"的著名论断。另外，罗尔斯在对自我进行分析时容易借助于情感主义来解释自我的行为和动机，所以，他认为我们不必假定人们从不为他人作实质性牺牲。事实上，由于人们之间的爱和情感的纽带，他们常常会这样做，这就是罗尔斯从先行占有的个体出发对人们联合和作出彼此牺牲作出的情感主义解释。

总之，桑德尔认为自由主义的最大问题就出在罗尔斯关于人的理论，在罗尔斯看来，自我的基本统一或认同被赋予了对它所选择目的优先性，正是这种优先性排除了任何自我与目的或环境关系的理解，这种对自我形而上学的预设，使自我成为先行占有性主义而具有了严重的唯意志论的倾向，桑德尔认为这种想象出来的先验主体由于自我的社会构成属性上空白，使得这种先在自我的反省只能是一种理论上的徒劳，"首先是因为，我们所是的存在是预先给定的，并不受反思或其他形式的行为主体的影响；其次是因为，罗尔斯的自我被设想为没有构成性特征的自我，而只有一些偶然属性，这些偶然属性总是不好把握，所以，在自我中没有任何东西可供反思传达或理解。"[1] 为了填补自我属性上的空白，桑德尔提出了他的构成性自我观，强调共同体对于自我的价值优先性与构成性。

（二）确立构成性自我

桑德尔认为，罗尔斯的原初状态假设容易遭到两种反驳：一是原初状态无法与实际的需求相分离，因为正义原则以原始的善为前提，而这些原始的善并非如罗尔斯声称是全人类共享的观念，而是植根于近代西方自由主义所理解的人的自利性中；二是原初状态太脱离人类环境，以致其中的各方不可能一定具有选择正义原则的动机。桑德尔正是从罗尔斯的原初状态出发来进行批判和自我重构的，原初状态是罗尔斯正义理论的支点，是所有论证必须求证的目标，桑德尔正是从考察原初状态为起点来试图重构罗尔斯的道德主体。

自我与目的之间的区分在距离上需要一个阿基米得支点，这样，自我和目的之间才有一段合适的距离，罗尔斯在《正义论》中，区分自我和目的的支点是原初状态的设计。这一状态的设计类似于古典自由主义的自然状态，目的是要防止正义原则的选择受到自然和社会环境偶然性所带来的各种影响。罗尔斯依照原初状态的设置来试图弥合自我的先验和经验状态，这样的设计反倒使他屡遭批判同时也使他陷入主体的泥潭无法自拔，正如桑德尔所总结的，"这样的自我既不是彻底情景化的自我，也不是彻底超脱身体的自我，既不是任由现存的需求和利益所摆布的自我，也不是

---

[1] ［美］迈克尔·桑德尔：《自由主义与正义的局限》，万俊人译，译林出版社 2001 年版，第 194 页。

依赖于先验考量的自我。"① 这种自我由于被剥夺了一切构成性的依附联系，并没有获得真正意义上的解放，反倒被剥夺了自由行动的权利。桑德尔正是在此基础上提出了他的构成性自我，恢复了自我的经验特征，在共同体与自我之间进行了重新的排序，使自我的存在有了整体上的根基。

桑德尔认为自我部分地由它的语境及其目标或目的构成，个人自身也参与到对他的同一性的规定之中。自由主义的自我不仅是一贯占有的主体，而且是一个先在个体化的主体，而且总与其所拥有的利益具有某种距离，这种自我在现实生活中是根本不存在的，"如此彻底独立的自我排除了任何与构成性意义上的占有紧密相连的善（或恶）观念，它排除了任何依附（或迷恋）的可能性，而这种依附（或迷恋）能够超越我们的价值和情感，成为我们的身份本身，它也排除了一种公共生活的可能性，在这种公共生活中参与者的身份与利益或好或坏都是至关重要的，且它还排除了共同的追求和目的能或多或少激发扩展性的自我理解，以至在构成性意义上确定共同体的可能性——这个共同体描述的是主体，而不是共享志向的目标。更一般地说，罗尔斯的解释排除了我们可以称之为自我理解的'主体间的'或'主体内的'形式的可能性，排除了构想并不假定其预先给定的边界这样一种主体的方式。"② 在现实生活中，任何自我都必然受到各种归属的制约，不加选择的归属从根本上说是不存在的。

自我是由所属社群中共享的实践、传统以及目的构成的，同时也是由于"我"的个体性是社会的产物。自由主义的自我观念使得自我永远可以和其文化相隔离，不会对其社会产生任何高度的忠诚与承诺，因此也就不可能与他人、社群形成深刻的情感与归属。我们所拥有的情感依附关系是构成性的而非偶然性的。我们的人格特征是在特定的社会纽带网络之内历史地确立的，"每一个个体都独一无二地嵌入时空之中，他生于一个特殊的家庭和社会，而且这些环境的偶然性，连同它们所产生的利益、价值和渴望，使得人们相互间得以区分开来，也使得它们成为其所是的特殊个

---

① ［美］迈克尔·桑德尔：《自由主义与正义的局限》，万俊人译，译林出版社2001年版，第32—33页。

② 同上书，第77页。

人。"① 这说明自我在事实角度是无法脱离其构成性要素成为普遍性的先在个体化的主体，相反这种占有主体如果真正实现作为正义选择前提的功能他必须经验化并多样化，这种经验化和多样化必然需要具有构成性功能的共同体存在，所以，"对于它们来说，共同体描述的，不只是他们作为公民拥有什么，而且还有他们是什么，不是他们所选择的一种关系（如同在一个志愿组织中），而是他们发现的依附；不只是一种属性，而且还是他们身份的构成成分"②。我们可以得出社会纽带不仅是一个情感问题，更是一种构成性力量。个人是共同体的个人，脱离了共同体，个人就失去了本质，同样，社会因素不是被人选择、追求的附加成分，也不只是人们欲望和情感的对象，他们是构成人格同一性的内容。

三 关联性自我：沃尔泽的复合平等

沃尔泽一直被认为在自由主义与社群主义之间摇摆不定的人，有人认为他的观点充满温和的自由主义论调。但从沃尔泽经济层面分析分配物品的社会意义方面，他完全可以被归为社群主义者的行列。相比其他人，沃尔泽主要针对新自由主义的旗手罗尔斯关于分配正义进行理论较量，罗尔斯关于正义的考虑立足于一个理性的、先在个体化的、独立的自我观念或主体观念，所以他的分配正义带有自由主义一贯的普世主义面孔，而普世主义的正义在理论上成立，但在现实中却不可行。因此，沃尔泽对这种自由主义式的分配的简单平等进行批判，从而提出他所认可和推崇的复合平等观。简单而言，复合平等就是主张分配标准、分配原则等均有特殊性，整个社会在各个领域都有独立的分配体系，一个人只要在他涉及诸领域之中获得复合平等所要求的平衡，那这个社会就是正义的。任何一套正义理论都毫无例外地立足于他对人的某种理解即为关于自我观的认识，所以沃尔泽虽然没有明确地为复合平等背后的自我进行命名，但其复合平等的正义理论背后一定暗含着对自我或人的一种理解，这种理解与其他社群主义者对人的理解殊途同归，沃尔泽多元分配正义背后的是特殊的自我，活生

---

① ［美］迈克尔·桑德尔：《自由主义与正义的局限》，万俊人译，译林出版社 2001 年版，第 64 页。

② 同上书，第 182 页。

生、有具体样态和具体诉求的自我,这种自我生活在具体情境之中,复合平等分配的社会物品带有和传承着意义和价值,所以沃尔泽的自我我们可以称之为关联性自我。

从批判简单平等,到提出自己的复合平等,再到现实寻找范例,这种论证过程的背后一直涌动着一种情感,一种思想,一种对人的认识与理解。在西方社会中,平等是占主导地位的理念,自由与平等的冲突和平衡,更是近代自由主义政治思想的核心。罗尔斯一直试图调和自由和平等的矛盾,在《正义论》和《政治自由主义》的差异原则即为集中体现,但罗尔斯分配的差别原则遭到诺齐克和沃尔泽的双重批判。如果说诺齐克是用最小国家理论来对抗罗尔斯的平等主义正义观,那么,沃尔泽则是提倡多元主义的正义论,以复合平等来对抗罗尔斯。沃尔泽的复合平等观关注的仍然是分配正义问题,他力图以复合平等观替代简单平等观,沃尔泽认为平等是由我们制造、共享和分配的物品所中介的人和人之间的复合关系,而不是某种占有的身份,每一种社会物品都有社会意义,我们应该通过对这些意义的解释找到实施分配正义的方式,而实施分配需要具有多样性特征的个体存在。

迈克尔·沃尔泽认为,我们不是从客观的普遍的出发点来设计原则的,我们应当植根于我们的传统,向公民解释我们共有的这个世界的意义。正如他的代表作《正义诸领域》的副标题"为多元主义与平等一辩"所表明的那样,沃尔泽认为对于现实的政治生活来说,更为重要的是分配的多元化,而并非罗尔斯所主张的分配的正义,在沃尔泽看来,罗尔斯所主张的分配正义是历史和文化的产物,因而是相对的,由此,他指出:"分配正义的每一种实质解释都是一种地方性解释……我们(所有的人)都是文化的产物,我们创造并生活在有意义的社会里,由于没有办法按这些社会对社会诸善的理解来给这些社会分等和排序,我们就通过尊重男人们和女人们的具体创造来对实际中的男女实施正义。正义扎根于人们对地位、荣誉、工作以及构成一种共享生活方式的所有东西的不同理解,践踏这些不同的理解(常常)就是不公正的行动。"[①] 不同的分配需要不同的政治安排来实现同时也需要不同的意识形态来证明。从来不曾有过一个普遍适用的交换媒介,也从来不存在单一的控制所有分配的关键点或一套作

---

① [美]迈克尔·沃尔泽:《正义诸领域》,褚松燕译,译林出版社2002年版,第419页。

出决策的机构，更从来不存在一个适用于所有分配的单一标准或一套相互联系的标准。沃尔泽分配正义理论具体包括：分配的正义所关注的所有物品都是社会物品，世界上所有物品都有着人们共享的含义，因为构想和创造物品的过程是社会过程；人们因为他们的构想和创造的方式不同而呈现出具体的特征，然后他们占有并使用社会物品；不存在可以跨越精神和物质世界的唯一一组首要的基本物品；社会物品的含义决定了物品的运动和分配且社会意义具有历史性；这种分配必须是自主性的行为。① 这种分配正义理论充分把握了分配体系的社会意义的多重性和复杂性。因为考虑到分配的多样性实际上也就是考虑到作为分配主体也是分配接受者的人的多样性，并且沃尔泽分配正义背后的人除了具有多样性的性质之外还具有整体性，能够为了正义分配被看成为一个整体。

但哲学家的最初冲动是透过所展示的历史和纷繁的表象世界来找寻某种内在的一致性，并试图抽象出一种普遍的善和一套单一的分配标准。但沃尔泽主张作为分配的正义原则本身就有多元形式，我们应该基于不同理由，按照不同程序，由不同的人来分配不同的社会利益。所以，他认为正义的表现形式就是分配的复合平等。因为，"在一个有着特定文化、竞争性的善观念、资源短缺、需要难以捉摸且繁多的社会，不可能有一个普适的唯一公式。不可能有唯一的普遍认可的路径，可以把我们从一个像'公平份额'之类的概念的认知通约到这一概念适用的一组综合性物品。"② 他用复合平等来替代简单平等，他认为简单平等要求国家用连续不断的干涉来打破或限制早期的垄断并抑制支配。既然分配的正义是复合的，那么平等也是复合的，而不是单一的，公正的表现形式就是复合平等，复合平等理论可以从特定的社群扩展到各民族社会。他认为，平等实际上是人与人之间的复杂关系，需要由我们在我们自己中间创造、分享和分割的物品来调节，而用来分配的社会物品具有共享式理解，具有社会意义，我们通过解释它们来找到分配的正义，所以，为达到这种状态就要求有反映社会物品多样性的各种分配标准。"用正式术语讲，复合平等意味

---

① [美]迈克尔·沃尔泽：《正义诸领域》，褚松燕译，译林出版社2002年版，第6—10页。

② 同上书，第100页。

着任何处于某个领域或掌握某种善的公民可以被剥夺在其他领域的地位或其他的善。"①

他强调历史、文化和成员身份等的特殊主体向度。他指出，人从其出生开始就处于某种团体或群体之中并具有其身份，个人的这种身份与其说是选择的，不如说是被赋予的。正是从这种身份被赋予的角度上说，每个个体"一出生就被多种关系模式、权力网络以及各种各样的意义所包围着。这些关系、权力和意义的质量决定了他以后成为什么样的人。"② 所以，基于这种给定身份的自我，社会分配应该依据人们所共享的关于善是什么和它们的用途何在的观念摹制出来，一个平等社会其实践的可能性应该扎根于我们对社会物品共享的认识中了，因为，"分配的正义是一种丰富的思想，它在哲学反思所及范围内绘制了整个善的世界。"③ 沃尔泽认为不存在进入分配的安排和意识形态世界的唯一入口，从来没有普遍的交换媒介，也从来不存在一个动因，使得所有的分配都能加以控制，更不存在适用于所有分配的一个标准或唯一一组标准。不同社会物品应该根据不同的理由，根据不同的程序，由不同的动因进行分配；而所有差异都是因为社会物品本身的不同理解，沃尔泽认为社会物品是携带着人们对它意义的理解来到世上的，人们由于对社会物品的共享认识和所有中彼此相关。"分配正义的思想假定了一个有边界的分配世界：一群人致力于分割、交换和分享社会物品，当然首先是在他们自己中间进行的。"④ 沃尔泽的多元主义正义论以不同社群中的人们对社会物品的多元理解为基础，广泛地探讨了成员资格、安全和福利、教育、承认和政治权力等这些不同的利益和价值，从而大大丰富了复合平等观的内容。他有力地推进了人们对于平等的理解和认识。简单的平等观均质化的追求使得社会在国家主义和私人特权之间不断地动摇，而复合平等观则是暴政的天然敌人。"相互尊重和一种达到共识的自尊是复合平等的深层力量，而它们二者合在一起则是复合平等可能的耐久性的源泉。"⑤ 多元论的复合平等观要需要分配的社会

---

① [美]迈克尔·沃尔泽：《正义诸领域》，褚松燕译，译林出版社2002年版，第23页。
② [美]华尔泽：《社群主义者对自由主义的批判》，《世界哲学》2002年第4期。
③ [美]迈克尔·沃尔泽：《正义诸领域》，褚松燕译，译林出版社2002年版，第1页。
④ 同上书，第38页。
⑤ [美]迈克尔·沃尔泽：《正义诸领域》，褚松燕译，译林出版社2002年版，第428页。

性好处和分配原则都不是单一的,应该在不同的分配领域有不同的分配原则和标准。平等的社会是我们能够达到的,它是潜在于我们对社会物品的共享理解中的实际可能性,它适合于人类相互联系、如何使用形成他们关系事物的可靠观念。

总之,沃尔泽复合平等观背后有一种对人也即自我的基本理解,复合平等理论背后的自我是真实的自我,具体的、具有多样性的自我,与罗尔斯的分配正义基于普遍人性的自我不同,沃尔泽的多元分配是立足于人的多样化的事实,承认人与人之间的差别,也承认社会物品对人而言所携带的价值与意义,承认人与人之间的关联与共存。

四 对话式自我:泰勒的现代认同

查尔斯·泰勒在《自我的根源》这部哲学著作里梳理了整个西方思想中的自我问题,勾画了现代性自我的形成过程。他反对原子主义、自然主义和工具主义的自我观,强调自我的社会性,强调文化的重要性,认为任何个人都是一定社群、一定文化的人。在他看来,个人的权利和能力只有在一个社会和政治的语境中才能得到实现,而不是置身于政治社会之外。如果脱离开语言的共同体和关于善和恶、正义和不正义的公共讨论,人就不可能成为道德的主体,不可能成为人类善的实现的承担者。泰勒所说的"语言集体"和"公共讨论"其实质就是一个文化背景,而一个社群在一定意义上就是一个具有共同文化背景的集体,具有共同文化特征的共同体。

(一) 人是语言的存在者

语言与人类一样有着悠久的历史,作为人类的一种普遍现象构成了人类生活的组成部分,同时语言也是人类能动性和创造性的突出表现。在泰勒那里,他通过强调语言突出人的存在。人首先是语言的存在,泰勒认为语言是人类的基本特征,正因为有语言,自我才能解释自己,否则人不能有目的地生活。查尔斯·泰勒说:"我们不能把语言看作是单词的集合,而是要看到单词所要说出的东西。"[①] 语言不只是工具,它还具有意义。语言是我们理解自我与人类的中心。我们必须透过语言来理解人类,我们

---

① [加]查尔斯·泰勒:《人类和理智》,周泰译,上海三联出版社2003年版,第230页。

不但要把握语言本身,更重要的是要把握语言背后的意义。另外,语言不但是自我理解他人的途径,也是自我理解的必经之路,自我的意义显现主要通过自我理解来完成。语言既是人的造物,又是形成自我认同的重要媒介,我们研究语言也就是在研究人,因为,"研究这样一个存在,他只存在于某种语言中,或部分地由这种语言所构成。"①

在不参照其他人的情况下,自我是无法得到描述和认可的,自我、语言与语言共同体之间具有逻辑上的相关性。"正是这种原初的境遇赋予我们的'认同'概念以意义,通过对我从何处和向谁说话的规定,提供着对我是谁这个问题的回答。"② 自我的认同离不开语言,而语言只能在语言共同体中存在和得到保持,一个人只有在其他自我之中他才是真正的自我。正如"我作为自我或我的认同,是以这样的方式规定的,即这些事情对我而言是意义重大的。而且,正如被广泛讨论的那样,这些事情对我意义重大,而且,只能通过已经接受的关于这些问题的有效表达的解释语言,才能制定我的认同问题。"③ 因为语言的这种重要性,所以泰勒认为人类是自我解释的主体。泰勒声称:"人类是自我界定的动物。人类随着自我界定的变化而变化,我们应该用不同的术语来理解人类。"④ 自我利用语言进行解释世界和自我解释,而自我解释的特征是人类所特有的,也是个人所特有的,但这种解释总是超越个人而进入他所属的更广泛的社会和文化,这是因为解释自我可利用的语言是由他的文化所提供的。在形成自我解释的过程中,文化规则与我们所属的社会的一般意义可以通过语言得到说明。所以,可以说我在说的语言实际上是我们的语言,这是一个承载文化价值共同体所共有的文化构成。

(二) 对话自我的确立

泰勒坚持自我解释由所在文化形成,而文化本身就是对话的产物。这对于诺齐克原子主义论者来说,关于人类对话认同的诸多谈论显得过于深奥,他们宁愿停留在对人类个体权利的清晰的直觉上,而在社群主义者看来,沉溺于自我满足的幻觉使得原子主义者没能认识到作为权利载体的自

---

① [加] 查尔斯·泰勒:《自我的根源》,韩震等译,译林出版社 2001 年版,第 48 页。
② 同上书,第 51 页。
③ 同上书,第 47 页。
④ [加] 查尔斯·泰勒:《哲学与人文科学》,剑桥大学出版社 1985 年版,第 55 页。

由个人只能通过他们与某种特定的发展了的自由文明的关系才能设想人格的统一，只有在社会中，只有在与他人、与社会的对话式关系中，个人的认同才是可能的。自我解释不能局限于自己，只有在与他者对话中才能形成真正的自我解释。这种对话既包括人与人之间的交流，也包括其他意义上的各种交流。而语言是个人的文化背景的一部分，这些与有意义的他人的对话是依靠语言和文化的背景而产生的，这里语言充当对话中自我的中介。而我对我自己的身份的发现不是意味着我孤立地得到，而是通过对话商议而获得身份认同。对话自我超越了现代西方对个人自由、自律和独立的重视，在社会中，我们只有在不断的交流过程中才能不断发现自我。泰勒关于对话自我的观点不仅具有理论上的本体论特征，而且更具有实践意义，当今世界，我们作为平等主体需要的是平等的交流而不是话语霸权。

在语言哲学和解释学中浸染甚深的泰勒与哈贝马斯一样把对话和交往看作是人类生活的本质特征，我们认同的形成和存在终其一生都是对话性的，泰勒的理论非常贴切地刻画了当前时代所处的时代境遇和理论关切。认同问题是泰勒研究的一个理论重心，认同表示一个对于他是谁，以及他作为人的本质特征的理解，按照泰勒的理解，我们的认同部分由他人的承认所构成，如果没有他人的承认会对我们自身的认同产生消极影响。传统社会中人的认同是由等级身份和社会地位决定，人们都视为理所当然的社会范畴内在地包含了普遍的承认，因此以往的时代中不存在认同问题。但是现代社会不能先验地设定这种承认，现代社会中的自我和独特性都依赖于对话与交往才能获得承认，正如泰勒所言："我们的认同是透过与他者半是公开、半是内心的对话、协商而形成的……我的认同本质性地依赖于我和他者的对话关系。"① 我们是这样的一种自我，离开自我理解和自我解释，离不开事物对我们的意义；只有当我们进入到某些问题的领域，当我们追求并找到朝向善的方向时，我们才是自我。泰勒提出了人是"人是自我理解的动物"和"能实施强评价的自为者"，这两个论题均表明自我只存在于我所称的对话网络关系之中。语言对于情感是构成性的，语言塑造人的情感，人是自我理解的动物意味着人常常是部分地由其自我理解

---

① Charles Taylor, "The Politics of Recognition", Philosophical Arguments, Harvard University Press, 1995, p. 231.

亦即他对行动着他的意义的理解所构成。

因为人是语言的存在者，我们必须在对话中被理解。我可以与现实中的人进行面对面的对话，也可以不是一种面对面的而是思想的对话，我们还可以与历史中的人进行对话，甚至还可以与自己对话。"一个人不能基于他自身而是自我。只有在与某些对话者的关系中，我才是我：一种方式是在与那些对我获得自我定义有本质作用的谈话伙伴的关系中；另一种是在与那些对我持续领会自我理解的语言目前具有关键作用的人的关系中——当然，这些类别也有重迭。"① 这种对话关系对于确定自我的身份起到了基础性作用。语言不是私人的事情，它总超越自己而指向对话中的另外一个人。"一个人只有在其他自我之中才是自我。在不参照他周围的那些人的情况下，自我是无法得到描述的。"② 泰勒关于人是语言的存在以及对话式自我的解释，使我们能够更加明确语言是我们理解的人类的中心，我们必须通过语言来传达意义，理解人类，语言不仅仅是自我理解他人的途径，也是自我理解与自我阐释的必经之路，而自我的意义就是通过语言进行对话而确立的。

（三）现代性境遇中的自我考量与把握

如果说泰勒只是提出人是语言的动物，人需要对话才能自我解释并完成自身这样的命题的话，那么我们对泰勒的理解就过于肤浅了，泰勒关于自我观念理解的深刻之处在于他将自我放到了现代性的视野中深刻分析其所面临的困境，而这种对自我与现实深刻反思体现了泰勒对自我认识的深刻与透彻。泰勒通过对黑格尔的研究，泰勒深化了他所关心的中心问题：自我在现时代的构成问题。通过历史追溯主体性概念在现代的形成和发展过程，泰勒对现代性和现代道德提出了一个系统而深刻的反思。

在泰勒看来，在现代性的境遇中，作为动力和组成部分的自我对善的追问和认同，主要围绕三个问题展开：我是什么？日常生活在我的道德图示中占据什么地位？在现代世界中，我对自己的境遇和感受和要求以及在对善的自我追寻中我透露出来的绝望和不满在现代道德塑造中究竟起到什么样的作用？泰勒通过观察研究发现自我不是一种确定的状态，而是一种

---

① ［加］查尔斯·泰勒：《自我的根源》，韩震等译，译林出版社2001年版，第50页。
② 同上书，第35页。

具有无限的可能性和巨大的可塑性的不断生长和展现的过程。泰勒主张社群为个人认同提供意义视野，以此来克服自我在当代困境中的失落与绝望。泰勒认为，权利优先论是原子主义政治传统的核心，而原子主义则是权利优先论的理论基础。他坚持认为原子主义是对亚里士多德主义的一种背离。按照亚里士多德的理解，人是一种政治动物，人不能脱离城邦而单独地实现他的自我满足，而原子主义恰恰断言人这种自我满足的可能性。由于这种自主的个体把自己的视野完全聚焦在自我利益之上，这就大大遮蔽了实际上存在的两种联系：一方面人们看不到自己与他们的横向联系；另一方面对自己与历史传统的纵向联系缺乏自觉。由于失去了这些联系，人们就丧失了方向感。

泰勒认为在我们说人是自我时，意味着他们拥有身份，是有必要深度和复杂性的存在，自我部分地是由自我解释构成的。个人只有在特定的社会文化形态中才能形成其自我认同。如果脱离了语言的共同体和关于善恶、正义与不正义的公开讨论，人就不能成为道德的主体。正如泰勒所言：“我的认同是由提供框架或视界的承诺和身份规定的，在这种框架和视界内我能够尝试在不同的情况下决定什么是好的或有价值的，或者什么应当做，或者我应赞同或反对什么。”[1] 自我的认同离不开文化，离不开特定的背景和视域，生活的重要性就在于它是维持沉思的良善生活和作为公民行为的背景基础。

但是现代"解放式的自我"面对价值判断时丧失了他们的承诺与认同，变得不知所措，严重的失去方向感，于是个人自我认同的危机出现。"根据我们对认同的理解，脱离了所有框架的主体肖像，对我们来说更表现得是一名处在令人震惊的特定危机状态中的人。这种人不知道他立足于何种根本的重要性问题之上，在所有这些问题中没有任何方向感，自己不能对它们做出回答。"[2] 我们只有进入某种问题空间的范围内，我们才是自我，"我通过我从何处说话，根据家谱、社会空间、社会地位和功能的地势、我所爱的与我关系密切的人，关键地还有在其中我最重要的规定关

---

[1] [加] 查尔斯·泰勒：《自我的根源》，韩震等译，译林出版社2001年版，第37页。
[2] 同上书，第42页。

系得以出现的道德和精神方向感,来定义我是谁。"①

因此,泰勒把自我与现代社会境遇关联起来分析,现代社会形象化地刻画为碎片化的社会,现代境遇中的自我是一种"点状自我"。泰勒认为现代性弥漫的现代社会存在三种隐忧:第一种是个人主义带来的意义失落。"人们因为只顾他们的个人生活而失去了更为宽阔的视野。……换句话说,个人主义的黑暗面是以自我为中心,使我们的生活更缺乏意义,更缺少对他人及社会的关心。"② 人们除了失去其行为中更宽阔的宇宙视野之外,更重要的是人失去了生命中英雄维度的内涵,人们可以以死相趋的东西,人们的生活受害于激情的匮乏。第二种隐忧是工具理性的优先性。泰勒所谓的工具理性是指人们为达到既定目标而计算的手段,以最经济的方式运作时所采用的那种合理性。"工具主义理性不仅扩展了它的范围,而且也有控制我们的生活的威胁。令人害怕的是,应该由其他标准来确定的事情,却要按照效益或'代价—利益'分析来决定;应该归导我们生活的那些独立目的,却要被产出最大化的要求所遮蔽。"③ 工具理性使我们的生活狭隘化和平庸化,因此韦伯把工具理性的宰制性影响称为铁笼,泰勒认为工具理性的蔓延导致目标的遮蔽。第三种是自由的失落。这是前两种结合在政治领域里表现出来的结果。"在一个社会里,如果人民最终成为那种'封闭在自己的心中'的个人,那么几乎没有人愿意主动地参与自我管理。他们将宁愿留在家里享受私人生活的满足,只要当时的政府生产这些满足的手段和广泛地分配这些手段。"④ 这种个人自由的失落与政治冷漠相结合,就会给温和的专制主义留有空隙。托克维尔认为,对抗这种意义失落就要创造充满活力的政治文化,积极参与各级政府和各种志愿团体,但是一旦个人的参与行为衰减,一旦作为媒介的联合体萎缩,个体公民就会独自面临强大的官僚化国家机器,而人则变得软弱无力。泰勒立足与自我对现代性所蕴含的危机进行分析不仅与我们当下对现代性进路的描述相符,而且对于我们人类走出现代性困境提供了出路,单从这一点而言,泰勒无愧最优秀的哲学家。

---

① [加] 查尔斯·泰勒:《自我的根源》,韩震等译,译林出版社2001年版,第49页。
② [加] 查尔斯·泰勒:《现代性之隐忧》,程炼译,中央编译出版社2001年版,第5页。
③ 同上书,第6页。
④ 同上书,第11页。

事实上，泰勒在哲学人类学的框架中对人类自为的解释使他认识到人不能仅仅自视为人，他们还更直接地由其所属的文化、语言和宗教等局部性共同体来界定自己，我们只有生活在一个文化共同体中才成其为人类。自我是泰勒哲学中的核心范畴之一，自我离不开他者，更不开他所处的社群。他反对原子主义，自然主义，工具主义的自我观，强调自我的社会性，强调文化的重要性。他认为工具主义、原子主义会导致人缺乏内在深度，容易导致平面化自我，所以，泰勒借助于语言，借助于现代性的宏大背景，得出了自我是自我解释的存在、自我是对话式存在的结论，这种对自我的理解契合了目前我们对自我观念的认识，我们目前在理解自我时往往更注重自我的文化视域。

丹尼尔·贝尔比较明确地承认自己的社群主义者身份，他对自我、社群、自我与社群的关系侧重从人们的生活现实来总结，从自我的生存现实出发来提醒人们对社群的接受与认可，并将自我的生存与社群背景进行结合，从人们习以为常的饮食等习惯方式来分析其背后的社群模式和生存条件。这种对自我属性的分析更具有现实性，更容易被接受。

五　惯性自我：贝尔的社群现实

与自由主义关心创造个人能过自主生活的条件相比，贝尔认为社群主义的现实意义在于它引导人们过一种与自我所在社群的福祉相关的生活，其实，人既要有自己的生活，又需要与安身立命的社群契合无间。具有构成性特征的社群为个体自我进行有意义的思考、行动和判断提供了一种大体上的背景方式，一种使自我生存与世的方式，不管我们是否了解它的存在，我们都不可避免地身在其中，试图躲避使你生活有意义的背景性社群会使个体自我严重迷失方向，失去生存与生活的意义与价值。而判断构成性社群有三个具体标准：首先是人们事实上如何界定自己；其次是具有构成特性的社群为个体自我提供了一个有意义的背景性框架；最后是如果一个人隔断与他置身其中的社群的联系，他付出的代价是陷入严重迷失方向的状态，并且在许多问题上无法表明立场，他们会感到茫然，他们缺乏一个框架和视点，他们无从知道事物对他们的意义，在他们身上会形成严重的身份或属性危机。

从先后逻辑的角度，贝尔将他自我的构成性社群分成三种：第一种是地方性社群，地方社群是一个人生于斯、长于斯的地方，缺少它，个体自我的灵魂仿佛有了一个缺口，这是使自我固定的感情纽带，缺少这种社群，人们会觉得无根、虚无、漂浮，原有的社群归属感会变成人所陌生的异化感。第二种是拥有共同历史的记忆性社群，我们共有历史也共有充满希望的未来，每个记忆性社群都有与之相应的传统。这种社群提供的道德传统，这将有助于表述我们生活的一致性，使我们有义务来促进我们的历史中所记忆和期望的理想。如果个体自我不能拥有他自己的记忆性社群，他就会失去当下生活的意义与未来希望的源泉。第三种是心理性社群，心理性社群的人参与共同的活动并且在追求目标的过程中感受一种共生共存感，与前两种社群相区别的是这种社群建立在面对面的交流上并且由一种互相信任、合作和利他的原则所支配。"心理性社群通过灌输一种超越狭隘个人利益的对美好事物的关注的心态，很好地防范了社群主义者最为担心的那种霍布斯式的情景。"[①] 通过社群类型的划分，贝尔试图向我们表明我们与社群不可避免地结合在一起，社群是我们无法脱离的图示与背景。

所以，其实不管我们是否喜欢，我们都深深地植根于我们所在的社会，下意识地按照社会惯例所规范的方式思考和行事，我们很少是经过深思熟虑、经过努力的自主度过的，这就是我们的生存方式，因此，我们把贝尔所描绘的这种看似无意识生存的自我称为"惯性自我"。具体而言，就是个体自我一般而言是在习惯化的自然状态下行事，只有在某些偏离情况出现时自我才利用个体自觉，也就是说自我在无意识或下意识的直觉失效之后才会有意识地植入自主性，因为社群的共识是我们遵循那些规范的最终理由。

事实上，我们认定某种事物有价值是因为它们受到我们所处文化的认同，因为它们适合于一种我们所共同确认的生活模式，贝尔对人的生存模式的恒常性的分析与我们的尝试性理解不谋而合。而自由主义者认为自我选择体现了自我作为主体的一种自觉意识，否则对于个体而言就是一种被迫，未经选择和审视的生活是不值得过的一种生活，但贝尔否认二者的绝

---

① [美] 丹尼尔·贝尔：《社群主义及其批评者》，李琨译，生活·读书·新知三联书店2002年版，第181页。

对区别，人们大多时候是按照我们业已形成的惯例而习惯化地行事，自我通常的生存方式就是在工具般的世界里的一种不假思索的行动。

所以，我们通常的生存模式是，我们下意识地按社会惯例所规范的方式行事，这种自我可以被看成是具有生活惯性的习惯化自我。这个社会环境为人们提供了某种道德价值取向和未经人们选择的道德框架。社会惯例告诉我们在一定的情况下做什么，日常应付技能通常是不知不觉地运作的。当以社会惯例所规范的方式行动时，我们不需要有计划与目标，更不用说罗尔斯所想的长远生活计划。我们的生命大部分是在这种状态中度过的，而很小的部分是在深思熟虑的、经过努力的、自主的状态下度过的。

当然，这看似顺应生活现实，人在习惯地做出选择和应对，实际上这种行为是自我在文化的长期潜移默化中形成的习惯，看似无意识，实际上这是人在长期生活实践中的习得后沉淀下来的方式。实际上，我们生活充满价值判断的道德空间里，一个人的社会环境提供了一个不可选择的框架，这个框架规定了自我有价值的生活形式。一个人必定处在某种情境中，而且有意识地思考都是在这种情景之中进行的。"没有一个对社群的道德规范做出独立评价的泛社群的评价体系，也就是是说，评价的标准是从某一特定的历史和传统中衍生出来的而且是它的一部分。"①

社群的普遍性不是根植于虚无缥缈的形而上学，而是来自于一种可以验证的人类共同性，一种建立在个体自我对某种核心道德主张的共同了解上面的普遍性。经过严格判断的事物是那些我们应该承认的高尚的事物，高尚的、严格判断过的行为是我们觉得应当遵从的那些行为。高尚的行为不是发明的，而是存在于环境之中的。这个社会环境恰好给人提供了一个或高尚的或低级的行为规范的框架。这些经严格判断的道德感是我们在具体时间、具体地点融入社会时而获得的道德倾向，它不容易被身处不同境况和有不同道德倾向的人所了解。即使高尚的事需要经过考虑才被接受，也必须按照我们所处的社会道德架构来重新塑造。

"至少在现代世界里，我们既不认为自己是生活在自给自足的小村落、人我难分的小群体成员，也不把自己看作是异化了的、无所归属的合

---

① ［美］丹尼尔·贝尔：《社群主义及其批评者》，李琨译，生活·读书·新知三联书店2002年版，第54页。

伙人式社会的一员。相反地,我们发现我们的确有对社群的归属感,但是我们的忠诚扩展到单一社群之外——家乡、国家、家庭等等。"① 为了防止某一个社群对个体自我产生限制,事实上我们每个人并非处在单一社群,在众多社群当中我们可以进行相互的力量平衡。一个人割断与他置身其中的社群的联系,其代价是,他陷入严重迷失方向的状态,在许多重要的问题上不能保持立场。因此,人既要有自己的生活,又需与安身立命的社群契合无间、唇齿相依。任何个体要实现个人的可能性都逃离不开这一背景,个人只有在某种特定的社会文化形态中,才有可能形成其自我认同,这就是所有社群主义者所要表明的个人同一性。

第四节 社群主义自我理论的阐释性内涵

政治哲学需要论证政治价值和政治原则的正当合法性或道德重要性,而这种政治正当合法性或道德重要性一直建基于自我理论之上。自我理论简单理解就是人对自己的理解。但人对自身的理解又有很多面向,人自己的理解本身就蕴含着对宇宙、自然和社会历史的理解,它是人类全部理解的核心,也是自我价值取向的坐标。自我的本质是什么,自我过什么样的生活,自我理论构成了西方政治哲学的主要言说方式,而自我理论在不同的哲学场景当中也有不同的理论内涵和理论结构,因此,自我理论上的分歧也就成为社群主义与自由主义进行政治言说的一种根本区别。

尽管社群主义没有统一的理论体系,缺少典型的规范化解释和界定,但是作为一种势头强劲的批判性理论思潮,作为一个有着明确主张的政治哲学流派,社群主义对自由主义的批判以及自身的理论主张都奠基于对自我的理解与认识之上,所以从自我这以核心范畴和理论范式入手,对其进行整体上的理解和把握,以期达到对社群主义的统合性理解和认识。因为,总体来看,社群主义似乎更擅长于破而不是立,他们对自由主义的批评远超过对作为一种系统的伦理和政治哲学的社群主义的论证。

如前所述,社群主义自我内涵的展开离不开与自由主义自我的对比。

---

① [美]丹尼尔·贝尔:《社群主义及其批评者》,李琨译,生活·读书·新知三联书店2002年版,第82页。

自由主义的个人主义原则假定自我的优先地位，为了保证这种理性自我的价值优先性，使其独立于共同善，自由主义又假定每个人都拥有一个作为认同的自我，这种认同自我是先验的，优先于其价值和目的。在这样的自我理论前提下，自由主义认为个人的属性与经验无涉，不能为自我所在社群决定和影响，善只是自我的选择对象。在社群主义看来，"自由主义预设了一个有缺陷的自我观念，没有认识自我一方面'嵌入'到对社区的承诺和价值观念之中的，另一方面其又部分地为这些承诺和价值观念所构成，而这些承诺和价值观念并不是选择的对象。"[1] 社群主义认为，自由主义关于自我可以自由选择的前提是错误和虚假的，个人不是抽象的、原子式的个体，理解人类行为的唯一正确方式是把个人放到其社会的、文化的和历史的背景中去考察。对新自由主义自我理论进行批判的典型代表人物是社群主义者迈克尔·桑德尔，他认为自我观对新自由主义理论带有根本性意义，所以他从自我概念入手，针对罗尔斯等新自由主义者提出的"混沌无知的自我"，对应性地提出了"环境性自我""构成性自我"等概念，试图从根本上摧毁新自由主义的政治哲学。他认为，新自由主义者所谈论的自我是完全脱离活生生社会现实的自我，它不受任何社会历史背景、经济政治地位、文化传统等的影响，这种自我在现实中缺少存在的根基，完全是臆想出来一个逻辑前提而已。自由主义把个人的个体性和个人权利放到了不恰当的优先地位，而忽视了人的集体性、共同性，自由主义的出发点只是孤零零的人，他们唯一追求和考虑的就是自己的权利和利益，而社群主义强调普遍的善和公共利益，认为个人的自由选择能力以及建立在此基础上的各种个人权利都离不开个人所在的社群，总之，个人权利既不能离开群体自发地实现，也不会自动导致公共利益的实现，反之，只有公共利益，而不是个人利益，才是人类最高的价值。社群主义极力主张将个人的善与社群的善统一起来，并用这共同的善作为评价社群生活方式的标准。

社群主义批判自由主义的自我理论尤其是批判自由主义者对自主或理性可修正性的强调。自由主义学说一致在膜拜一种理想化的自在自足的主

---

[1] Allen E. Buchanan, "Assessing the Communitarian Critique of Liberalism," Ehics, Vol. 99, 1989, p. 853.

体,这一主体可以与历史、特性以及价值观相脱离。其实不管我们是否喜欢,我们都深深地植根于我们所在的社会,下意识地按照社会惯例所规范的方式思考和行事,我们很少是经过深思熟虑、经过努力的自主度过的,这就是我们的生存方式。所以社群主义者认为个体自我一般而言是在习惯化的自然状态下行事,只有在某些偏离情况出现时自我才利用个体自觉,也就是说自我在无意识或下意识的直觉失效之后才会有意识地植入自主性,因为从人的本性来讲,社群的共识是我们遵循那些规范的最终理由。

社群主义的根本主张是社群应该被看成是正义原则的源泉,这种论证是基于其对自我的一些理解和认识,当代社群主义者都力图从对自我的理解出发来展开自己的理论。在此之前,"他们论证说,自由主义的自我观念有5个主要缺陷:(1)它是空洞的;(2)它违反了我们的自我洞察;(3)它忽视了自我是包嵌在群体实践中的;(4)它忽视了社会对个人判断进行确认的必要性;(5)它所提出的那种普遍主义的道德观念不仅是不可能的,而且也是不切实际的。"[①] 总结起来就是"自我"既有个体性的规定,又包含着社会的内容,在总体上表现为天与人、个体性与社会性、发展阶段与过程性的统一。自我不是一个可以自身理解的感念,它必须借助于他者的参照来理解,我们必须在社会关系中才能定位自我,自我不过是社会关系中的纽结。"自我"就概念而言应该包括自我与外界的分化与关联问题,所以,我们要解析自我观就需要通过自我与外界关系的澄清来界定自我和理解自我。

社群主义和自由主义二者的争论不仅仅停留在自我与他者的关系方面,其真正有意义的争论在于对自我选择对象和根据的理解上。自由主义认为可以从任何特定的群体实践中分离出来,对任何特定的传统、文化和实践进行判断,而社群主义者则认为我们应该把社群的价值和共同体的实践看成我们进行选择和设定意义的权威视域。"这意味着,在社群主义的自我观与公民权利具有优先性的自由主义信念之间,存在着极大的冲突。"[②] "对于自由主义者来说,社群主义产生的幽灵是群体权利,而对社

[①] 徐向东:《自由主义、社会契约与政治辩护》,北京大学出版社2005年版,第306页。
[②] [加] 威尔·金里卡:《当代政治哲学》(下),刘莘译,上海三联书店2004年版,第440页。

群主义者来说，自由主义者产生的幽灵是一个自恋、失范的社会。"①

通过以上分析我们发现，自我的理解不仅涉及社群主义与自由主义这两大政治流派，而且，就历史意义的角度来看，"自我"与现代性具有天然联系，当代社群主义对自由主义自我观的批判，实际上切中了现代性的核心问题。社群主义主张将自我放置于特定的文化、历史、传统和社会脉络之中，力图实现自我与他者、自我与社会之间的和解，进而理论上实现对自我观的重建，现实层面上以社群主义的自我来激活已经丧失活力的某种价值体系，对当下的文化出路和政治选择提供支持，这也可以被看成是对现代性语境中的反思与救治。

自由主义自我观由于表现为实体形态和先验形态的自我，具有普遍主义、理性主义的面目，所以，这种自我是虚幻的、独立的、抽象的原子式自我，这种自我因为对社会、历史、传统、文化等的忽视与故意疏离而只是沦为纯粹的理论前提。社群主义针对自由主义的诸种表现，提出社群主义自我是具有丰富关系、厚重背景的真实自我，承认和肯定自我的社会维度并不意味着消解自我的逻辑功能，这种自我由于强调对所在社群、历史、传统等的依附实际上要突出的是自我的群体性，自我离不开他者，自我与他我共在既是一种事实，也是一种价值诉求。当然，社群主义批判自由主义自我并不单单是因为自由主义自我的社会维度的缺失，因为自由主义在某种程度上也承认社群，但这种承认只是一种事实的描述而且是一种松散状态，社群主义则认为自我与社群是同一的，自我在社群之中与他者的关系是有机的整体性存在。所以，我们可以认定社群主义自我具有真正的社会维度的表现，自我离不开所在社群的历史、传统与文化等情境化表达形式。

一 自我与特定场域

正是由于自我理性主体地位的确立，作为人的存在之基本场域的历史、文化、社会等领域，也就成为理性拷问、分解、设定和建构的对象，而同时这些被拷问的对象也构成了自我的叙事框架和理解语境，这一点在社群主义对自我的理解上表现突出。

---

① 应奇：《正义还是德性》，《哲学动态》2000 年第 2 期。

因为，自由主义的自我由于脱离社会忽略任何文化背景而无法自我表达。自我其实是被镶嵌在各种各样的社会角色和群体关系之中的。"诚然，把自我及其角色的历史与由自我所载明而角色借以表达之语言的历史隔裂开来，是完全错误的。"① 自我的存在，并不是像自由主义的个人主义原则所言是抽象的存在，自我总是生活在特定的情境之中的。亚里士多德曾说过，"凡隔离而自外于城邦的人……他如果不是一只野兽，那就是一位神祇。"因为每一位脱离城邦的"个人都不足以自给其生活"。②亚里士多德强调人类之善存在与一个有共同目标的社群，同时它预设了社群中关于善和德性的广泛一致，这种一致使得公民和城邦结为一体成为可能，并且他断定只有城邦才能提供合理活动的场所和实践活动的意义和价值。总之，自由主义自我既无法融合对于正义和平等的直觉，也无法确认对于共同体和他人情感依附的道德深度，因为自由主义使善的观念变得人格化，并且同时剥夺了公民一以贯之且共享的道德准则。在自由主义的逻辑格局中，自我与目的是分离的，其结果就是自我成为不必依赖于外在世界就能独立存在的实体。这种自我获得了超社会的性格，并将社会仅仅看作是对自己有用的工具。

所以，社群主义针对新自由主义的抽象自我，认为自我被镶嵌在各种各样的社会角色和群体关系之中，强调自我与历史、传统、文化的发展一致性。在现实生活中，任何自我都必然受到各种归属的制约。正如社群主义主将桑德尔针对新自由主义自我观所言："如此彻底独立的自我排除了与任何构成意义上的占有密切相连的善（或恶）观念。它排除了任何归属（或依恋）的可能性，而这种归属（或依恋）能够超越我们的价值和情感，融合成为我们的认同。它也排除了公共生活的可能性，在这种公共生活中参与者的认同以及利益或好或坏都至关重要。"③ 对自我而言，社会条件、公共生活不仅是一种情感依赖，更重要的是这对于自我而言是认同的组成部分。

---

① ［美］阿拉斯戴尔·麦金太尔：《追寻美德》，宋继杰译，译林出版社2003年版，第45页。

② ［古希腊］亚里士多德：《政治学》，商务印书馆1965年版，第9页。

③ ［美］迈克尔·桑德尔：《自由主义与正义的局限》，万俊人译，译林出版社2001年版，第62页。

脱离一切社会关联域的自我不论在理论上还是在实践中都是无法存在的。自我不是一种先验的存在，而是由他生活于其中的社会纽带、他所遵循的理想、为他的生活提供结构的社会组织以及形成他的意识和习惯的传统所构成的。自我不但现实地存在社会的语境之中，而且自始至终依赖于这种语境，这种语境可以从历史、文化、叙事框架以及社群背景等角度来展开，社群主义自我理论在超越自由主义自我观的整体缺陷之后进行多面向的展开和表述。

从历史层面而言，社群主义自我强调自我的历史向度。社群主义认为构成自我背景的传统就是一个历史性地扩展了的，社会性地具体体现出来的论辩，各种活的传统的存在是因为它们继续一个尚未完成的叙事，所以它面向未来，历史就是由一长串的叙事构成。叙事强调可理解性和连续性。一个故事片段之所以有意义，就在于它在一个上下文之中，通过这个上下文，建构起一种连续性的框架。"一种社会背景可能是一种制度机构，也可能是我所谓的实践，或者，它还可能是其他某人的社会环境。"① 一个背景就有一个历史，个体自我的诸历史不仅定位于、而且不得不定位于这个历史的范围之内，因为没有这个背景及其相应的历史变化，个体自我及其变化的历史就无法理解。一种特定的叙事历史构成了描述人类行为的基本的、本质的样式。在麦金太尔看来，一个人行为的意义要变得可理解，也需要将其置于一个历史的情境之中。我们按照它们在所属处境之历史中所发挥的作用，将主体的意图置于一定的秩序之中，这样一来，自我进行选择，就不是一种任意的行为。只有将自我的存在置于特定的历史情境之中，自我才能与其所生活的社群形成相对稳固的承诺，进而增进社会的凝聚力。

社群主义者麦金太尔采取以史拓论的方式对此作出了例证，他认为人们的道德价值是历史地遗留下来的，只有理解个体所处的社群的历史传统和社会文化环境才能解释个人的价值和目的。英雄社会中的个体若试图脱离他在英雄社会中的既定位置，那么他就是试图使自己在这个社会中消失。"自我在英雄社会中只有通过其角色才能成为其所是者；它是一种社

---

① [美] 阿拉斯戴尔·麦金太尔：《追寻美德》，宋继杰译，译林出版社 2003 年版，第 261 页。

会的创造而非个人的产物。"① 社群主义自我需要在一个明晰而又高度确定的角色与地位系统内拥有一个既定的角色与地位,一个人的所作所为和这个人本事是同一的。"在这样一个社会里,一个人通过认识他在这些结构中的角色而知道自己是谁;而且通过这种认识,他还了解了他应尽何种义务以及每一其他角色与地位的占有者应对他尽何种义务。"② 从历史发展进程的角度而言,摆脱了身份、等级和出身等封建传统的现代自我的出现,并不是历史的进步,人们在获得摆脱各种制约胜利的同时,人类传统德性的根基丧失殆尽,自我变成了"不毛之地"。"由此,这种不具有任何必然的社会内容和必然的社会身份的、民主化了自我,可以是任何东西,可以扮演任何角色、采纳任何观点,因为它本身什么也不是、什么目的也没有。"③ 自由主义式的情感主义自我正是由于缺乏表述自我所根植的语境就会丧失其在这个世界中的实践方式和语言方式。从历史叙述的角度而言,摆脱了所谓强制性社会束缚的现代自我在获得其自身领地主权的同时,却丧失掉了由其社会身份和被既定目标规定的人生观所提供的传统边界,人成为漂浮的"幽灵般"的自我。

同样,从共时的同时在场的角度而言,社群主义自我离不开特定的叙事语境与背景,这里的叙述语境和背景主要指的是与自我同在的社群以及一些价值因素。社群除了构成了自我必然的一种价值追求外,它也构成了自我的叙事框架,自我的叙事与社群的叙事是内在同一的。我们的自我不能设想为独立于共同体或社群之外;相反,自我置身于社群的境遇之中,或说蕴含于社群之中,并由社群构成。也就是说,现存的事物不是空洞而抽象的个人,如在自由主义传统理论中存在的个体形象,而是其自我认同和自我意识部分地由其所属的特定社群的成员身份构成。在社群主义看来,自我认同是由社群所提供的环境和我在社群中的活动范围来确定的,社群主义自我是包嵌在具体实践之中并在具体实践中有所体现的自我。社会条件为自我提供价值主导、道德指导和意识指导,自我所在的社会环境所提供的不只是细微的规范,更重要的是它构成了自我的行为规范的框架

---

① [美] 阿拉斯戴尔·麦金太尔:《追寻美德》,宋继杰译,译林出版社 2003 年版,第 163 页。
② 同上书,第 153 页。
③ 同上书,第 40 页。

和权威性道德界限。

另外，自我的共时性的权威性领域和背景不是选择性的存在，更多地它是自我的一种归属。个人很少能根据别人对他的看法来选择身份，今天，就像在整个人类历史中一样，人的身份主要是归属性，而不是选择性。因为，对几乎每一个人来说，属于某一个社群是一种命运而不是一种选择，因而社群主义认为社群成员的身份是一个生与死的问题。"在这种独特的现代自我被创造之时，其创造不仅要求一种全新的社会背景，而且要求一种由并不总是融贯的多种多样的信念与概念所界定的社会背景。"①"可见，正如其他许多前现代的社会一样，在大多数古代和中世纪的世界中，个人是通过其特定角色予以识别并且是由这种角色所构成的。这些角色将个人缚系在各种共同体中，而且惟有在这些共同体中并通过这些共同体，才能够获得人所特有的那种善；我是作为这个家庭、这个家族、这个氏族、这个部落、这个城邦、这个国家的一名成员而面对世界的。"② 麦金太尔认为社群对于自我的优先性是因为自我在能够叙事之前，叙事整体上就已经存在了。自我的现实生活始终植根于我赖以获得认同的那些社群的生活中。

自我不但现实地存在于社会的语境之中，而且自始至终依赖于这种语境，没有社会内容的自我只能是虚无。社会联系是原初的和本体论上不可逃避的语境，是我们在其中实际上达成一致的那种面对面的语境。只有深入到具体的情境之中，才能真正认识个体的思想观念、欲望要求以及道德情感；也只有在社会脉络当中，个体才能发展自己的能力成为一个理性的、道德主体；也只有将自我的存在置于特定的历史情境之中，自我才能与其所生活的社群形成相对稳固的承诺，进而增进社会的凝聚力。"一种颇具特色的社会秩序，不仅是情感主义自我的家园，而且情感主义自我也是其中一个不可或缺的组成部分。"③ 由此可以看出，个人并不是一种先验存在，个人是由他生活于其中的社会纽带、他所遵循的理想、为他的生活提供结构的社会组织以及形成他的情感、意识和习惯的传统所构成的。

---

① [美]阿拉斯戴尔·麦金太尔：《追寻美德》，宋继杰译，译林出版社2003年版，第78页。
② 同上书，第217页。
③ 同上书，第43页。

没有这些社会因素就不存在任何现实的自我理解和人格同一性。

对于自我而言，外在的社会条件、价值、情感乃至语境都构成自我行动背景，但这种框架与背景也构成了自我的意义指向与归属。自我如果撇开利益、目标和价值等依附关系就会产生彼此的疏离感，而且无法确立任何社群所施加的特定义务和承诺。泰勒认为，现代以前的人们将自身视为整体秩序中的一环，有固定的地位和角色。尽管这种秩序会对我们自身构成限制，但也赋予了世界和社会生活的行为与意义，这种秩序并非仅有工具性的意义，它反映的是一种存在方式和意义归属，完全不同于近代以来基于一定的利益而形成的契约秩序，这种契约构成并不是一种真正归属意义上的共同体，个人失去更为宽阔的视野而代之以生活的平庸化和狭隘化以及可悲的自我关注。而桑德尔认为自我从开始就认同社群的目标也是自己的目标，社群的共同特征也是自己的特征，从而产生了一种归属感和责任感，从而确定了自我是谁，我应当怎样才能得到社群的认可，取得社群成员资格。人们只有通过考察个人在某种场景或某个"叙述"中的行为才能理解他的生活，并且他的"叙述"与其他人的"叙述"同时发生也相互关联，构成一种背景性的关系网络。"每个个体都在相互联接的社会关系中继承了某个独特的位置；没有这种位置，他就什么也不是，或者至多是一个陌生人或被放逐者。"① 社群主义的自我理论还具有文化场域的色彩。从某种意义上而言，自我是文化的自我，而社群本身亦是文化的社群，文化积淀自然构成了社群主义自我依托、认同、构成的必需品。社群主义者泰勒从现代境遇中考察到对"自我"的追寻也就是社会、历史和文化对个人选择和自我规定而言的内化过程，我们理解的共同意义的世界，由于语言、文化和历史结合起来会产生一种影响自我的集体意识，为自我的生成提供背景和语境。毫无疑问，我们都是文化的产物，我们创造并生活在有意义的社会里。无论自我的言说活动还是目的性实践活动都需要相应的文化语境。自我只有在社会中才能发展其能力，也即活在社会中是发展理性、成为道德主体，以及作为一个完全负责的自主性存在者的必要条件，离开人类社会的文化大背景，这些能力无法发展。而这种文化的

---

① [美] 阿拉斯戴尔·麦金太尔：《追寻美德》，宋继杰译，译林出版社2003年版，第42页。

体现也包括文化关联性存在，我的自我定义根据家谱、社会空间、社会地位和功能，我所爱的以及与我关系密切的人，关键的还有我在其中我最重要的规定关系得以出现的道德和精神方向感，来定义我是谁。个体只有在社会关系中，在与其他人的参照系中，才能真正发现和界定自我，"因而我只能在某种公共空间中，通过我和他人对这些为我们而存在的客体的经验，才知道愤怒、爱、焦虑、对完满的渴望等等是什么。"① 泰勒所说的"语言集体"和"公共讨论"实质上是一个文化背景，而一个社群在一定意义上就是一个具有共同文化背景的集体，具有共同文化特征的共同体。自我的同一性来自于历史、自然和社会中的他人。"自我经常是、或许永远是，通过冲突获得其社会定义的。"②

通过以上自我与历史、自我与文化、自我与社群、自我与价值等的多维分析，我们可以总结出社群主义的自我是个情境化的有自我约束力的自我。自我离不开社群，个人的认同部分也是由我们的社群属性决定的，完全摆脱和独立于自由社会历史偶然性影响的混沌无知的自我，这在现实生活中无法存在，现实中的自我都要受社群、共同体的各种归属的制约。个人与文化密不可分，个人总是属于这一家庭或社区或民族或国家的成员，是文化的传承者。社群主义的自我在构成与存在的维度上是受所在的社群的客观环境和社会历史条件影响的，自我不仅是个体的存在，更重要的是社群的、社会的存在，自我作为个体而存在，更重要的是作为社群中的一员而存在，自我的主体价值只有在社群中才能得到体现，也只有在社群的关系中才能够实现。社群由自我构成，自我组成了社群，离开社群的自我和离开自我的社群同样是不可想象的。

二 自我与构成

因为社群主义自我出现就是为了克服自由主义自我过分个体主义的倾向，超越自由式自我所造成的分离性文化，所以，相较于自由主义强调自我的独立、理性与至高无上的价值性，社群主义对自我的理解偏重于他的

---

① [加]查尔斯·泰勒：《自我的根源》，韩震等译，译林出版社2001年版，第50页。
② [美]阿拉斯戴尔·麦金太尔：《追寻美德》，宋继杰译，译林出版社2003年版，第39页。

构成性，社群主义对自我的这种理解实际上是对自由主义自我绝对化倾向的一种回拨和纠正，使充满自信与豪情的自由式自我恢复理智，回归到事实与价值双重层面的共同体归属中，这种对自我的理解实际上是为自我重新定位的过程。强调社群对自我的归属性，必然要涉及自我与社群的关系，这里我们把他命名为构成性社群与构成性自我，以与自由主义自我形成鲜明的区别，同时，自由主义自我的独立性、抽象性是通过高扬其选择能力而获得的，而社群主义的自我则通过自我选择的目的优先于自我的反向思路来获得自我归属性的证明。

（一）自我与目的优先性排序

以罗尔斯为代表的新自由主义者认为自我优先于他的目的。对于罗尔斯来说，自我优先于其所认可的目的是符合道义论伦理观念。当自我的认同与自我所拥有的目的与利益毫无关系时，自我才能把自己看作是自由的、独立的和有选择能力的。换言之，只有自我优先于目的，权利便优先于善。如果自我与目的完全合二为一，自我就成了一个彻底情景化的主体；如果自我与目的分离，则只剩下一个纯粹幽灵般的主体。所以，要成为一个罗尔斯意义上的道义论的自我，个人作为主体的认同就必须能够独立于个人的目的、利益以及与他人的关系并优先于其上。也就是说，我所有拥有的特性并不属于自我，而仅仅是与自我相关联，它永远都与我保持某种距离。

但社群主义者对自我与目的关系的理解却是另一种认识。桑德尔借鉴黑格尔的理论资源对新自由主义的个人自主和个体权利优先的观点进行了批判，从自我与目的、社会联合的有机性两个方面对罗尔斯的自我观和社群观进行了釜底抽薪式的批判。他认为自我不能优先于目的和价值，而是目的和价值优先于自我并规定自我。因此，正义就不是优先于善，而是善优先于正义。而正义原则是用以规范个人平等选择的权利的价值规范，它是属于个体自我的范畴，而善是具有公共性的范畴，所以，按照此种逻辑，公共善优先于个体本位的正义，也就是公共善优先于个体权利。

在此理论基础之上，桑德尔提出"构成性目的"这一概念来反驳新自由主义对自我的认识，从而提出更具现实感的社群主义自我理论：价值和目的构成自我。罗尔斯的自我观把自我当作优先于目的的既定事实，把自我当作绝对稀薄的纯粹主体，这种自我观于社群主义厚重的拥有具体特征的那种自我观产生强烈冲突。罗尔斯假定自我先于其价值和目的，自我对价值与目的具有绝对的选择能力，而桑德尔则认为自我不能先于价值和目的，正是这些价值和目的决定和构成了自我，而且这些价值和目的也并非先验存在，是由一定的社会历史文化形成，任何人无法自由地选择这些价值和目的，这些价值和目的对于个体而言是构成性的，正是这些价值和目的构成自我，也正是这些价值和目的是个体成为认同和反思的存在。

社群主义的主将桑德尔就自我由自我的目的所构成进行了充分论证。因为，我们只能在理论逻辑上目的与自我进行区分，在现实当中我们根本无法就"我"与"我的目的"作出区分。所以，桑德尔把"自我"的概念定义为"构成性自我"或"社群自我"，"社群自我"不再是自主选择善的个体，而是以实现公共的善为目的的个体，它是由各种先验的价值关系构成的。自我都是特定的具体的个体，在他们进行选择之前，他们已经被抛入到这些世俗关系的网络之中，被塑造成社群自我，这种自我在实现公共善的要求的同时，也实现了自我的价值和意义。另外，桑德尔为代表的社群主义认为成员所在的社群以及传承下来的社群文化对个体的自我认同起到事实上的关键作用。因此，自我与目的的优先性表明自我不能优先于目的，自我认同由目的构成，同时社会纽带不仅仅是情感问题，更重要的是对于自我而言他是一种构成性力量。

另一位社群主义者泰勒用"原子主义"来刻画权利自由主义在自我设定方面的根本特征，所谓原子主义，广义上是指主张把个人放到首位，个人及其权利优先于社会，而社会不过是为了满足在先目的而形成的社会契约论的理论主张，所以，在泰勒看来，自由主义的自我具有典型的原子化倾向，所以这种自我是脱离与社会的原子式存在，自我优先于构成他的群体条件和目的。但泰勒的批判主要针对如诺齐克那样的极端个人主义者，他对社会作纯工具性的、外在性的理解，这种方式深刻影响到自我的认同与归属，同时限制了人们对适当的人类生活行使的权利。所以，自由的个人只能通过他们与发展了的自由文明的关系才能设想为自我，达到人格的认同，从这个意义而言，外在于人的关系与目的构成了自我认同的主要图景。

所以，正常的社群不会要求非理性的行为和自我破坏的态度，因此社群的要求并不和自我的自主性和理性判断相对立，自我完全淹没于社群才是扭曲和毁灭社群的不良信号。因为自我如果丧失自主性完全被社会吸纳，无法对批判地反省自己的角色、义务和所在社群的特性，结果个体自我就会成为不道德生活的共犯，而且如果自我这种修正自己能力的减少、批判自己行为能力的萎缩将会危及到人作为道德人的身份。

总之，自我与构成自我的目的是互动的关联性的存在，在社群主义看来，如果要为目的与自我划分优先性顺序的话，不是自我优先于目的，而是目的优先于自我并对自我具有构成性意义。自我的个性不是预先设定的东西，甚至也不是由理性来先验地界定，自我是在一系列活动中呈现和展现出来的，并通过此过程中形成的一系列关系而确定下来，从这个意义而言，自我应该处于不断的流变、生成与塑造之中。

(二) 自我的构成与构成性自我

与自由主义强调自我的选择性不同，社群主义侧重于突出自我的构成性，目的是为重拾社群以及社群的传统、历史、文化等对自我而言不可或缺性，更重要的是在价值上为自我与社群重新排序，社群以及相关的群体性内容对于自我而言具有优先性，自我在事实层面无法脱离社群，在价值层面上自我必然由社群构成，所以，构成性自我对社群主义自我的性质上的简单概括。

强调社群及其群体内容对自我的构成性实际上是重视自我对社群的认同性，因此，对自我认同的相异阐释是社群主义超越自由主义的基点。自我认同就是个体对自身角色的一种自我确认，它是个体一系列个性的统一，是个体之间相互区别的整体性标识。自由主义视野中的自我认同先验地源于自我的道德能力，是一种自我选择的结果。罗尔斯就是一个例证，他的义务论自由主义倾向把自我一方面理解为占有性的主体；另一方面，罗尔斯为了贯彻义务论的正义优先原则，把自我定义先行个别化的主体。按照义务论的观点，对于自我及其目的来说，首要的问题不是我们所选择的目的，而是我们选择这些目的的能力；而且这种能力先于它可能确认的任何特殊的目的，它存在于主体自身。主体的概念先于并独立于经验，这是义务论伦理所要求的，也是自我认识和自由之可能性的前提条件，"我们现在可以更加清楚地看到罗尔斯的个人理论与其正义优先主张之间的关系。因为个人的价值和目的永远只是自我的属性，而非其构成要素。因为自我优先于它所确认的目标，一个由正义原则所界定的秩序良好的社会，也就优先于其成员所认可的那些社群的或其他的目标。"①

所以,我们可以得出,自由主义的自我认同只能在理论中逻辑显现而无法具有认同的现实性。具体而言,在新自由主义者看来,个体先天拥有一个超验的自我,个人的属性与认同不是由所在社群决定,而是个人选择决定社群的状态。我的价值和目的并不界定我的身份,我必须把我自己看作是一种区别于我的价值和目的的自我承担者。这样罗尔斯式的自我总是与其所拥有的利益具有某种距离,这种距离的一个结果是将自我置于超越经验极限的地位,使自我成为了不必依赖于外在世界就能独立存在的实体,这种自我获得了超社会的性格。也正因如此,当代社群主义理论代表人物麦金太尔认为:"这种不具有任何必然的社会内容和必然的社会身份的、民主化了自我,可以是任何东西,可以扮演任何角色、采纳任何观点,因为它本身什么也不是、什么目的也没有。"② 所以,这种超验性的自我也只能在逻辑中构造出其认同,无法在现实的社群及其价值中获得位置。

社群主义者认为自我的本质就是它的构成性,其表现在:自我是在他所处的共同体中形成的,不可能脱离人们赖以生存的共同体来讨论自我的目的,个人必须在与他人的共同生活与共享理想中才能真正实现自己的目的,这些与他人共享的理想一方面成为自我不可分割的构成性要素;另一方面,因为这些与他人共享的理想与目的,不仅构成自我本身,而且因为共同体中的自我与他人一道共享这一目的,从而对社群或共同体本身也起着构成性的作用。社群主义自我的构成性还表现在:自我是扎根于特定的社会历史文化脉络之中的,社群关系网络是自我认同的素材和背景;自我认同的形成主要靠成长过程中不断探求本身在社群脉络中的角色而确定,不是靠主体的自我选择能力而完成;选择能力固然是人的能力中的一种,但选择能力不至于大到可以任意改变自我在社群中的位置与归属。因为,社群主义的构成性自我认为,"自我是被'镶嵌于'或'置于'现存的社会常规之中的——我们不可能总是能够选择退出这些社会常规。我们必须

---

① [美] 迈克尔·桑德尔:《自由主义与正义的局限》,万俊人等译,译林出版社 2001 年版,第 64 页。

② [美] 阿拉斯戴尔·麦金太尔:《追寻美德》,宋继杰译,译林出版社 2003 年版,第 40 页。

至少把某些社会角色和社会关系当作个人慎思的目的而给定的内容。"① 其实，社群主义自我可以被发现也可以被重构，自我是生成与构成的统一，正如威尔·金里卡所言，"自我的边界虽然由自我的目的所构成，但仍然可以通过吸纳新目的和排除旧目的而被改变和被重新界定。"② 所以，社群主义自我虽然强调自我的构成性，主张构成性自我，但自我的边界并不是封闭的，自我与社群以及相关存在之间处于一种互动与共生之中，而这也许是社群主义在自我理解方面给我们最大的收获。

三 自我与语言

社群主义对自我的性质和内涵进行分析时一致地提到了语言对自我在社群中获得认同与构成的重要性。语言是人言说的产物，借助于语言人获得理性言说的能力，自我与社群的关联在一定意义上是语言的关联。自由主义的创始人洛克就主张，语言是观念的标志，"只有这样，他的观念才能表示于人，人心中的思想才可以相互传达。"③ 语言是存在的表达形式，而西方哲学中的语言学转向强化和改变了人们对语言的一贯认知，通过语言学转向，人们进一步明确，人类认识和参与他所在世界的主要方式就是语言，不同的语言学产生了主体不同的现实感和对真理的主张，因此通过语言学转向，有这样一种意识形成：所有对真理的主张都具有视角性、语境性和偶发性的特征。语言并非只是再现实在，而是形成和建构着实在，通过语言的神奇力量来我们能够折射世界的五彩之光。任何真理性的主张都是内含于清晰的语言习惯和语言共同体之中，因此，我们可以说，在社群主义的视域中，自我与社群的联系纽带就是语言，语言既是共同体的产物又是自我言说的能力。

社群主义自我强调语言与哲学传统背景有关，因为新自由主义就是在人们遗忘了政治价值关注的时候冲破语言哲学的实证分析框架回归到政治价值的研究传统之中。所以，罗尔斯发表《正义论》之后引起政治哲学和道德哲学领域的广泛关注，这标志着政治哲学经过政治行为主义的实证

---

① [加] 威尔·金里卡：《当代政治哲学》（下册），刘莘译，上海三联书店 2004 年版，第 404 页。

② 同上书，第 414 页。

③ [英] 洛克：《人类理解论》，关文运译，商务印书馆 1997 年版，第 383 页。

分析阶段后政治价值研究传统的复兴,"其影响之大,使得有人断言,政治哲学已经取代语言哲学取得了当代西方学术的中心地位。"① 因为在这之前,西方思想界受语言哲学话语方式的支配,很多领域都渗透了语言分析的痕迹。因此,社群主义对自我理论的阐释就是沿着政治价值的思维路径借助于语言进行的,理解社群主义的自我理论需要从自我同语言的关联开始。

社群主义从历史中的亚里士多德那里寻找灵感,因为他很早就意识到城邦中群居的人之所以能过政治生活,很重要的原因在于人有语言天赋。亚里士多德在《政治学》中讲到"人天生是政治动物",这句经典表述的含义也同样经典,它一方面指出人天生需要有共同活动,需要群居的生活形式;另一方面指的是在万物之中,只有人类具有理性言说的能力,亚里士多德认为人的这种理性言说能够表达利与害、义与不义,善与非善等价值,使人们之间的理性沟通成为可能,人类所不同于动物的特性就在于他对善恶和是否合乎正义以及其他观点的辨认,语言传达了人类对这些义理的认识,从而使人成为最善于过政治生活的动物,从而也使人生存于城邦之中。

社群主义者丹尼尔·贝尔也认为语言对于我们所在的社群意义重大,它体现了体验世界、界定我们是什么的特定方式。"语言比任何其他因素更具决定性地界定了我们在这个世界上的不同生存方式。语言就是一个人的属性的载体,是观察事物、经历与感觉的某种方式的工具,是形成某种人生观的决定因素。"② 另一位社群主义者泰勒更进一步分析了语言对于自我定义和认同方面的重要性。语言、对话、人与人、自我与社群自此处于连带网络之中,语言在一定程度上是文化和历史的承载和体现。"根据这种含义,一个人不能基于他自身而是自我。只有在与某些对话者的关系中,我才是自我:一种方式是在与那些对我获得自我定义有本质作用的谈话伙伴的关系中;另一种是在与那些对我持续领会自我理解的语言目前具有关键作用的人的关系中……自我只存在于我所称的'对话网络'中。"③

---

① 应奇:《当代政治哲学的三足鼎立》,《国外社会科学》1999 年第 3 期,第 30 页。
② [美] 丹尼尔·贝尔:《社群主义及其批评者》,李琨译,生活·读书·新知三联书店 2002 年版,第 162 页。
③ [加] 查尔斯·泰勒:《自我的根源》,韩震等译,译林出版社 2001 年,第 50 页。

自我置于语言的网络之中,自我归属于社群实际上与自我归属于语言共同体是同义的。"公民觉得自己共同归属于一个特定的社会,因为他们使用同一种语言、拥有同一种历史。他们在共同参与的社会和政治制度就依赖于这种共同的语言,而制度又彰显和固化着这种共同的历史;并且,在面向不确定的未来时,他们视自己的生活机会息息相关于社会和制度的持续存在。"① 社群主义自我获得认同更离不开语言,而语言只能在语言共同体中存在和得到保持。"诚然,把自我及其角色的历史与由自我所载明而角色借以表达之语言的历史隔裂开来,是完全错误的。"② 总之,一个人只有在其他自我之中他才是真正的自我,个人只有在特定的社会文化形态中才能形成其自我认同。如果脱离了语言的共同体和关于善恶、正义与不正义的公开讨论,人就不能成为道德的主体。正如泰勒所言:"我的认同是由提供框架或视界的承诺和身份规定的,在这种框架和视界内我能够尝试在不同的情况下决定什么是好的或有价值的,或者什么应当做,或者我应赞同或反对什么。"③ 自我的认同离不开文化,离不开语言,离不开特定的背景和视域,生活的重要性就在于它是维持沉思的良善生活和作为公民行为的背景基础。把自我及其角色的历史与由自我所载明而角色借以表达之语言的历史割裂开来完全错误。

总之,社群主义自我是真实的群体自我,这种自我还原了被自由主义自我所消解的社会维度,自我是历史的存在、自我是文化的存在、自我更是社群的价值性存在,所以,社群主义对自我的理解的意义不仅仅在与它强调社群以及其他对自我的构成性和归属性内涵,更重要的是通过对社群主义自我内涵的阐释性分析我们能够明确一种不同于自由主义自我理解的历史分析方式和政治解释方式,因为,从个体自我出发还是从群体自我出发意味着在政治哲学中不同的解释范式,不同的价值序列及其排序。而我们通过对社群主义自我理论的全方位阐释,来对自由主义与社群主义自我理论的这场争论提供一种合理化的解释。

---

① [加]威尔·金里卡:《当代政治哲学》(下),刘莘译,上海三联书店2004年版,第486页。

② [美]阿拉斯戴尔·麦金太尔:《追寻美德》,宋继杰译,译林出版社2003年版,第45页。

③ [加]查尔斯·泰勒:《自我的根源》,韩震等译,译林出版社2001年版,第37页。

通过对社群主义自我理论资源的展开，我们可以得出社群主义对自我的认识实际上一直隐含在我们的历史发展之中，只是到了20世纪80年代才得以正式显现并确立其合法性地位，同时通过对5位社群主义自我理论的梳理与评价，我们能够对社群主义自我形成一个感性的整体认识，通过各个社群主义者对自我看似不同的理解，总结和提炼出社群主义自我理论的合理内涵。这是我们为了更深入地分析和研究社群主义自我所进行的必备工作。那么，社群主义者在对自我进行阐释和分析的背后，是否内蕴着一种对自我了解的基本理论结构？而这种理论结构是不是社群主义自我得以确立的前提？另外，社群主义对自我的认识除了强调自我应该回归社群，自我应该重视共同体价值等之外，更重要的应该是突出自我在历史、传统、文化、价值等因素基础的共享，正是这种自我的共享意识才使得公共意识能够确立、公共精神得以发扬，公共交往得以成立。这些都是我们需要继续进行思考和探讨的问题。

第四章　对社群主义自我理论的深层解读

自我理论虽然可以理解为对自我的理解，但是自我理论又不仅仅是对自我的平面认识，对自我理论的深度分析和多方展开应该存在一定的理论逻辑。基于对社群主义者对自我的不同理解及其自我理论的阐释性分析基础上，我们需要明确社群主义自我的理论构造，而这需要我们对此加以提炼与总结。无论麦金太尔的"叙事自我"、桑德尔的"构成性自我"、沃尔泽的"关联性自我"、泰勒的"对话自我"，还是新生力量的代表丹尼尔·贝尔的"惯性自我"，我们从纷繁的自我名称之中可以发现，这些社群主义者在提出自己关于自我的观念的同时内蕴着一种系统化的理论结构，每个社群主义者对自我理论的理解都涉及对人与历史、人与他人、人与社会等多个层面的立体面向与维度，正是因为这样大体一致的关于自我的理路构造，所以，他们虽然对自我的称呼存在差异，但对社群主义自我定义的核心内涵和精神指向存在高度的一致性，所以，我们总结和探讨社群主义自我理论内部的演进路径及其逻辑结构能够更加明确社群主义自我理论的深刻内涵，同时我们也能对社群主义这一政治哲学流派在社会和历史发展进程中进行更恰当地定位。

第一节　社群主义自我内在的理论结构

通过对社群主义的分析和引介，我们试图来把握自我的内部理论逻辑构造。总体而言，社群主义自我理论在逐步展开的过程中有其独特的构成部分：情景自我、公民资格、个体美德、社群归属以及最终的共同善，这五部分共同构成了社群主义自我独特的理论面向与进路。情境式自我构成社群主义自我得以展开的理论前提，成员资格是连接个体自我与社群的纽带，个体美德是自我归属社群所必经的德性修炼，社群构成自我的天然价值归属，而共同善则是社群主义自我所欲的理想境界。这些构成了社群主义自我独特而系统化的理论结构。

一 情境式自我——社群主义自我的逻辑前提

无论是麦金太尔的叙事自我，桑德尔的构成性自我，沃尔泽复合平等下的关联性自我，还是泰勒的对话自我，贝尔的惯性自我，他们的共性我们可以用通用的一种自我的称呼与理解来统合即为"情境式自我"，这种自我的命名是为了能够把众多社群主义者对自我的理解加以贴切的概括，同时，这种情境式自我也突出了社群主义自我的理论特色和实践关照。自我理论不仅仅是简单的对自我的表面化的、单一的理解，每一种哲学的自我都涉及一套独特的理论结构，自我是理论的出发点，同时也是对一种哲学理解的支撑。所以，社群主义自我不仅仅是对自我的描述性解释，更重要的通过进入自我的理论逻辑内部来深刻透视自我理论所具有的丰富内涵和深刻的理论内核。无论从哪种意义而言，情景式自我都构成了社群主义自我理论的逻辑起点，同时也构成了社群主义自我理论的外在表现和最终归宿。

正如情境式自我是社群主义的逻辑前提，自由主义对自我的原子式理解也同样构成了自由主义的理论大厦，所以为了明确社群主义情境式自我的重要性，我们需要率先反思一下自由主义对自我的认知和分析，因为，情境式自我是对应自由主义的原子式自我而产生并开始其理论轨迹的。按照自由主义的个人主义原则，自我不是由既定的善构成；个体具有选择善的能力，自我主要不是由与他人的关系，与自然、历史、抑或是神圣的造物主之间的关系所构成，自我是一个独立的存在，它不应受到外在的限制。自由主义的这一自我观念意味着它不把社会或共同体看作首要的东西，而是把社会理解为达到某种目的而自愿地结合到一起的独立的个人的联合体。因而在自由主义的观念当中，国家和社会仅仅是个体实现自身利益的工具，它的存在只是为人们提供一个外在的程序化框架，本身没有内在的价值和善。这种脱离一切情境的自我作为选择的主体，没有办法进行实质选择，而作为建构主体也同样无法进行自我建构。所以这种自由主义的自我由于其脱离了构成其意义和价值的社会关系域而招致多种批判，这种自我是"无内涵的""没有任何嵌入成分"的孤独自我。

即使在自由主义盛行的社会当中，原子式的个人主义也不可能成立，每一个人都属于特定的社群，都要受外在关系的影响与归导。如果按照自由主义的原子式个人来形成实体，那么，现代自由社会就会像是一个"失舵的集合体"，由于过分渲染个人自由与权利，导致人们只顾自己的私利，丧失了对所属社群的承诺。作为自由主义者，我们可以自由选择，而且有权利自由选择，但是我们的兴趣和欲望常常变幻莫测，我们对它们的理解也十分随意，缺乏指导自己进行选择的标准，所以我们的选择缺乏内聚力和连贯性，当然也缺乏深度。

社群主义认为自由主义颠倒了个人与社群的关系。自由主义把个人置于社群之前，主张个人权利的绝对性，没能认识到个人权利是社会的产物，是历史形成的。正是自由主义的个人绝对优先的价值定位产生了极端的利己主义和个人主义，破坏了传统的德行社会。社群主义者认为任何个人的认同和属性是由他所在的社群决定的，个人是社会的产物。社群对个人来说是一种需要。社群还是个人、自我的构成性要素，社群本身构成了自我的背景。自我不能先于其价值和目的，正是由这些价值和目的决定着自我。而这些价值和目的并非是先天地形成的，而是由社会的历史文化所形成的。

所以，当代自由主义的问题并不是社群的缺席而是自由主义对自我的界定方式，自由主义通过理性选择来界定自我，而社群主义突出强调通过社会认同来获得自我定位和理解。它没有认识到自我是植根于并部分地是由并非我们选择的公共承诺和价值预设所构成的。这种原子式自我预设根源于当代自由主义者把自我与社会共同体进行了有害的割裂。自由主义逻辑下会产生分裂的、拥有很大权利的、自愿结社的、自由表达意见的自由个人。然而，如果我们能够让他们认识到自己是一种社会存在，是自由价值观的历史产物，那就会对现实大有益处。

社群主义自我的情境化集中表现就是自我所在的社群。社群主义以社群的共同实践和交往活动说明自我的产生和基础，以社群的历史传统说明自我人格的生成性质，否定先验的自我人格。自我不是一种先验的存在，而是由他生活于其中的社会纽带、他所遵循的理想、为他的生活提供结构的社会组织以及形成他的意识和习惯的传统所构成的，脱离一切社会关联域的自我不论在理论上还是在实践中都是无法存在的。19世纪英国的法理学家梅因曾说过:"所有进步社会的运动,到此处为止,是一个从身份到契约的运动。"① 但社群主义认为,这种摆脱了身份、等级和出身封建传统对个人制约的现代自我的出现,并不代表历史的进步。人们在欢庆自己获得挣脱封建等级身份制约的胜利同时,丧失了对自我具有重大意义的传统德性。自我可以扮演任何角色,可以进行各种选择,但自我本身什么也不是。自我被镶嵌在各种各样的社会角色和群体关系之中,强调自我与历史、传统、文化的发展一致性。在现实生活中,任何自我都必然受到各种归属的制约。

社群主义要求自我必须在理解自我之前确认自我的归属。人需要通过社会关系来确定身份的认同,"我们因事件形成我们自身;作为自我叙述者,我们通过事件最终显示或说明的意义度过这些事件。"② 这并非是为了维持人的目的而存在的附属物而是确保人格、社会内聚力以及道德一贯性的条件。仅靠理性共识不能获得美德,因为理性辩护的前提是不可公度的,理性对于道德是无能的。道德规则若想普遍化、客观化自身,就应当把价值判断排除在外。于是现代道德哲学家的首要任务就是努力构造一套普遍适用的客观道德准则,不过,在社群主义看来,自由主义的这种理性自我观念由于"缺乏任何合理的历史"而难于获得道德合法性之证明,因为,根本上,个人行为常常是一个社群行为。由于所有的道德总在某种程度上与社会性的当地情况特殊性相关联,道德力图摆脱特殊性成为普遍性道德的愿望,只不过是一种幻想。

情境式自我与社会关系是同一的。自我的认同与美德依赖于社群,没有在相互联结的社会关系中的某种独特的位置,他就什么也不是,在前现代的传统社会中人们是通过不同社群的成员身份来认识自己和他人,因此个体的善与社群的善是统一的。而现代社会,随着启蒙运动对亚里士多德主义的拒斥,自我摆脱了传统社群的各种关系的束缚和制约,不再等同于他所承担的社会角色,个人完全根据抽象自我进行纯粹主观性和情感性的道德选择,统一客观的社会道德尺度和道德权威性丧失了。这种个人主义

---

① [英]梅因:《古代法》,商务印书馆1959年版,第97页。
② [加]查尔斯·泰勒:《自我的根源》,韩震等译,译林出版社2001年版,第442页。

的自我，在争取自身领域主权的同时，丧失了由社会身份和所在社群所提供的那些传统的规定，没有在相互联结的社会关系中的某种独特的位置，他就是一个陌生人或被放逐者。

情境式自我的本质在于它的构成性，即它是由其目的构成的；自我是在他所处的共同体中形成的，不可能脱离人们赖以生存的社群或共同体来讨论自我的目的，与他人共享的理想成为自我的构成性要素。这种自我不再是自主选择善的个体，而是以实现公共善为目的的个体，它是由各种先验的价值关系构成的，自我都是特定的具体的、构成性的自我，在他们进行选择之前，他们已经被抛入到这些世俗关系的网络之中，被塑造成社群自我，这种自我在实现公共善的要求的同时，也实现了自我的价值和意义。自我虽然由其目的构成，但自我在对其目的的发现过程，并不是其实践理性的全部内容，仅把个人的实践理性看作是单纯的自我对其目的的发现活动是远远不够的，自我的界限随着新目的的增加和旧目的的排除也在发生变化。自我的界限是开放的，主体的认同与其说是其承担的前提，还不如说是其结果。主体有能力参与其认同的构成，能够选择形成自我认同的那些目的。简单地说，自我由其目的构成，但它反过来又可以被再构成。自我由其目的构成，自我在现实生活中的展开或实现就是具体的个人，个人的行为，即作为主体的活动不是消极的，他具有选择能力和判断能力。

二　成员资格——连接个体与社群的纽带

自我与社群是构成社群主义自我理论的核心范畴同时也是标志性范畴，自我是社群主义自我理论的基础概念同时也是其自我理论展开的基础，自我通达与社群需要理论中介，这就是成员资格。自我身处于一定社群之中，其身份印证的标志就在于他具有成员身份，对成员身份的认同能够使社群主义的自我理论更具连贯性，这种对成员资格的认识在所有社群主义者那里或隐或现地存在。所以，我们可以说自我是社群的自我，社群是诸多自我的社群，成员资格是自我与社群的中介与通道。

成员资格恰恰介于自我与社群之间，是个体权利与责任、私人身份与公共属性之间的中介。通过分析我们发现，社群主义所理解的成员资格是一个社会认同或心理认同的问题，它通过个人、群体或者社会来获得并维持，自我对社群的认同是由自我的成员资格决定的，自我取得成员资格的前提是对社群的目标的认同和认定，这样就把不认同者排除在外。但是，成员资格又不同于公民资格，因为公民资格是一个正式的政治地位，需要通过立法行为得以确立，公民资格主要限制在政治领域之中，从这一视角理解，成员资格是公民资格的基础。

古希腊的亚里士多德就认为公民身份问题是理解城邦与政体间关系的一种方式。城邦的同一性最明显源自于那些被承认为公民的人。因为城邦就是由一定数量的公民形成的某个政体，城邦就是公民结合体。在亚里士多德看来，"单纯意义上的公民，就是参与法庭审判和行政统治的人，除此之外没有任何其他要求。"① 从古希腊开始，这种对成员身份的认定成为我们分析个体与群体之间关系时必须考虑到的因素，成员资格如何认定，成员资格如何表现以及成员资格在政治哲学流派中有哪些不同后果等这些均成为社群主义者进行自我论证时所涉及并予以解决的问题。

人们对成员身份问题的兴趣其理论原因在于政治话语的自然演进，因为成员身份概念似乎整合了正义的需要与共同体成员资格的需要，它们分别是20世纪70年代和80年代政治哲学中最核心的概念。成员身份一方面与个人权利观念紧密相联；另一方面又与对特定共同体的隶属观念密切相关。因此，它有助于澄清二者的争论中最重要的东西。只有作为成员资格的个体才有可能希望享有安全、富裕、荣誉、职位和权利等社会利益，而社会利益需由全体成员来共同创造和维护。我们要想对自我与社群的通道——成员资格进行准确定位与理解之前，需要与自由主义对成员资格的理解进行比较开始其理论解释。

（一）公共精神与冷漠自我

为了提供一种包容多种生活方式的正义的社会和政治秩序，罗尔斯在《正义论》中通过原初状态和无知之幕的设计，强调了只有从大家所"共"的身份，即公民的身份出发，排除私利，才可以达成正义共识，因此成员资格成为罗尔斯证成其社会正义的前提。在罗尔斯看来，想要保持一个正义的、多元的社会，我们的政治自我，也就是当我们参与公共政治生活，就公共事务发表言论时的自我，就必须类似于原初状态中的立约

---

① 颜一编著：《亚里士多德选集——政治学卷》，中国人民大学出版社1999年版，第75页。

者，就必须超越或远离私人身份。这种对私人身份的超越和远离，罗尔斯借助于一种道义论意义上的自我观念来加以表达，即由于自我优先于任何的目的和价值，因而可以保证从一种纯粹客观的和中立的立场即"公"的立场而非"私"的立场来选择正义原则。表面上看，这种对自我所"共"身份的论证很是合理，但细究起来就会发现这种自由主义对成员资格的解释会导致个体独立后的公共精神冷漠化的出现，并且社会整合也会存在很大困难。

正如古特曼（Amy Gutmann）所指出的，自由主义的成员资格理论认为公共的政治领域以正义原则作为共同的道德规范，只要不违反正义原则的要求，任何人都可以在私人领域中追求自己独特的善的生活方式。作为社会成员的个体自我，在自由主义的社会现实和自由主义的理论中存在严重的身份断裂，而这种身份断裂会使得自由主义社会中的人陷入一种公私过于界限分明的困境之中。因此，尽管在公共领域的设计上关心所有社会成员的福祉，但并不代表成员之间一定会具有相互关怀的情感。一个使社会成员互利的制度设计，最多只是通过外在限制和有效制裁，造就了一种正义社会的可能性，而并不能必然保证正义公民的产生，也不能提供这个正义社会维持和运转所需要的持久动力。

所以，自由主义成员资格理论的悖论在于它只是强调个体自我的自由和权利，成员资格对于他而言只是是一种附属物，而不是内在于其自身的价值。通过成员资格，自我可以获取社会的一切益品，这样成员资格成为一种个体与社群相互交换的手段。然而由于这种事实和价值的分离，手段和目的的分离，造成了个体自我和社会整合之间关系的紧张，个体自我对政治认同缺少高度的认同与忠诚，社会成员之间凝聚力很难集结，政治共同体最终面临分崩离析的危险。

桑德尔以其对罗尔斯正义论中的"自我"观念的批判而著名，在这种人性论层面的批判背后，其实蕴涵着另外一种成员资格理想：即美德至上的理想。桑德尔强调自我是历史文化传统脉络中的自我，由于罗尔斯的抽象"自我"脱离特定的历史文化背景，因而也就导致了自由主义社会成员社会责任感的丧失。美国社会学家丹尼尔·贝尔对自由主义导致的这种公共责任冷漠现象进行了深刻地概括，"社会上的个人主义精神气质，其好的一面是要维护个人自由的观念，其坏的一面则是要逃避群体社会所规定的个人应负的社会责任和个人为社会应作出的牺牲。……我们还没有做到人人都信奉一种大众哲学,一种可以调和个人之间摩擦的大众哲学"。①

而社群主义自我的成员资格是对自我在社群中的角色认知和认同,属于社会层面的一种自我理解,西方社会目前所出现的自我与成员资格的疏离主要体现为人们与政治领域或经济领域的向远,所以,为了缓解这种政治疏离必须从根本性的成员资格来使人们恢复传统的社群感和意义感。事实上,在一个人人自利的社会中,在一个彼此冷漠、互不关心的社会中,在一个没有和谐的友谊关系和稳定的归属感支撑的社会中,个体难以获得真正的幸福。

(二) 社群整合与自我认同

成员资格理论是源自社群主义思想的一种新发展,由于一系列权利与责任规定出来的公民资格不仅仅是一种地位,它更是一种身份认同,表明一个人是一定共同体的成员。在社群主义者看来,成员资格的主要功能体现为它把自我和共同体、个人自由和公共自由、个人权利和公共利益链接在一起,从根本上而言这是保证政治共同体正当运作的一种制度安排。成员资格一直是一个互惠的、社会的理念,因为它不仅赋予个体自我以权利同时赋予其义务,经由一系列权利、责任和义务,通过在共同体中分配社会生活的利益和负担,也能维持个体自我与社群共同善的平衡。因此,偏重于自我,会导致共同体分裂,偏重于共同体,又会导致对个人自由的僭越。

对于社群主义者而言,由于自我利益、合理性和良善生活的观念并不是仅仅由自主性的行为主体界定的,而是由他们所在的道德共同体中为他们所服膺的理想、价值、习俗和道德原则多重影响的产物,因此,个人只有通过置于特定社群的成员身份才能体现这些价值。只有拥有成员资格,社群成员才能感觉到自己在决定其社会发展方面发挥重要作用,才能担负起集体决策的责任,并积极投身到公共利益的实现之中。所以,生活在一定社群中的人,最重要和最基本的身份就是成员资格,成员资格不仅仅是社群成员获取各种切身利益的前提,更是获取善和美德的重要条件。一个人只有获得成员资格,才能拥有特定的善和美德体验,才能是一个社群中

---

① [美] 丹尼尔·贝尔:《资本主义文化矛盾》,三联书店1989年版,第308页。

的完整的成员。没有成员资格就不能形成个体的自我认同，个人权利也就无从谈起，这种成员资格是人类社会的首要资源，也是进行一切价值分配的基础。

对成员资格论述有代表性的是沃尔泽，他对成员资格的分析代表了整个社群主义自我理论中对成员资格的定位。他强调分配正义的首要问题就是对成员资格的分配。"作为一种社会善，成员资格是由我们的理解决定的：它的价值是由我们的工作和谈话决定的，因此，我们掌握着（还有别的谁能掌握呢？）它的分配。"① 任何个人都归属于一定的社群，如国家、民族和地区等，他总是某个社群的成员，因此成员资格是社群主义者提倡的首要权利，成员资格是人类社会中最基本的社会利益，也是自我作为某一社群个体的身份验证，只有作为成员的男人和女人才有可能享有所有的社会利益——安全、富裕、荣誉、职位和权力，所以对社会利益的分配首先是对成员资格的分配。"在人类某些共同体里，我们互相分配的首要善是成员资格。而我们在成员资格方面所做一切建构着我们所有其他的分配选择：它决定了我们与谁一起做那些选择，我们要求谁的服从并从他们身上征税，亦即我们给谁分配物品和服务。"② 个体自我在分享成员资格的同时也在分享和承担社群赋予他的使命感和义务感，从而使自我生存能够有深厚的根基。我们每一个人都归属于一定的社群，他总是一定社群的成员，没有成员资格，抽象地谈论个人权利是不现实的，因为成员资格是人类社会最基本的社会利益，对社会利益的分配首先应该是对成员资格的分配，个人权利的前提就是他属于某个社群的成员资格，没有成员资格的个人权利是虚幻的，漂浮的。

另外，成员资格是一种特殊的关系，不可或缺。因为，没有成员资格的男人和女人在任何时间和空间中都不会存在，虽然他们会定期不定期地改变自己的居住地和成员资格。同时，社群主义对成员资格的强调也意味着在社群中的自我权利是封闭的，否则无法实现正义分配。"它必须在某一时期且在同一时期维护（有限的）封闭权利，没有封闭权利，将根本不存在共同体和现有共同体的政治包容性。因为只有作为某个地方的成

---

① ［美］迈克尔·沃尔泽：《正义诸领域》，褚松燕译，译林出版社2002年版，第39页。
② 同上书，第38页。

员，男人和女人们才有希望分享所有其他社会物品——安全、福利、荣誉、职务和权力——而这些物品都是公共生活可能提供的。"①

所以，在沃尔泽看来，所有正义理论的出发点都是对个人成员资格的解释，只有享有成员资格的人才有可能享受各种政治和经济权利，没有成员资格的人就像一群无家可归的游子。在沃尔泽看来，成员资格之所以重要是因为作为一个政治社群的成员能够相互获益，其中首要的利益是社群提供的福利和安全。威尔·金里卡也曾讲道："人们隶属于某个代代相传的社会，享有共同的疆域并拥有共同的过去和未来。事实上，这就是民族身份在现代民主国家的典型功能。"② 从这个意义而言，共同的归属感不仅构成了个体自我的身份认同基础，更重要的它也构成了民族身份的基础，所以，社群主义认为自我真正回归社群只能通过成员资格的认定，这种成员资格对自我而言是构成性的而不是像自由主义所界定的那种松散式的身份认定，这种成员资格认定自我，进而增强了自我对所归属社群的高度归属与认同。

就成员资格而言，与自由主义相比较，社群主义的当代价值集中体现为对义务感和社群感的强调和重视。而这种价值在自由主义那里是相对薄弱的，自由主义由于着重于对个体权利的强调，一定程度远离了义务感和社群感，忽视了公共责任，社群主义不再仅仅将公共参与局限于狭隘的参与国家政治的范围之内，而是扩展到地方性的社区和自愿性的团体，也就是说，在社群主义看来，不论是大至如国家这样的政治社群，还是小至地方性的社区和自愿性团体，每一成员都是群体的一分子，都应该被赋予成员资格，因此社群主义对成员资格的认定从形式上更具有普遍性的特点。

社群主义强调社群一以贯之的传统、文化、历史对个体自我的型塑作用，它们构成了自我的本质。在政治领域，公民通过身份认同而被接纳到一个政治共同体之中，获得精神上依托的满足、生命本质的归属与超越，实现人自身最高的追求和意义，因此每一个体自我也产生和谐一致、友谊、忠诚、效忠的社会认同情感，政治共同体得以很好的保持，社会整合

---

① [美] 迈克尔·沃尔泽：《正义诸领域》，褚松燕译，译林出版社2002年版，第78页。
② [加] 威尔·金里卡：《当代政治哲学》（下），刘莘译，上海三联书店2004年版，第485页。

通过自我身份认同而内在地、逻辑地达到。然而，有人认为，这样会导致了个体自我被融入共同体，个体的自主性、独立性乃至公民自我消融于共同体的强大之中，个体淹没与共同体之中。但是，在我看来，这种担心是多余的，因为，无论是麦金太尔还是沃尔泽都都只是强调成员资格对与个体自我的不可或缺性，并没有忽略有机的社会整合对自我的影响，成员资格基础上的良好的认同并不一定产生个体淹没与共同体的局面，除非这种政治共同体有集权统治的嫌疑。

在合作的社群当中，个体私利和社群利益在某种意义上应该是统一的。由于现代世界地域的广大，古代城邦意义上的共同体已经不再存在，现代社会的典型特征是多元性，人们生活在由多种社会群体组成的社会当中，人类要想过一种完全意义上的人类生活就必须和某种群体联系，而这种联系的中介只能是带有身份属性的成员资格。因此，在我们当今多元化的社会当中，恰恰又发现和验证了成员资格与社群存在的意义。

三 个体美德——社群自我的德性修炼

自我通达与他人、通达与社群，需要个体具有一定的德性修养，个体美德既是社群实践的产物亦是历史性的传统，美德的存在与自我的存在在历史与共同体的层面上是一致的，所以，社群主义者对社群主义自我的理解背后必然要考虑个体美德。正是因为美德才使社群状态下的自我能够生存为统一体，自我经过美德修行才能更好地归属社群，认同社群，理解社群，贡献于社群。在社群主义者看来，自我所具备的美德可以包括诸如勇敢、关爱、正义等传统价值，同时也包括和社群共存中新催发的一系列新的内容。人的德性活动离不开实践，个体美德自然也就在实践中产生与确立，而社群是个体美德须臾不可分的组成，因此，自我、美德、实践、社群成为有着紧密联系的有机体。

（一）美德与实践

社群主义关于个体美德的理解依然受亚里士多德的影响。"德性"概念其实是亚里士多德美德伦理学的核心概念。在亚里士多德那里，德性可泛指一切事物的优越性，他认为，一切德性，只要某物以它为德性，就不但要使这东西状况良好，并且要给予它优秀的功能。按照亚里士多德的德性观，我们生活在一个共同体中，善对于我们所有成员是共同的，从而我追求的善不可能与其他人的善相冲突,善并不是私人财富,善既不是我的,也不是你的,而是所有人和每个人共有的。出于对亚里士多德理论传统的共同遵从,社群主义者认为人的德性活动离不开实践。德性依托于实践活动、德性充满着个人生活的整体、德性维系着历史传统。实践必须是涉及与他人合作的社会性活动,这样就把德性的个人实践领域扩大到整个社会的协作交往领域,从而赋予德性的践行以更丰富的社会内涵。

美德指整体的个人生活,而不是指个体的单独行为。社群主义者重视自我道德和价值观念的培育,认为社会成员具有共同的价值观非常重要。各种方式的教育以及社会交流是使人们具有相同价值观的重要途径。社会改革要通过个人的自我完善来进行。同时,从性质上来讲,美德是一种个人品格,这种品格是在社群中通过个人的实践活动历史地形成的,依靠这种品格人们便能在实践中获得个人的内在利益。美德概念包含三个基本要素:与美德相关的实践活动、叙事的历史传统及组成美德的各种德性,所以,从美德概念结构中我们能够发现美德与实践具有内在关联。

德性与实践不可分割。有着内在利益的任何实践和实践的卓越标准都必须把德性作为必要的成分包括进去。自我的美德帮助我们获得实践活动的内在利益,内在利益即是实践主体内心价值的实现,是一种良善生活的实现,又是实践本身的结果。美德是实践的产物,它只有通过实践才能获得。这里的"实践"是指获得内在利益的社会合作活动。在这个意义上,善与实践是内在统一的。"美德是一种获得性的人类品质,对它的拥有与践行使我们能够获得那些内在于实践的利益,而缺乏这种品质就会严重地阻碍我们获得任何诸如此类的利益。"① 美德是人们实现其内在利益的唯一方式。一种品性之所以被誉为德性,是因为它表征了当时的历史环境中为使实践获得成功所需要的那些优点。实践成功涵盖了获得外在利益与内在利益,外在利益指的是人们可以通过任何一种实践活动而得到的名声、财富、地位等外显的价值,而内在利益却是指某种实践本身所内在地具有的,除了该实践形式外,其他任何途径都无法获得的价值,所以个人的美德实践正好与活动内在利益紧密相联。同时,我们也得承认正义、勇敢和

---

① [美] 阿拉斯戴尔·麦金太尔:《追寻美德》,宋继杰译,译林出版社 2003 年版,第 242 页。

诚实等美德也是具有内在利益和优秀标准的实践的必要成分。德性是人类实践中培养的内在的善，它为社会共同体提供了道德基础，更为自我向社群的回归提供了前提，个人实现德性和社会生活趋于善是动态的统一体，个人实践和德性修养融汇在社会传统的演进之中。

（二）美德与社群

自我的身份认同是社会化的产物，依此而论，作为社群的成员，人们相互之间以及对社群负有相应的义务和责任，而维护公共善并为了维护公共善不仅是自我应履行的义务更是作为社群成员的自我应该具备的一种个体美德，这样自我与社群的共同善通过个体美德紧密结合。

个人美德与道德原则是两个不同的概念，道德原则体现道德要求的普遍性，而个人美德总是某种具体境遇的产物。无论怎样合理的道德原则，脱离社群个体美德难以发挥作用，况且普遍原则也因此会失去合理的前提。所以，作为道德主体的自我不是颁布形式化道德律令的先验自我，而是在不同的历史和文化中，在社会演变的过程中形成的经验自我。

社群主义视野下的个体美德超越了私人生活的限制，进入到公共生活中得以表现。公民对公共活动的积极参与是实现自我价值的重要途径，也是公民的一种美德，只有通过积极地参与公共活动，个人的权利才能得到最充分的实现。在他们看来，国家的政治关系到最大多数人的利益，是最重要的公共活动。丹尼尔·贝尔说，没有人怀疑国家都有自己的政治目的，国家有权要求公民服从其政治目的，公民则有义务去实现国家的政治目的。每个公民都应当时刻关心祖国的命运，在国家需要的时候，为了维护民族和国家的核心价值，甚至不惜去冒生命的危险。在社群主义者眼中，这种对国家政治利益的奉献是最高尚的美德，应当受到最高的褒扬。所以，社群主义者一直坚持把追逐公共利益看作是公民的一种美德，并把积极的实践当作实现美德的基本途径。作为个人品格的美德是在社群生活中、通过个人实践形成的。正如脱离文化、经济和政治影响的个人不存在，个人美德也只有在社群中才能产生并发挥作用。社群主义提倡的忠信、诚实、奉献、宽容、公正、爱国等美德，都需要通过社群成员的交往才能发展起来。社群主义把道德和利益联系起来，并认为内在利益是获得德性的基础。

这在社群主义者的具体论述中我们能找到相关的例证。麦金太尔在

《追寻美德》中提出，对于个体而言，不应当是权利优先，而应当是美德优先。任何道德都融在一个特定的、个别的环境中，不存在抽象的、一般的道德，因此现代社会追求的普遍性道德只是一个幻想而已；同时，我们只有一种方式拥有道德，即把它们当作传统的一部分，在传统中继承它们并理解它们。美德在城邦结构中获得其存在的意义，缺乏一种特定美德的人，必定缺少对自己角色行为的恰当判断，也缺少一种正义的感知和判断，因此，公民、美德、正义和城邦政治就结合了起来。

美德就是维持某种社会角色所必需的品质，它表现在角色所要求的那些行为中。麦金太尔认为历史上曾出现过三种不同的美德观。"我们能否从这些对立互竞、多种多样的主张中清理出一种统一的、核心的美德观念，对于这一概念我们能够给出一种比迄今所有其他解释都更为有力的解释？我将证明，事实上我们能够发现这样一种核心概念，并且，它最终为那个我已写就其历史的传统提供其概念的统一性。"① 麦金太尔举例说，在荷马史诗所赞扬的各种美德中，"勇敢"处于核心的地位，这与英雄社会的生活方式有关。在英雄社会中，每个人都生活在由家庭关系构成的共同体中，勇敢之所以重要，"因为它不仅是个人的一种品质，而且也是维持家庭和共同体所必需的品质。"② 综上分析我们可以得出这样一个结论，在英雄社会中，美德同社会生活方式是高度相关的，它是完成社会角色所要求的品质。"因而，英雄美德的践行既要有一个特定的人，又要有一种特定的社会结构。"③ 所以，我们能够整体上把握美德的性质以及美德与社群成员生活的不可分性延伸到更广范围内，我们可以得出，公民社会是培养个体美德德性的苗圃，这是一个无需证明的经验性命题。英雄社会是家庭和亲族的时代，社群由血缘关系来维系；雅典社会则代表了城邦国家的时代，政治共同体由公民关系来维系。共同善只有在政治社群中通过践行美德才能实现，因为城邦的存在并不仅仅是为了生活，而是为了美善的生活。亚里士多德认为，与其他动物相比，人的独特之处在于，它具有善于恶、公正与不公正等诸如此类的感觉，所以人具有自己的德性判断。所

---

① [美] 阿拉斯戴尔·麦金太尔：《追寻美德》，宋继杰译，译林出版社 2003 年版，第 236 页。
② 同上书，第 154 页。
③ 同上书，第 159 页。

有人都应该是善良的公民，这样才能使城邦臻于优良。因为城邦的幸福生活离不开组成城邦的每个公民的优良德性。

在以个人主义和官僚主义占支配地位的西方文化中，美德已经成了边缘性概念，自我也变成边缘性自我，美德或者被理解为个体的自然倾向的表达，或者被理解为限制和约束利己主义的破坏性结果所必需的品质，以至沦落到等同于利他主义的地步。现代的德性失去了传统德性伦理当中对整体善的追求，已经沦落为了实现外在利益的工具性手段，所以，现代社会有必要追寻新的德性，重铸道德信念，自我进行德性修炼，这样才能走出道德价值虚无的现代困境。

四 社群——自我的物质依托和意义框架

"社群"与"自我（个人）"共同构成了政治哲学中的两极，社群与自我何者在价值上优先成为我们解释历史和政治现象的模式，也成为社群主义与自由主义明显的分水岭。对社群以及社群价值的强调成为社群主义流派的理论标签，所以，社群主义者对自我理论的阐释也离不开社群这一外在实体构架与价值理想，在社群主义者的理解当中，社群是其理论解释模式的出发点，也是其自我理论的意义归宿。我们正是在此种意义上来分析自我与社群的关联性问题，对社群主义自我理解的理论结构之中社群无论是作为事实层面的物质存在还是作为价值都是不可或缺的。

所以，我们可以断定，社群既是自我的物质依托，更重要的也是自我追求的内在价值。重新界定自我、社群及其相互关系，其主要目的和实际意义不仅仅在于方法论，更重要的在于建构起独特的规范理论也即建立社群主义自我理论。在事实层面上，自我离不开各种各样的社群这样的物质载体，而从价值诉求层面而言，社群也是人的深远的价值理想，在充满温暖的社群之中人仿佛寻找自我的终极栖息。所以，社群主义自我理论的建构之中一定不能缺少社群的存在以及社群价值，更强意义而言，自我是社群的自我，而社群是"我们"的社群。

（一）自我与社群存在

当代社群主义者的社群概念基本上导源于亚里士多德。亚里士多德认为城邦是人类生活的德性能得到真正而充分展现的唯一政治形式。在亚里士多德那里，城邦被理解为一种社会秩序的形式，它的共享的生活样式已经表达了对"什么是人类最好的生活样式"的集体性回答。正是因为城邦为个体的系统行动提供场所，所以城邦是合理性的领地，除了城邦以外，任何形式的政府都不能把人类不同的系统行动整合为一个统一的活动形式。只有在城邦中，人才能实现其达于幸福的潜能，过合乎于道德的生活。城邦并非单纯是生长成的，而且是通过特定的人们的断断续续的活动而创立的。德国社会学家滕尼斯对社群概念进行了第一次系统阐释。他所阐释的社群概念超出了亚里士多德的城邦形式。在滕尼斯看来，社群不仅是政治生活的必需，是我们理解个人的最好参照，更重要的是它构成了人们温暖的心灵家园。

社群主义者对于自我所在的社群都有自己的理解。麦金太尔认为社群规定个体生活的环境和背景，只有在社群的关系中才能理解个体。沃尔泽强调社群参加者的成员资格，它决定我们选择谁、给谁分配利益和服务，只有作为成员的个体才能拥有所有的社会利益。没有成员资格的人是无依无靠的人，成员权利在资格的限定下是封闭的。社群主义少壮派桑德尔则强调社群参与者的自我构成性质。社群是人们认定其所属的社群在某一个程度上定义个人的自我认同，它不同于我们社会中已经存在的家庭、宗教等，因为自由主义社会中的人虽然生活在家庭和结社中但仍然是寂寞孤独的个体，找不到真正的归属和目的认同。一个理想的社群包括多元、自律、参与以及历史感、相互性和团结等价值。桑德尔所谓的社群，就是那些具有共同的自我认知的参与者组成的，并且通过制度形式得以具体体现的某种安排，其主要特征就是参与者拥有一种共同的认同，如家庭、阶级和民族等。自我与他人、社群不可分，社会纽带不仅仅是情感力量更是一种对自我而言的构成性力量。他也提出三种不同性质的社群类型：工具意义的社群、感情意义的社群和构成意义的社群，但他本人强调的是构成性社群，所谓构成性社群是指个人所属的社群，在一定程度上构成了个体的自我认同，自我与他人一起构成社群，同时也成为构成自我的基本要素。

而泰勒对社群的思考主要表现在对原子主义和个人主义的批判上。泰勒坚持自我总是处于社会之中，自我应该超越自己到自己所处的社会关系之中去。个人的权利和能力只有在一个社会和政治的语境中才能实现，也即在一定的社群中实现，社群在一定意义上是一个具有共同文化背景的集体，因此个人的选择和各种可能性的实现都离不开自己所置身的社群，他

第四章 对社群主义自我理论的深层解读

强调社群至上并不是个人完全由社群决定而是表明个人同一性的一个基本方面就是每一个人都属于一个社群。这种意义上的社群看作具有这样三种特征：相互关联性，其成员的福利与其认同感之间的密切联系；共同性，社群的成员认为他们分享了某些重要的共同的东西；非特定选择的或非志愿的成员资格，个人有可能主动放弃这种非志愿形成的成员资格，但要受到社群的谴责或付出沉重的代价。

近年来以社会主义的社群主义观而闻名遐迩的戴维·米勒则强调社群参与者的政治信仰，真是拥有共同信仰的个人才能组成社群，才能效忠于所在社群，才能愿意牺牲个人目标促进整个社群的利益。每个社群都以其成员的特殊信仰而区别与其他社群，社群的每个成员都承认效忠于他所在的社群，都愿意牺牲个人的目标来促进社群的利益，社群带有很强的自主性，所以他所理解的社群带有强烈的政治含义，最常见的社群是民族和国家。

由此，我们可以看出社群主义者们所界定和理解的社群有很大的包容性，即它包含了人与人之间的感情、信仰、文化和政治归属等多方面含义，因此有人把这种性质概括为"完全性社群"，这种完全性社群具有四个基本特征：（1）它享有完整的生活方式，而不是为了分享利益而组合的；（2）社群的参与者的关系是一种面对面的关系；（3）社群成员彼此的利益紧密相连，休戚与共；（4）社群是其成员自我认同的核心，社群的关系、义务、习俗、规范和传统对成员有决定性的意义。[①]

在日常生活的实践层次上，每一个人都不可能脱离社群的联系。人人都隶属于家庭和社会的网络，都由社会成员身份所界定，都通过参与社会结构的发展而寻求自我实现。就其现实性而言，人并非是一种离群索居的、无牵无挂的抽象的个人，而是置身于某种家庭、血缘、地域、民族等共同体关系中的具体的人。"世界上并没有'人'这种东西。在我一生中只见过法国人、意大利人、俄国人等等。但如果说'人'，我却从没碰到过。假如他真的存在，至少我不认识"[②]。也诚如当代社群主义最著名的

---

① 杰克·克里特登（Jack Crittenden）：《超越个人主义：重建自由的自我》，牛津大学出版社1992年版，第132—133页。

② 李强：《自由主义》，中国社会科学出版社1998年版，第241页。

代表人物麦金太尔在谈及传统社会时,讲到传统社会中的个人是通过其特定角色加以识别并由这些角色加以构成,因此,"这些角色将个人缚系在各种共同体中,而且惟有在这些共同体中并通过这些共同体,才能够获得人所特有的那种善;我是作为这个家庭、这个家族、这个氏族、这个部落、这个城邦、这个民族、这个王国的一名成员而面对世界的。"① 现代社会无论自由主义的主张对社群具有多大的分解力,也不可能使得整个社会都变成完全是陌生人的组合,我们每一个人都生下来就活在家庭、亲戚、邻居、工作伙伴和各种团体之中,无论社会变迁力的冲击有多大,人们的地区性、阶级和家庭的脐带关系仍然能够维持。

丹尼尔·贝尔也认可:"社群化社会的理想是,社会是一切理论的终点——不管我们喜欢与否,不管我们知道与否,我们都深深植根于我们所在的社会里。"② 如果我们游离于社群之外就会很容易失去我们所有的判断标准,而这些标准是内在于社群历史和传统之中的。因此,自我所在的社群具有明确的历史维度,其中包括习俗、语言、制度性的生活以及它通过历史方式凝结而成的特征等因素,这些特征具有明显的道德价值。它们是潜在于特定社群的传统、文化以及历史之中的共享理解或原则的根源。作为道德行为主体的自我,我们的道德认同由通过社群确定的善与正当的观念构成。这意味着,我们的道德本性的承认和维系取决于我们所在的社群。

自我的属性与社群紧密相联。社群构成自我的认同,但关于社群是部分还是完全决定自我的认同观点存在分歧,在我看来,这并不存在矛盾,说社群完全决定个体的自我认同是为了突出强调社群对自我构成性作用和归属性价值,这是从自我的社会文化属性角度而言的;而自我部分是由社群决定的观点是要为自我对社群的批判留有一定的缝隙,防止自我与社群的无评判性的简单同一。总之,我们通过社群主义者对社群的强调以及对社群的现实性描述,我们有一点可以确定,阐释自我必然以社群为背景、为事实前提,同时也以社群为价值基础,从这种意义而言,社群对于社群

---

① [美] 阿拉斯戴尔·麦金太尔:《追寻美德》,宋继杰译,译林出版社 2003 年版,第 217 页。

② [美] 丹尼尔·贝尔:《社群主义及其批评者》,李琨译,生活·读书·新知三联书店 2002 年版,第 10 页。

主义对自我观的论证有双重理论价值。

(二) 自我与社群理想

考察了社群对于自我的事实性存在后,我们更应该在价值理性的角度来定义社群,社群对于个体自我而言除了物质框架之外和安身立命之所外,更重要的它构成了自我的精神栖息价值。因为,在亚里士多德那里,城邦就在价值上具有优先性,亚里士多德讲道:"城邦作为自然的产物,并且先于个人,其证据就在于,当个人被隔离开时他就不再是自足的;就像部分之于整体一样。不能共同生活或因为自足而无此需要者,就不是城邦的一个部分,它要么是只野兽,要么是个神。"[①]

社群主义者很少为社群做出明确的定义。但关于社群对于自我存在的价值有相对一致的理解:一个社会群体首先包括通过与他人之间的密切联系来彼此认同,而且通过它,别人也可以辨别各自的身份;一个社会群体不应只被理解为具有某组共同属性的实体,与此相对,群体的认同应以关系来理解,群体区别于按属性划分的聚合体和自愿集结成的联合体;作为社会关系的产物,群体具有流动性,同时,群体具有差异化的特点。社群主义界定的社群具有很大的包容性,它包含了人与人之间的感情、信仰和政治归属等关系,所以,对社群主义的社群可以从种族、感情、文化等多向度进行理解。社群的强调及社群主义的出现可以被理解为是对理性主义的拒绝,对理性社会的反叛。一定意义而言,社群是一种价值意义的存在,而非工具性存在,我们在其中是为了寻找慰藉和安全、目的和认同。

社群主义者都对社群与自我过良善生活的重要性给予了深刻的表达,我们可以简单概括为:首先,任何个人都必须生活在一定的社群之中,而且不能自由选择。人总是生活在一定的社会文化历史关系网络中,任何人也无法脱离众多方面的限制和约束。其次,对于个人而言,社群是一种必需,它是对个人心理归属和认同需要的一种满足。最后,社群也是构成个体自我生成的要素,现实中个体所拥有的目的、理想和价值等都是由社群决定,个体只有通过社群生活才有价值和意义。

在自由主义的视野之内,社群从价值角度而言是人们遗忘的伊甸园,而对于社群主义者而言社群有助于形成个体自我之间的凝聚力,更好地体

---

① 颜一编著:《亚里士多德选集——政治学卷》,中国人民大学出版社1999年版,第7页。

现了人与人之间的传统文化联系。从价值角度而言，我们可以认定社群是自我追求的一种最高的善，作为一种善的社群，是人类良善生活的基础，个体自我只有通过社群生活才有价值。社群对于自我是一种根本的善，这就意味着人所扮演的种种社会角色使社群主义断言人终归是一个整体的社会人。人的这种整体的社会性不仅体现在人总是在空间上被置身于一种特定社会关系之中，而且还体现在人在时间上也难以逃脱某种社会关系对其的规定。故麦金太尔宣称，"我的出生就带着一个过去"，"我是一个传统的承载者之一"，"我是一个历史的主体"。正是这种横向上与纵向上的人与社会的千丝万缕的联系，使自由主义的抽象原子式的自我设定完全成为虚构的东西，使其坚持自我定义自我、自我可以为所欲为的选择这一主张显得不堪一击，实际上，在生活中，正如亚里士多德与黑格尔都看到的那样，我们总是处在一定的约束之下，我们进入了一个不是我们所设计的舞台，在其中我们生存并活动着。而这种向亚里士多德和黑格尔的传统回归，意味着唯有社群才是人类生于斯、长于斯、活动于斯的真正的栖息之地，意味着自我的奉献原则开始取代索取原则，不是"权利政治"，而是充满着社会认同感和归属感的"公益政治"成为我们社群自我的最大政治选择。

通过上述分析，我们可以明确，在政治的起点上，如果说自由主义更多地是从分析主义的原子式个人出发的话，那么，社群主义则更多地是从整体主义的网络式的社群出发。现代自由主义社会，单个的人从错综复杂的社会角色和关系中剥离出来，重新组织化，但这种组织化的过程和机制中没有任何有机成分，以保证个人在社群中角色的连续性。它处于一种强制状态或迷惘、游离中，其中缺少价值支撑，工具理性日益猖獗。结果，个人开始成为一种先验的存在，这种存在中不包含任何价值的成分，价值中立化、工具性或机械性相应产生，社群成为个人追逐自身利益的工具性存在。这种没有任何社会规定性的自我，既割断了与历史的联系，又自绝于社群的生活，这种自我处境成为当前个人主义危机最深刻的根源所在。而社群主义者试图用社群概念把自由和社群价值观统一起来，这种统一可以看作是对"自由、平等、博爱"这一传统自由主义的回归，但如今，博爱，作为一个社会凝聚的纽带已被现代自由主义所遗忘。

针对此种情境，社群主义者对此提出了强化社群价值的替代性选择。

桑德尔希望培育社群，他认为社群政治是道德认同的政治。而对于麦金太尔来说，培育社群是为了让政治改善我们，社群政治就是道德教育的政治。麦金太尔虽然哀叹传统美德及其道德归属感在现代社会的衰落，但他很清楚在现代民族国家很难再造古典城邦的可能，所以，他把自我生存寄托于亚社群与亚文化之中，"现阶段最要紧的是，建构文明、理智与道德生活能够在其中历经已经降临的新的黑暗时代而继续维持下去的各种地方性的共同体形式。"① 而沃尔泽也很赞赏小型宗教和种族社群，因为在其中它们能够实现物品的公正分配，这种类型的社群构成了物品分配的合适背景，同时他也认为，政治社群最接近我们能够达到的共同意义世界，在这里，语言、文化和历史结合起来产生一种强烈的集体意识，因此我们可以看成沃尔泽对这些亚文化和社群的赞赏。

概而言之，自我不是没有任何价值和情感依附的虚空的原子，而是在与社群和文化的情感依附中形成了具有价值和主体的自我观念。社群的本质决定着其成员的属性和特征；由其共同的利益和社会共识决定着，社群成员之间以及成员与整体之间的命运休戚相关；社群与社群之间既有区别又有联系，任何一个独立的社群整体同时又是另一个更大的社群中的要素；现代社群不再是封闭的而是开放的、发展的。而社群主义就是对社群生活方式、行为以及社群精神、价值追求的概括和总结。

作为正义的基础，一个社会不只是经由"原初状态"的契约联系在一起的个人之间的结合，毋宁说，它是一个由民族精神、文化纽带所维系的、人们因共享一些相同的习俗和信念而结合在一起的社群。因此，政治哲学不能仅仅关注保护或增进个人权利，更为重要的是确保一种共同善或共同目的的实现。

五 共同善——自我的价值寄托

个体权利与共同善构成自由主义与社群主义的理论分歧。不论自由主义还是社群主义都不能否认共同善的存在，差别只是在于，在自由主义者那里，个体利益之后才是共同善，个体在时间和逻辑上均优先于共同的社

---

① [美]阿拉斯戴尔·麦金太尔：《追寻美德》，宋继杰译，译林出版社2003年版，第335页。

群，而对于社群主义而言，共同善优先于个体权利，共同对善的追求以及对共同善的追求是自我作为个体归属社群的原初动因。从这种简单的对比中，我们发现社群主义理解关于自我的理解中，共同善起到了一个终极价值的定位和定向作用。

通过社群主义对自我的理解以及我们对社群主义自我的阐释，可以总结出来社群主义对自我的理解内蕴着一定的理论结构，这种理论结构是任何一个社群主义者阐释自我理解时背后所遵循的理论逻辑，我们将其做了简单的提炼：从情境式自我的出发点开始，自我经由成员资格的身份认同，美德的获得与修炼，归属于各种社群，最终追求的目的就是达成共同的善。作为一种道德理想，共同善在社群主义自我的理解当中更多的是一种目标旨归与终极理想。共同善的获得与达成也就是自我与社群的完美统一。

最初，善的问题就是探讨对于人类而言什么是美好生活的问题。人类理想和美好生活的问题一直是政治哲学和道德哲学经久不衰讨论的话题。亚里士多德的《尼各马可伦理学》开篇讲道："每种技艺与研究，同样地，人的每种实践与选择，都以某种善为目的。"① 所以，自我对善的追求就是再自然不过的事情，社群式自我自然会更多关注社群的共同善。个人对善的追求实际上是一种自然状态。亚里士多德曾说过，人们即使并不需要其他人的帮助，照样要追求共同的生活。共同的利益也会把他们聚集起来，各自按自己应得的一份享有美好的生活。对于一切共同体或个人来说，这是最大的目的。因此，可以看出，共同的良善生活和利益分享是人们形成社群的最初动因，到了社群主义那里，共同善的追求就成为人们的最高价值追求，而这种公共善在社群主义那里以两种形式存在：物质形式和非物质形式。

而关于善的理念，罗尔斯对此进行了归类的综合和分析，他在其《正义新论》中，就提到了六种善观念："第一是作为合理性的善观念，它假设人类的存在以及人类基本需要和目的的实现都是善的；第二是基本善的观念，上节我们已论及；第三是可容许的（完全的）善观念，它与

---

① ［古希腊］亚里士多德：《尼各马可伦理学》，廖申白译注，商务印书馆2001年版，第3页。

每种完备性的学说联系在一起;第四是作为政治美德观念的善观念,这些美德规定了民主政体的好公民的理想;第五是秩序良好社会的政治善的观念;第六是作为社会联合的善观念。"① 大多数社群主义者所指的善更多是在以上所说的第四种与第五种意义上的善观念,即是一种作为政治美德的善以及作为良序社会的政治的善。

这种美德善与政治善在社群主义那里表现为"共同善"。这种共同的善有两种基本形式,一种是物化的利益;另一种是非物化行为。前者就是我们常说的公共利益,后者通常指各种美德。社群主义对这两种形式的善都给以同等的重视。而对公共利益的认定标准就是公共利益是这样一种利益,当把它提供给某个人时,它必然同时也自动地为同一社群的其他成员所享有。社群主义者所倡导的公共利益是一种非排他性的相容性利益,它意味着增加新的受益者并不会减少原有受益者的利益。依托公共的善,社群主义者认为公共利益优先于个人权利,因此,社群主义者把它作为区分自由主义与社群主义的分界线。

人有两个层面的含义即为个体的人和群体的人,相应地善也有两个层面的含义:个人之善和共同之善。自由主义强调对善的个人化理解,善对于自由主义来说是个人主义的而非社会的,即人类过什么样的美好生活是自我的理性选择,属于个人事务。而在社群主义者看来,伦理层面的善一定要以社群为基础,在社群中实际存在,强调对善作共享式的理解。我们对善的理解与我们的自我理解联系在一起。真正的善就是个人之善与共同之善的有机结合。"我们在不同的文化中所看到的有关善的及其不同的理解,是与这些文化所使用的不同语言相关的。善的视野,通过以某种样式加以表达,对给定文化中的人们来说,才成为有用的。"② 所以,我们可以得出任何个人都不能脱离社群,个人只有分享和认同了社群的基本历史、观念、习俗和惯例,才能真正成为自己,才能实现共同善,这样自我、社群与共同善就紧密联系在一起,成为社群主义自我进行自我阐释时所考虑到的理论构造。

---

① [美]约翰·罗尔斯:《作为公平的正义:正义新论》,姚大志译,上海三联书店2002年版,第235—236页。

② [加]查尔斯·泰勒:《自我的根源》,韩震等译,译林出版社2001年版,第137页。

用这样的理论构造来衡量自由主义就会发现，作为自由主义的正义并不必然优先于善，正义是有背景的，是建立在一定公共善的基础之上的。社群主义所说的公共善更多是一种观念形态的东西，它在人们追求利益（个人利益或公共利益）的过程中起着规范行为的作用。正义并非是人类的首要价值，而是在特定的人类关系恶化之后的德性，也是陌生人之间的道德原则。因为在这样一个社会中，人们都是从自我利益出发的，人们之间的利益冲突成了首要问题，调节这种冲突需要正义规范；而在一个共同体内部，如家庭、宗教团体等，共同的善是人们行为的首要目标，共同体成员对共同体的利益能普遍共同享有。这样，追求共同的善、相互关爱等德性就成为人们的首选目标。在社群主义者看来，善只有在社群集体生活中才能形成，善的意义和标准也只有通过特定的社群才能得到界定，只有获得成员资格才能拥有特定的善的体验，不存在任何独立于城邦的评价正义与其他善的标准。

麦金太尔认为，道德观念根植于一个共同体，其基本纽带是对人类的善和共同体的善的共同认知。回到社群，通过对公共善的共识和追求，通过社群的集体行动来维护社会的稳定和运行。沃尔泽则从另一个角度来解释共同善，他说，所有最古老的人类社群如军营、寺庙、作坊和城镇，最初的形成都是为了某种共同的利益。社群所提供的公共利益形形色色各不相同，但无非"安全"和"福利"两大类。公共利益产生于人的需要，社群为其成员提供两种公共供给或公共利益：一般供给和特殊供给，一般供给即为公共利益，特殊供给表现为非排他性的个人利益。沃尔泽提出了为实现共同善而分配公共利益的三大原则：每个政治社群必须注意其成员的需要，而成员们则须具体地理解这些需要，被分配的利益必须根据需要按比例分配；这种分配必须以平等的成员资格为基础。泰勒则从评价角度认为，从道德上可以对个人的行为作出正确与错误、好与坏、高尚与低劣的区分。作出这种道德判断的标准不是个人自发的欲望、偏好或选择，而是社会形成的共同的善。而通过"强评价"而达到的善是一种高级的善。泰勒认为我们社会中存在"不可还原的社会善"，即是说它不能分解为个体的善，而是必须由两个或更多的人共有，这种共有的善是一个不可分割的整体，整体中成员之间彼此依赖，"我们的利益既非普遍有效也非独一无二，我们的利益以一些重要的方式与共同体中的他人所共享的文化常规联系在一起。"① 如果相互脱离，共有的善就失去存在的意义。

总之，真正的善是一种公共的善，公共善的实现过程中也是我们实现自我的过程。作为个人的善和社群中其他人的善是同一的，我追求我的利益决不会与他追求他的利益相冲突，因为我们作为社群的成员追求的是共同的善，是我们共同拥有的善。这就是社群主义自我理论所追求的共同善，也是我们当下应该关注的道德伦理价值。

善优先于权利，倡导公益政治，建立公益政治学，这是社群主义的基本特征。社群主义者认为为了社群共同的善，必须拒绝中立原则，为了国家的公益政治，必须放弃自由主义的中立政治。如果说，功利主义没有严肃地对待我们的独特性，那么，自由主义的作为公平的正义则没有严肃地对待我们的共同性：由于它把我们的约束看作是优先的、固定的和普遍适用的，所以，它把我们的共同性降归为善的一个方面，并把善降归为一种纯粹偶然、一种无差别需求和欲望的产物，与道德立场毫不相关。

第二节　社群主义自我理论的统合理解

我们通过前面对自由主义自我所面临困境的分析，明确了社群主义自我理论形成的理论背景，因为社群主义就是在对自由主义的批判中不断成长壮大起来的哲学派别，所以，社群主义自我的理解也必然具有对自由主义的针对性，罗尔斯作为自由主义的典型代表，成为社群主义者桑德尔、沃尔泽、麦金太尔、泰勒等阐述理论观点时或明确或隐晦地提到的对象，所以，社群主义者对自我的理解就在理论批判与对抗中产生。我们通过对自由主义自我理论困境的分析明确了社群主义对自我的基本理解，但这种理解只是我们对社群主义者对自我理解的一种总结和概括。而在我看来，社群主义与自由主义二者在自我理论的论争其主要分歧在于自由主义侧重从政治层面入手把自我理解为一种政治概念而非哲学中的形而上学概念，我们把它定位为一种政治自我，政治领域中的人更多是一种法律概念，所

---

① ［加］威尔·金里卡：《当代政治哲学》（下），刘莘译，上海三联书店2004年版，第393页。

以需要承担相应的权利与义务，需要在权利与义务之间寻找政治的最佳平衡；而在社群主义那里，社群主要是伦理层面的社群，它注重从社会层面来理解自我，这种自我更多地体现为是一种道德自我的形象，主要考虑的是自我的身份认同与社群的公共精神等伦理层面的内容而非自由主义的权利与责任的均衡。概括而言，社群主义与自由主义对自我理解的层面不同：一个注重政治层面；一个注重社会层面，同时对自我的定位也存在差异：一个是政治自我的形象；一个是道德自我的形象，同时他们对自我所在社群的关注也不同：一个关注政治社群；一个重视人所存在的伦理社群或者社会社群，所以，二者对自我的理解并非处于同一视角，他们对自我的理解也不是基于同一概念水平之上。明确了这样的区分，我们就能断定社群主义对自我的理解主要是出于对自由主义个体主义自我在政治实践和社会生活领域所产生的分离主义文化的一种伦理救助与呼求，因为自由主义并不否认社群的事实存在，只是在价值优先的考虑上将个体自我前置，这种自我的前置在西方自由主义发展历史上问题频出，所以，社群主义从人的生存状态出发对自由主义的这种政治自我所产生的后果进行伦理层面的反思与重构。相较于自由主义个体主义式政治自我，社群主义不仅强调自我的归属性与构成性，但更重要的社群主义自我突出的是社群之中自我既作为平等主体也作为群体双重身份下关于历史、传统、文化等的共享，关于自由、平等、权利等价值的共享，在此基础上更强调公共精神的生长，更强调人们公共意识的回归，人们对公共生活的伦理关注。所以，我们为了突出社群主义对自我理解的这种指向将其定位为"共享式自我"，而这是我们将社群价值前置后对社群主义自我基本理解基础上生发出来的一种新的认识，这种"共享式自我"是对社群主义自我的一种理论提升和进一步概括。

一 共享式自我的理论定位

这种"共享式自我"不是我们对社群主义自我理论的主观、任意的概括，作为一种基本理论观点它从社群主义的自我出发，但不限于社群主义的理论视域。社群主义在后期的发展过程中逐渐走向自由主义，二者出现了理论视域融合的趋势，在我看来，这种理论融合的中介就是"共享式自我"。同时期，社群主义在面对英美世界马克思主义者的政治哲学转向时也借助了这种共享式自我观,从这个意义而言,这种自我观念也促成了社群主义与英美马克思主义的理论对接。另外,当代的文化多元主义对社群主义自我理论升华提供了条件。因此,共享式自我作为一个基本哲学范畴显示了其理论的包容性、统摄性与中介性。

(一) 共享式自我是社群主义与自由主义的中间环节

社群主义之所以集中批判自由主义导致的个人原子化,其最终目的就是为了强调个人之间的相联性与共通性,人无论在事实和价值层面上都必然与他人同生共存,在与社会共同体的其他人的相互信任和合作中实现人的个性与发展,这就是我们总结出共享式自我的思想前提之一。而自由主义由于要强调自我价值的优先性,突出自我在政治领域中的优势地位,所以在理论上就围绕着抽象独立的个人开始进行理论论证。这种对人的设定曾经在政治活动中起到积极作用,但是,它所产生的消极后果就是自我所有权利的绝对性,目前这种个体主义式自我除了在逻辑上仍显示力量之外,人们开始考量它对社会公共生活的实际影响,这种影响主要体现在由于个人的过分张扬而导致的社会联系面临解构的危险,这造成个人只想着追其自身利益而拒斥任何可能限制其自由的各种约束。因为在自由主义的自我观念中只有作为你、我、他的个人,而没有"我们"等"群"的概念。于是,它将使人与人之间的交往成为原子式的个人交往,在这种交往中,维系个人的共同纽带被弱化。所以,这种自由主义的个体自我应该对共同体价值的解构与公共生活的凋零承担责任。

社群主义与自由主义关于自我的争论主要涉及自我与社群的关系问题:自由主义主张个体自我优先于社群,社群主义认为社群具有更大的优先性,这只是表面的争论,自由主义的自我优先大多在政治领域和逻辑推演中,而社群主义对自我回归社群从社会伦理角度强调的是自我的群体性、公共性和共享性。通过社群主义对自由主义的批判,我们能够更加明确二者论争的价值不仅仅在于自我与社群的价值优先性问题,其重要的价值在于突出了社群的公共性,社群中自我的共享性。所以,这种"共享式自我"是超越社群主义与自由主义关于自我之争对社群主义自我的新的理解。

(二) 共享式自我是社群主义与当代马克思主义理论同构的表现

社群主义的共享式自我就是要突出自我之间的相关性、价值、目标和利益的共享性，精神和意识的公共性。这种自我的共享与马克思主义哲学有一定的相关性。20世纪60年代的社群主义明确提出他们从马克思主义哲学那里汲取理论资源，到了20世纪80年代我们所谈到的社群主义者那里，虽然没有明确提出我们从马克思主义哲学中获得启示，但是作为一个一以贯之的哲学派别，马克思主义哲学对其的影响是始终存在的，从这一点而言，我们可以认定社群主义的共享式自我经过对马克思主义哲学的吸收而进行的一种理论调整。

威尔·金里卡对马克思主义哲学与社群主义进行了简单对比，他认为，"马克思主义者倾向于认为正义所纠正的缺陷是物质匮乏，而社群主义者则认为，需要纠正的缺陷是如像仁爱或团结那样一些'更崇高'的道德的缺失。"① 我们熟知，马克思主义哲学对于社会的分析侧重于从经济—政治二分的角度来进行，所以他把经济领域作为重点研究范围，认为正义的根本就是要纠正这种物质的匮乏，但这种实现经济领域的正义举措背后体现的是一种人与人之间平等、自由、相互关联的共同体道德，从这一点而言，社群主义与马克思主义哲学都从道德价值的视角来理解我们所在的共同体性质和人的生存状态。

这一点在20世纪80年代英美世界的马克思主义者那里得到验证，社群主义与自由主义关于自我的论争延伸到了马克思主义者那里。按照马克思主义对未来社会的预想，社会物质财富的极大丰裕就能实现社会平等和人的全面发展，但是这种预言遭到现实无情的"摧毁"。迄今为止，地球上的资源证明并没有充分到随着技术知识的持续增长而导致使用价值永不停息地扩张，经济的发展正遭遇资源匮乏以及生产力紧张的关系之中。为了在有限的物质匮乏中实现平等就必须考虑分配的规范方式，这就需要从政治哲学的角度进行规范性思考。

所以，英国的G. A. 柯亨实现了从分析哲学到政治哲学的转向，作为一个马克思主义者他关于平等的思考介入自由主义与社群主义关于自我权利与自我所有的争论中，他提出生产资料的共有来取代诺齐克的自我所有，以便能在自由与平等的内在张力之中实现社会正义。这种争论的最终结果就是马克

---

① [加] 威尔·金里卡：《当代政治哲学》（下），刘莘译，上海三联书店2004年版，第380页。

思主义者开始集中讨论马克思主义哲学的道德含义，尤其讨论马克思主义哲学中的人性观点，人性成为我们进行社会解释的基础。而马克思主义者所讨论的人性与自由主义对人性的理解存在巨大差异，"启蒙运动的自由主义哲学家，企图在这种基础上为社会思想找到安全可靠的基础。在自然与社会之间严格而唯一的对照中，他们企图区别一套普遍永恒的人类特征，并把它们与那些仅仅是社会的、可能发生的和无关紧要的事情进行区别。他们的目的是要确定'自然的'和'本质的'人类特征，这些特征可以作为社会解释和道德价值的基础——因此，也被认为是普遍适用的和权威性的基础。"① 可以看出，自由主义是出于普遍主义的目的来寻找人性的道德基础，而当代的马克思主义者则认为我们既是历史的存在也是具体的存在，更重要的我们都是以他者的存在为基础的，单独一方不可能存在。这些马克思主义者对人性的认识正验证了社群主义对共享式自我理解的真实性。

（三）共享式自我是社群主义对文化多元主义的一种应对

文化多元主义是为了应对文化差异性和多样性而产生的，这是其理论所针对的现实情境。文化多元主义在20世纪后半期与社群主义、自由主义相遇并表现出高度的相关性，威尔·金里卡对此进行了说明，"为数不多的在20世纪70年代和80年代探讨文化多元主义的理论家假定，关于文化多元主义的论辩本质上无异于'自由主义者'和'社群主义者'（或'个人主义者'和'集体主义者'）之间的论辩。"② 文化多元主义成为社群主义与自由主义论辩的边界，人们如果珍视个人为自由主义者，他就会反对文化多元主义，与之相对，社群主义者把文化多元主义看成保护社群价值和确证社群价值的恰当方式。因此，文化多元主义认同社群主义的"镶嵌自我"观，认为个人镶嵌于特殊的社会角色和社会关系之中，不可能脱离他所生活的文化传统和共同体而存在。

但文化多元主义对社群主义形成自我的独特认识其影响主要在于文化多元主义的宽容精神和对共同价值的关注，无论在现实层面还是在理论层面，文化多元主义都将宽容作为基本前提，消除歧义，承认文化的多样性

---

① [英]肖恩·塞耶斯：《马克思主义与人性》，冯颜利译，东方出版社2008年版，第193页。
② [加]威尔·金里卡：《当代政治哲学》（下），刘莘译，上海三联书店2004年版，第601页。

因而也就承认各种社群的存在。在共同价值追求方面，社群主义在自由主义的论战过程中也时常诉诸于文化多元主义，因为社群主义一直认为自由主义的个人主义会不断侵蚀文化共同体的强大传统习俗和常规，会瓦解共同体的能力而使的人们无法追求公共利益。我们且不去谈文化多元主义宽容的边界如何勘定以及共同价值到底受众有多大的问题，但就文化多元主义所表现出的对多样性的宽容理念以及精神就能够有助于我们对社群主义自我形成全新的理解和定位。

二 共享式自我的基本思想意蕴

个体自由与公共价值之间处在一种张力状态之中，过于偏执于一方会产生双方力量的失衡。自由主义对自我的认识就是过于偏重个体价值，从而造成社群整体价值观的衰退，因为过分的自由导致了社群的离散以至于导致社会的分裂，这种自我原子主义的人生态度更破坏了公民间信赖和合作的基石，阻碍了共同价值、共同精神的确立和达成，所以，为了能够加强自我的共同体意识，我们需要从价值方面确立以公共利益为目标、以公共美德为媒介的公共精神，从事实方面通过借助于语言的公共交往来确立真正具有公共责任感的自我。

（一）共享式自我的价值指向——公共精神

社群主义的这种共享式自我是我们在对社群主义自我理论进行阐释并结合其所面临的理论背景和现实背景所抽象概括出来的一个总结性范畴。自由主义与社群主义关于自我的争论不仅仅是自我与社群的价值优先性排序问题，社群主义主张社群优先于个体自我，自我需要回归社群，自我离不开历史、文化、传统等构成性内容，其目的主要有两方面：一是实现政治哲学中社会正义主体的置换，社群主义的共享式自我作为政治主体意味者我们的政治活动方式由个体私利走向公益模式；二是这种社群主义的共享式自我要突出的是在社群的前提下自我的共享性，自我通过友爱、团结、忠诚、互助等情感来确立公共美德、重拾公共责任、确立一种以公共利益为最终旨归的公共精神。这种公共精神不仅能使社群中的自我能够有一种休戚与共感、更能使自由主义社会中分散的个人恢复整体认同感。

共享式自我所确立的公共精神应秉承公共性，以公共利益为目的，不仅强调事实上的"共"，更强调价值取向上的"公"，强调的是一个人从只关心自我或自我的利益到超越自我，能够理解他人的利益并与他人共享。社群主义认为人的存在总是公共地存在。人一出生就被抛入由各种利益和交往所组成的社会关系的社群之中，每一个人在其生成的过程中，必然要与外界的人或物或事发生这样或那样的关联：与周遭环境共生、与其他人共存、与时间流动共进，共同构建出一个"公共"的人的世界。人的"公共"存在决定了人们总是以某种"共同体"的方式和样态存在着，同时，这也表明我们必须确立一种共享的意识，通过合作、团结、仁爱和忠诚来真正实现自我的生成与发展，因此，这种具有共享意蕴的公共精神是社群形成共同的价值观和行为方式的内在凝聚力。

共享式自我公共精神确立的客观前提就是对自由主义个体自我所导致的道德危险和社会危险进行预防和救治。自由主义的个体自我过分发展造成了社群价值观的衰退，遂出现类似一盘散沙的公共缺失，具体表现为公共秩序的混乱、贫富差别的悬殊、生态环境的恶化、社会安全的缺乏、公共意识的淡漠、公共责任的沦丧和公民美德的缺失等不良社会现象。所以，社群主义通过共享式自我力图把社群利益置于政治话语的中心，并期望个人在现代的社群中找到自我的价值归依，寻回失落的生存意义，从而消除个人无根漂泊的恐惧感。社群主义自我的这种共享、共在的理论进路及进行的理论建构在一定程度上反映了现代性所引发的西方社会危机。

这种对共享式自我的强调其实在社群主义者的一些论述中已经能够看到这种变化，自我回归社群不是最终目的，重要的是社群中的自我能够有一种对他人负责的意识、与他人共在、共享，从自我相关的角度考虑社群整体，这就需要确立自我的公共精神指向，追求共识与平等，并要求限制个人、发展群体，因为公共生活是自我的重要组成部分。桑德尔批评了自由主义的孤立的、脱离社会历史背景的个人，把社群置于从属地位，社群只是作为个人的目的而不是他们自我认同的构成成分，这种先验的个人观在使个人过分关注其权利的同时也"排除了一种公共生活的可能"。[①] 个体自我的公共生活就要求自我能够有一种公共意识，有一种为了实现公共利益的公共精神。同样，为了给共享式自我的共同善和公共利益的价值取

---

① [美]迈克尔·桑德尔：《自由主义与正义的局限》，万俊人译，译林出版社 2001 年版，第 77 页。

向提供证明，泰勒论证了共同体对于自我的前置性价值。泰勒也认为，人"作为一个个体，他以大量方式依赖于他的社会。"基于这种依赖关系，人要"在与这个公共生活的联系中来确认自身"。①所以，个体自我的实现必然是以承认和依赖"整体"的存在为前提，个体自我的满足程度与发展归宿，个体需要在他人关注和帮助下确证自身，同样需要在整体中得到完善。

共享式自我确立公共精神还需要自我确立公共美德，把个体美德与公共美德相互融合。安东尼·吉登斯就强调社群主义的兴起更大意义上是对公共美德的复兴："对新自由主义政策的失望，……导致了近年社群主义思想的崛起。对社群主义者而言，社群和整个市民社会的巩固能够克服市场的支配地位带来的社会分裂。……社群主义代表了一种'恢复公民美德'和'振兴社会的道德基础'的呼声。"②这种需要恢复的公民美德就是以社群价值为目标，以公共美德为表现的公共精神。公共美德的缺失会造成我们更加重视私利，减少共同的社会联系，人际关系日益冷漠，人与人彼此之间处于冷漠与疏离状态，这种情形只能由社群之中共享式自我的公共精神来予以导引和纠正，在公共精神的欲求下，在社群公共价值的目标指向中，自我能够真正获得归属与认同。

社群主义更多地关注当下人们的生存境遇，为人们的生存与生活提供新的价值参照，因此也就更能展现其自我理论的真实价值。如果说自由与平等是自由主义的价值标签，那么，我们也可以说博爱的价值确证了社群主义共享式自我的终极价值追求，社群之善超越个体权利成为我们应予以关注的最高目标，从小范围的社群共同价值到达到全民族、全世界的共同价值，这可以看成是社群主义共享式自我对博爱价值的一种承诺和回应。

(二) 共享式自我的通达之路——公共交往

我们所强调的共享式自我，并不仅仅停留在共同分享物品、意义和价值层面，也不是忽略人的多样性事实的抹平式的共享，实际上这种共享式自我所要突出的是回归社群之后自我在公共性方面的诉求。人不再是社群

---

① [加] 泰勒：《黑格尔》，张国清等译，译林出版社2002年版，第578、592页。
② [英] 吉登斯：《第三条道路及其批评》，孙相东译，中央党校出版社2002年版，第64页。

中单独的碎片，社群也不是简单把他们"包裹"起来，社群中的自我是一个有着内部联系的有机整体，既有价值关联更有现实纽带，这在社群主义者那里我们可以看到同样的意思表示："这个共同体的标志不仅仅是一种仁慈精神、或是共同体主义的价值的主导地位，甚至也不只是某种'共享的终结目的'，而是一套共同的商谈语汇，和隐含的实践与理解背景，在此背景内，参与者的互不理解如果说不会最终消失，也会减少。"① 这里的商谈语汇和实践背景实际上指的就是公共交往。

所以，共享式自我除了在价值指向上定位为公共精神之外，要想实现真实意义上的自我的共享还需要借助于实际通道即公共交往。因为人是在交往的互动中确立自身的，自我与他人之间的交往关系是人们之间最深层的关系。如果说公共精神是共享式自我所欲努力达到的目标，那么，公共交往则是实现共享式自我的真实通道。突破私人交往的局限，实现公共交往，这既是社群现实的必然性要求，也是我们对社群主义这种共享式自我的一种全新阐释和定位。

公共交往的前提是因为我们处于共有、共享的意义世界，为了解释和定义意义，我们必须进行公共交往。马克思说："人对本身的关系只有通过他对他人的关系，才成为对他来说对象性的、现实的关系。"② 这就决定我们不可能单纯过自足于个体性的私人生活，必须要由私人生活走向公共生活，走向公共生活就需要进行公共交往。

社群之中的自我作为个体其存在是平等的、自由的，共享式自我要求我们要正视他人的存在，从而达到一种自我与他人共在的境界，因为就其本性而言，"我的日常生活世界绝不是我个人的世界，而是从一开始就是一个主体间际的世界，是一个我与我的同伴共享的世界，是一个也由其他人经验和解释的世界，简而言之，它对于我们所有人来说是一个共同的世界。"③ 这里的生活世界与我们对社群的理解从经验层面而言可以等同，自我在生活世界中共在、共享，同样，在社群中也应该共在与共享。这是因为人与其他人共同生活在其中，通过交往与他人联结在一起，相互影响

---

① ［美］迈克尔·桑德尔：《自由主义与正义的局限》，万俊人译，译林出版社2001年版，第208页。
② 马克思、恩格斯：《马克思恩格斯选集》，人民出版社1995年版，第49页。
③ 许茨：《社会实在问题》，霍桂桓、索昕译，华夏出版社2001年版，第409页。

并相互理解。生活世界更是一个具有意义结构的世界，因为人必须首先对意义做出解释，才能在其中定位。而意义结构就来源于人类的行动，人类行动就需要进行公共交往。交往是人的社会性的存在方式，人的社会性决定了人不能没有交往行为，也就是说，作为一个社会文化生活形式的人不能脱离种种交往关系，不能不同他人进行商谈，否则，任何生活形式和价值共识都无法确立。

公共交往主要发生在经济、政治和文化方面，所以相应地产生经济交往、政治交往和文化交往。经济交往是人交往活动产生的直接动因，它构成了整个实践活动的基础。政治交往是在一定的经济条件下人们追求平等自由的权利的交往活动，交往的目标是为了开展更广泛的经济交往，它为经济交往提供政治保障。文化交往是指人们之间以文字信息为媒介的所进行的沟通与交流活动。这三种交往活动在现实中不是单独存在运行的，它们三者相互结合、相互包含，并且组成一个相互联系、相互制约的有机整体，通过这些公共交往形式，回归社群后的自我能够紧密联系形成更具凝聚力的共同体，推动共享式自我的生成发展。

公共交往的媒介是语言。语言作为人类交往的产物，本身就是个人之间共享的产物。马克思认为语言不仅是依赖于交往实践的一种物质，也是既为别人存在，也为我存在的意识。它是人与人之间交往的桥梁，人的思想需要借助于语言来表达，由此形成人与人之间的理解与被理解、接受与被接受的关系，所以语言是个体走向公共性的产物。语言只有在自我主体间的相互交流中得到发展，社群的人就是以语言为中介来相互认识从而达到共识的。语言是一种对话，而对话是人生存的基本内容，离开对话双方的语言都是不存在的。社群中的自我要想进行公共交往必须依赖语言。正是语言赋予我们这种沟通共在的能力，正是语言使社群中的自我能够突破私人交往的局限，进入公共交往领域，形成共享式自我。

另外，公共交往还需要达成伦理共识。寻求普遍性的伦理原则，达成公共性的伦理共识，这是共享式自我得以形成的伦理前提。公共交往中达成伦理共识的客观基础是对个体权利与利益的法定认可与保护，伦理共识的主观基础是社群中的自我能够出于爱和责任主动寻求价值认同，而伦理共识的深层本质就在于个体对普遍性价值的认同。这种普遍性价值就是社群中自我所推崇的并在共同体中生成的一种伦理精神，这种伦理精神的内容会随着社会发展和自我公共认可而不断改变。理想状态下，社群中每一个体自我都分享着普遍性的伦理精神，自觉地以其为根据导引着自身的行为，并且，这种普遍性的伦理精神会将个体自我团结起来，使得他们能够为了共同的价值理想在公共精神的观照下结成了合作共存共生的关系。我们不能否认当代社会的由于社会生活领域的分化与道德的分化所导致并形成的多元化特征。但是社群中个体自我有了对普遍价值的伦理共识，借助于语言，进行公共交往就能够将社群乃至整个社会凝聚为一个具有生命力的伦理实体。

三 对共享式自我的深层理解

我们多次强调这种共享式自我的意义在于强调自我对历史、传统、价值等的分有，更重要的是通过这种共享式自我，能够实现公共领域与私人领域的贯通，弥补自由主义以自我为边界进行公私领域划分的单一和绝对化倾向，同时，通过文化生存的视角来实现自我与社群的融合，更重要的自我与社群通过思维可以达到同一，因为，自我与社群关系的独立主要在于人们的思维层面。

（一）自我的共享贯通私人领域与公共领域

对社群主义自我理论的理解问题实际上涉及现代语境中的个体自我的问题，自由主义的理性个体只存在私人领域，似乎与公共领域无涉，公民身份就是个人理性地追求自己所定义的善的资格，而在社群主义者看来，剥离了社会性的、无所担当的个人概念只不过是自由主义的臆想，人首先是社会性的，根植于不同的社群，就连公民这一政治身份的确认也只能在特定社群中才能获得。针对自由主义的狭隘自我，社群主义认为公民身份的自我应该在公共领域之中存在，社群主义的自我概念更加丰厚和有使命感，他把自己看成政治社群的参与者和活动者。自由主义的个人关怀都被划入到私人道德领域，这样使得自由主义社会的政治愈来愈丧失其伦理成分，蜕化成为"工具主义"的事务，公共意识衰落，公民的行动会产生消极和畏缩，积极的合作与参与式社群很难建构。

自我作为个体既存在于公共领域，又需要生活在公共领域，私人生活领域自我存在私人生活的完善问题，它可以在哲学层面加以解决，与他人无关，但是，涉及他人和社会，即行为的公共性，那么就不能用哲学的方式来解决，而只能求助带有公共性质的公共言说领域，公共领域关注的个人成为一个社会好公民的问题，这一方面的问题亟待政治来解决。作为个体的人一直互换在私人的领域和公共对话的领域，所以，自我或有时出现身份认同模糊和角色判断危机，混淆二者边界，或者将公私领域绝对划分。

所以，我们可以说，在社群主义和自由主义关于自我论争的过程中，对于自我所属领域的界定没有搞清楚，我们应该或者在哲学层面探讨自我以及自我认同，或者在政治层面来探讨自我的现实可能性问题，而在政治哲学这一联合的大背景之下，我们应该综合性、超越性地考虑这两个层面的问题。

哲学传统中，现代西方哲学在批判和超越个体主体性和个人主义上存在两个取向：一个是从个人主义走向新个体主义。这种新个体主义更强调精神的自主性和人格的独立性，旨在维护精神的自决，反对人格的丧失和精神的堕落与屈从。另一个是从个人主义走向共同交往。不管是站在自由主义立场的哈贝马斯，还是立足于社群主义立场的麦金太尔，都试图通过建立理想的生存共同体来为人类提供生存的价值和意义，从而实现人与人之间的和谐与统一。对个性的伸张只是在人际共在的前提下才是必要和可能的，没有他人，提出捍卫个性的问题是毫无意义的。

自由主义为自我在政治领域之外设定了限制，公民私人生活领域的信息被罗尔斯的无知之幕给屏蔽掉了以后显得很虚弱，个体无法与他者对话，公民私人状态下的公民伦理身份成为被搁置的重要问题。自由主义先设定一个先验的、孤独的自我，然后再去讨论自我如何与我们生活的共同世界之间发生关联，从而把自我的目的、价值分化成与自我相异分离的东西，外在于自我，而把自我所有价值作为选择对象的理论无法说明自我的生存深度。

社群主义通常以某种"我群意识""共享的自我理解""相互的承诺"作为构成社群关系的要件。所以我们可以在社群主义对自我、对社群的理解中尝试性地找到出路，因为自我离不开社群，社群涵盖了私人领域的团体与公共领域的政治实体，所以，通过社群我们有了贯通公共领域和私人领域的通道，我们能够在社群的庇护下做到私人领域完善自身，公共领域内积极作为，以维持自我的整体感与伦理感。社群主义认为社群无须重建，而是早已存在于共同的社会实践、文化传统以及共享的社会理解之中。这是一个共享的场所，置于其中的人们不仅拥有共同的目标，参与共享的实践并相互关切，而且建构了共享的判断标准，特别是道德判断的标准。

在社群主义看来，建立在个人主义基础上的公共活动领域的扩大，不仅未能强化作为社会联系纽带的公共价值，反而削弱了自然形成的社群联系，因为，自由主义在逻辑上在公共领域与私人领域之间划定界限，这是自由主义整体上的结构化特征，如何划界，以及划界的标准是什么？最终以"自我"为标杆依据抽象的形而上的"自我"概念，把"在我之内"和"与我之外"作为区别与联系的前提。我们需要一种综合的智慧和实践慎思的能力。自我生活于阅历和语言共享的社群之中，只要在这个背景下，个人与社群才能通过本质上属于政治行为的讨论、批判等方式来揭示和检验自己的价值。自由主义的正义只有在有边界的社群之内才能得以运行，而同时它也要求公民认为自己的边境具有道德意义，自由主义的民主国家需要发展和维系这种伦理共同体感。

由于政治领域和非政治领域、政治身份认同和文化身份认同不能一以贯之，自我身份发生分裂，完整的自我不再可能。其实，个体自我的身份不能只经过公共的政治通道来进行，自我的身份不仅要获得来自于公共的政治领域的认同，而且也要获得来自于私人领域中群体的认同。自我不是只来自自身的一块独有的内心场地。而社群主义从社群出发，弥合了自我在私人领域与政治公共领域的分立，因为私人领域与公共领域共有一个社群的理解，社群主义自我因此可以自由地在私人领域与公共领域之间转换，从而解决了自我身份认同的危机。

社群主义者则把政治认同、伦理认同、文化认同合一，通过伦理认同、文化认同达到政治认同，并通过政治认同进一步强化了公民的伦理认同和文化认同。然而，在这种逻辑一致的一连串的认同当中有一个最后的理论预设前提即社群是最大的善，自我是最大善的载体。身处于不同社群的自我成员资格通过文化、伦理等层面的认同后跃迁到政治认同，进入共同体，付出忠诚，一方面完成了共同体整体层面的整合；另一方面通过共同体获得自我身份认同，获得自我归属感和自我价值的提升。

(二) 文化生存统一自我与社群

从把文化作为人的生存方式角度来打量社群主义自我,可以进一步明确文化对自我与社群的深刻影响,因为,自我从一种超验的存在转变成一种经验的、现实的存在,在各种社群之中借助于文化载体而获得了归属感。其实,自我、社群均是文化的产物与载体,自我与社群的统一基于人的文化生存。文化作为人类刻在自然世界的印记,标志着人类的发展水平,文化是在共同体中历史形成的影响人生存的方式,文化是人的造物,同时文化又影响着人,更进一步理解,文化本身就体现了人的生存样态。自然属性是以生物遗传的方式传递给人类个体的,而文化属性则是以社会遗传的方式传递给个体的。也就是说,人类个体能够由生物遗传来体现种族的属性,也能够经由社会教化来体现种族的属性。那么,对于个体来说,个体既可以接受的是自然的刺激和产生自然的反应,也可以接受的是文化的刺激而产生文化的反应。"文化并不是外在于人的存在,而是通过人展现一个社会的文化;不取决于它的抽象意义是什么,而取决于社会成员对它的理解和解释。"① 自我基于个体对社群的意义构筑与共享使社群主义自我有更强烈的文化认同感,文化认同基础上的伦理认同感,而社群自我带有对所在社群的表现性印记。

社群就是一种具有共同文化特征的共同体。每个个体之所以是社群中的一员就是因为他们有共同的文化背景,你是不是某个民族的一员并不是由你个人的意愿所决定,而是由你身上所遗传的文化基因所决定的。这个共有的文化共同体为你个人能动性的实现提供了基础,个人对这个共同体也就负有义务和责任。因此泰勒指出,"宣称自己是如此的自由个体有义务去完成、重建和维持这个社会,在这个社会中他的同一性得以可能"。② 自我的认同离不开文化,离不开特定的背景和视域,生活的重要性就在于它是维持沉思的良善生活和作为公民行为的背景基础。而一个社群在一定意义上它就是一个具有共同文化背景的集体,"关于人的社会性观点坚持寻求人类善的根本的构成条件限于社会之中。因此,如果脱离开语言的集

---

① 周宁:《从"独白的人格"到"对话的自我"——心理学中人格与自我的分野》,《赣南师范学院学报》2004年第2期,第13页。

② [美] Charles Taylor. The Ethics of Authenticity. Cambridge, Massachusetts, Harvard University Press, 1991. p. 292.

体和关于善和恶、正义和不正义的公共讨论，那么人就不可能成为道德的主体，不可能成为人类善的实现的候选人。我反对所有的原子主义观点，因为人们从社会那得到的不仅是实现善的援助，而且是作为一个寻求善的个体可能性。"① 泰勒在这里所说的"语言集体"和"公共讨论"其实质就是一个文化背景。因此，个人的选择和各种可能性的实现都离不开自己所置身的社群。人是生活在文化之中的，也正因如此他是一个表现性的存在者，而文化是在一个社群之中来加以维系、教育和发展的，文化维系着他的所有成员，它的成员如果脱离文化而孤立存在，必然会陷入极端的贫困之中，脱离了文化的普遍的、无个性的自我在社群主义的理解中是不存在的。

总之，自我在寻求自身解放的过程中，在社群的共同生活中，赋予自身以社会文化的理解，自我也由于群体的一致性而产生文化上的身份感，从而走向成熟与健全的自我生存样态。因此，"自我"不是独立于文化的存在，而是通过文化形成和发展起来的。自我不仅是信念、愿望之网，更重要的还是历史和文化之网，这张网还在不断地连接过去，向前延伸。同时，在不同的文化中，"自我"的实际构造和活动是不同的，西方文化中的自我构造被称作是自我的独立构造，强调的是人与人彼此的相互联系和相互依附，社会成员体验到相互依赖会使个体把自己看作是包容性的社会关系的一部分，并使自己立足于关系中的他人的思想、感受和行动。而非西方文化中的自我构造被称作是自我的相互依赖构造，突出的人与他人、人与组织的高度依存性。于是，自由主义的自我便是原子式个体，社群主义的自我则是在文化背景中共享存在。不同的文化社群成员之所以有不同，关键在于个体对各自文化的认同与理解，如果没有"自我"的理解与解释，文化是外在与个体的，二者构不成互动的关系。

以启蒙运动为界，启蒙之前人们力图摆脱各种身份束缚之后，失去束缚的个体缺少认同，自由主义的大肆发展使个体的原子化倾向更加明显。自由主义的自我观念使得自我可以与其文化隔离，不会对其社会产生任何高度的忠诚与承诺，也不可能形成深刻的情感与归属，因此由这种自由主义个人所形成的结社也无法发展真正的社群。社群主义的自我概念则是从

---

① ［加］查尔斯·泰勒：《哲学与人文科学》，剑桥大学出版社1985年版，第292页。

当代文化脉络中抽离出来的共识，因为这种自我观念是有其历史和传统的面向，并不是虚空，也不是脱离社会和文化内涵的抽象概念。而社群主义的社群给个体以价值安慰，从日常生活的居所（家庭、村落等社群）的归属与认同到最大的社群——国家的追随。通过对社群价值的强调，引导个体实现对群体价值的主动遵从，从而增强文化凝聚力。所以，进入20世纪90年代以后，"社群主义"提出"跨文化对话"，企图以此确立"自我"和实现"自我"。以文化认同建构政治是"社群主义"在20世纪90年代掀起的第二次浪潮。在现代社会，文化对话应成为核心。

（三）自我的统一性——自我与社群的共在

自我（个人）与社群（社会）、私域与公域、个人权利与国家之间经常出现二元分裂与紧张，这种二元对立的理论进路相应地产生了个体自我在面对自身与他者时产生无所适从的困难局面。实际上，关于这种二元对立只是作为观察者的人对这种关系状态做出的理解，所以，克服个体与社会（社群）、普遍与特殊等问题上固执于一极的思维诟病，只能从超越这种对立的思维方式入手，从人的实存中揭示意义，发现价值，寻求永恒。

当代许多学者试图以调和和超越的形式来解决自由主义和社群主义关于自我的争论，达到重构自我观，重构社群主义的目的。如杰克·克瑞腾顿在其《超越个人主义：重构自由式自我》一书中就认为社群主义批评自由主义关于人的理论是典型的个人主义，把自我理解成与历史、文化和环境毫无关联的孤零零的个人，而社群主义观点则认为人与其环境有无法摆脱的联系，他试图使自己的理论超越双方的局限而保留有效的成分。奥克肖特也主张采取中间性立场，既承认社群也承认个体，没有进入二者的极端状态。他的个体性伦理在某种程度上，肯定当代社群主义所认为的人的自我是"具有社群之历史与信任之负担的自我"，他不会否认社群，无论种族性的、宗教性的、或其他的各种结社，既是构成人之自我身份的重要成分，也是人的道德和政治生活的构成要素，然而，他的个体性伦理并不因此认定社群性应取代人之个体性而成为道德与政治思想的优先地位。他指出，过分强调人之社群身份不但有扼杀人培育起个体性之生机的危险，同时，强烈的社群意识会造成强求人之一致性的社群个人主义，而抹煞人之个体性所尊重的多元性与分殊性。

自我与社群仿佛在现实中有一道不可逾越的鸿沟横亘在自我和社群之

间，但实际上这种鸿沟并不存在，二者从一开始即共同在场，自我在他人的社群之中，社群就是由自我组成的社群，并不存在非此即彼的二难抉择。社群并不具有可直观到的形态和结构，即使说从过去到未来的向度上，它始终是开放的。

而且，自我与社群的关系是一种很独特的东西。个体与社群二者的关联构成社会变化的动力，理解二者关系需要一个总体视野。无个体的社群，无社群的个体，同样都不可思议。人们关于自我和社群的想象，很大程度上受制于他们为之愿望和为之恐惧的东西的形态，同时，在相当范围内受到带有正面感受的理想和负面感受的反理想的规定。人们感到自我和社群是某种相互分裂的东西，而且常常也觉得它们是某种截然对立的东西，其实，不是因为人们实际观察到了个体和社群是两个相互分裂和对立的实体，而最主要的是因为，在人类那里，与这两个词语紧密联系在一起的是某些各不相同的并且往往是针锋相对的感受和情感价值。

所以，我们需要超越自由主义和社群主义对自我理论进行重新理解与阐释。社群价值不能取代自我对社会正义的追求，社群主义者吁求在植根于共同体背景下的社会正义追求过程中，自我处在生成与构成的不断流变之中，自我的同一是我们应该确立对自我性质的合理性认识。自由主义表达和承诺了一种对自我的一种极端个人主义甚至原子式的理解，忽视了自我其实是被包嵌在各种各样的社会角色和群体关系之中的。对自我的同一性进行反思其实就是对我们生活于其中的社会传统和文化实践进行评判性反思，通过反思我们可以重塑我们的自我同一性。"只有我们承认，我们是这个世界的一部分，这个愿望才能实现，而承认我们是世界的一部分，就意味着我们要承担责任。"[①]自我与世界是同一的。我们的同一性不仅取决于我们的传统文化等外在，更根本的在于我们首先是作为类的人。个体生命是一种自我展示，因为只有通过活动个体才能认识到自己的自我同一性。因而，主体性确实是自我构成和自我规定的，但是它不是通过抽象理性来实现的，而是需要被放置到特定的历史情景和生活实践中，通过与他们进行对话、澄清和认同来实现自我的塑造与生成。从这个意义而言，社

---

① [加] 查尔斯·泰勒：《自我的根源》，韩震等译，译林出版社2001年版，第706页。

群主义自我是被镶嵌在特定的传统和实践中的有所体现的自我，传统、文化和实践等构成了自我认同的源泉。

个体之间的总是表现出某种互济功能，正是这些功能的相互关联才构成了我们所谓的社群。我们大家彼此组成社群，但它不是我们大家共同意愿、共同计划的结果，它之所以能够存在，仅仅是因为有众多的人现成在场，它之所以保持运转，是因为有众多单个人有所意愿，有所行动。而每一个单个的人，一旦他诞生在这个世界上，就已经被掷于先他在场的某个人类群体之中。个体之间看上去彼此毫不相干，但彼此被无数看不见的链条与他人联系在一起，不管那是工作链、财富链，也不管那是欲望链还是情感链。个体始终要过一种链式生活。个体是在与他人的这些联系的、依赖性和依托性的历史中，进而在一个更大的范围上，在他赖以成人并生存的各种社群中获得了自己的特征。所以，一个个体唯有在与众多他人的联系中，才能维持他的生存和他的社会性存在。每一个"自我"都不能免于被统摄进"我们"，我们就是社群的通用语。

通过以上深入阐述，我们可以更清晰的明确两种认识：第一，正如自由主义自我理论的形成和内涵有其思路结构一样，社群主义者对自我的阐释与理解同样有其所认定的比较一致的理论逻辑，这种对自我理解的逻辑起点在自我，逻辑终点在社群的公共善，这是我们通过对社群主义者各自对自我的定位以及对社群主义自我观内涵的整体阐释进行分析后所得出的结论，这种对自我理论理解的逻辑是我们认定社群主义的典型结构性标志，是对自由主义自我的一种反对与超越。第二，社群主义对自我的认识不仅仅停留在表面意义上的将自我拉回到社群，实现自我向社群的回归，社群主义自我真正的意义在于强调这种回归了社群的自我能够通过联系纽带成为具有凝聚力的整体，能够确立公共意识，从而具有超越单一社群的整体视角，所以我们将这种意义上的自我定义为共享式自我，这种共享式自我并不是像功利主义所主张的无差别的共享，而是承认多样性前提下的一种价值共享、意识共享。这种对自我共享、公共意识的强调无疑加深了我们对社群主义自我的理性认识，另外这种自我也对当前人们的生存境遇起到观照作用，因为随着现代化过程的加速，现代性成为我们无法回避的命运，现代性使人的地位进一步提升，我们需要在传统价值介入的前提下将过分独立的自我拉回到社群之中，自我成为有着内在关联的整体，这种自我的定位同样对于我们面对纷繁复杂多变的后现代也能起到一定的参考作用。

第五章 社群主义自我理论的时代价值检视

我们在了解了社群主义自我理论，明确了其自我演进和展开的理论结构之后需要对这种自我进行价值的分析，因为任何理论都有其对自身的合理定位和外部评价。作为政治哲学中很有影响的一种智识传统，社群主义及其社群主义的自我理论并非是尽善尽美的完善理论，从价值评判的角度而言，社群主义自我理论有其天然缺陷，如果说社群主义者认为权利基础论是自由主义的"阿基里斯之踵"，那么，对传统、社会的过分偏重就构成了社群主义的"达摩克利斯之剑"。但实质上，每一种哲学理论都有其理论短板，我们需要明确其理论不足的前提下，超越性地去分析和评价其有价值的精神内涵，相对于其理论不足而言，正向价值的分析更有意义，更有前瞻性。

在明确社群主义自我理论不足的基础上，为了能够尽量全面深入地评价社群主义自我理论，我们需要立足于两种立场来对其进行肯定意义上的价值评判：一是"走近社群主义自我"，也就是紧紧围绕社群主义自我理论当时产生的理论前提和现实境遇来进行评价，把我们评价的眼光返回到社群主义本身，因为按照马克思的理解，任何真正的哲学都是时代精神的精华，所以，社群主义既是时代的产物，也能够回应当时的现实境况，社群主义对自我理论或者人的理论分析对当时产生的一定影响。因此，我们将从理论评价和现实关照两个视角来分析其所产生的时代价值，以期能够给予它合理的价值定位。二是"走出社群主义自我"，也就是我们要站在当代这个大时代背景下来分析和评价社群主义的价值，从我们所处的时代境遇中尤其是我国目前的社会现实中来评价社群主义自我理论所具有的指导、参考价值，因为，任何哲学尤其是政治哲学是对当代人生存境遇的哲学反省与回应，这与我们的生活息息相关。因此，从更广义的社会价值的角度来阐述社群主义自我理论对我国当代社会问题的启示作用，后者的价值研究更能够体现理论对现实的指导张力，因为，虽然东西方国家的文化和历史传统不同，但是在社会发展过程中，在一定的历史发展拐点中，我们都会面临同样的社会问题，所以，我们需要一个不同于我们的自身的理论框架来提供参照，为我们解决中国当下的社会现实提供一种新的理论进路。

　　立足于当代社会的自由主义是个人主义所导致的人类困境，社群主义发挥了批判理论的功用，而社群主义对自由主义进行批判以及展开自身理论体系都是从对自我也即关于人的理解开始的，与自由主义所推崇的独立、自足、自主和完全理性的自我观不同，社群主义对自我观的理解具有历史的厚重感，现实的层次感以及文化的价值感。社群主义自我的来源是真实的社群而非形上预设，是现实情境而非虚幻构成了社群主义自我的本真性存在，而社群主义自我的确证方式是特殊主义而非虚妄的普遍主义。社群主义自我观的诸种理解和阐释其实质在于个体与群体二者的关系，个体与群体关系如何处理以及个体与群体何者具有价值优先性，这都是社群主义对自我理论的分析中我们得出的结论。社群主义与自由主义二者在自我理论的论争其主要分歧在于自由主义侧重从政治层面入手把自我理解为一种政治概念而非哲学中的形而上学概念，我们把它定位为一种政治自我，政治领域中的人更多是一种法律概念，所以需要承担相应的权利与义务，需要在权利与义务之间寻找政治的最佳平衡；而在社群主义那里，社群主要是伦理层面的社群，它注重从社会层面来理解自我，这种自我更多地体现为是一种道德自我的形象，主要考虑的是自我的身份认同与社群的公共精神等伦理层面的内容而非自由主义的权利与责任的均衡。二者对自我的理解并非处于同一视角，他们对自我的理解也不是基于同一概念水平之上。社群主义对自我的理解主要是出于对自由主义个体主义自我在政治实践和社会生活领域所产生的分离主义文化的一种伦理救助与吁求，因为自由主义并不否认社群的事实存在，只是在价值优先的考虑上将个体自我前置，这种自我的前置在西方自由主义发展历史问题频出，危机不断。所以，社群主义从人的生存状态出发对自由主义的这种政治自我所产生的后果进行伦理层面的反思与重构。

　　从价值评价的视角而言，我们不应该沉迷于社群主义与自由主义之间关于自我理论的争论，也不应该陷入二者非此即彼的窠臼之中，而应该确立与寻找更为广阔的学术视野来评价社群主义自我的价值所在。因为作为政治哲学中很有影响力的一种智识传统，自产生之初就已经发挥了对实然与应然的解释、批判和引导功能，从理论发展角度而言，社群主义自我理论既是对以往自我理论如自由主义自我的总结与超越，同时也对个体和社群抑或共同体之间的二元关系有了一种理论的分析和价值梳理，为我们从理论的宏观视角上来分析个体自我提供了丰富而有效的智慧资源。同时，因为自我理论其实质就是人的问题，所以，社群主义自我理论能够关注个体自我在现代和后现代交接的时空境遇中的生存困境，能够切实关照人们的现实生活，因为人与社群共生共存。

马克思主义的宽广视野来审视这场争论以及社群主义对自我的理解，以便于明确人们对社群情感眷恋的精神情结。因为社群主义自我理论的核心是个体与群体的关系，虽然社群主义者没有明确提出个体概念，但是这种个体与群体关系的重新定位与马克思关于个体与社会的关系具有高度一致性，也就是从这种意义而言，社群主义对自我的理解与马克思对个人的理解具有一致性，同时，因为第一次社群主义对自由主义的批判就是借用了马克思的思想资源，20 世纪 60 年代，社群主义对自由主义的早期批判就是受到马克思主义的启发，把财产集体所有制和平等的政治权利看作是良好社会的标志，并以此为理论旗帜向自由主义发动了理论进攻，所以从历史根源以及现实理论批判精神上，社群主义与马克思主义对个体与群体关系的理解具有一定亲缘性和一致性。我们不可否认，社群主义对自我观的理论定位最初动因来自于对自由主义个体抽象自我的校正，但是，其更深远的意义与价值在于理论精神指向上超越了与自由主义的这场论证，再一次使个体与群体关系的讨论问题置于人们的研究视野之中，因为，从某种程度而言，个体与群体的关系始终是我们无法回避的二难抉择，这种二难抉择一定程度上反映了人类思想和文化精神中所面临的整体生存困境。

第一节　社群主义自我与哲学智识传统

我们对社群主义自我理论的评价需要在理论发展脉络中寻找定位，一方面是对自由主义自我的理论批判与超越；另一方面就是关注社群主义自我与马克思主义人的"类存在"的思想亲缘性。因为，这两种政治哲学的智识传统为我们评价社群主义提供了丰富的理论框架。

社群主义对自由主义的批判集中在自由主义预设的自我观念，对自由主义式的自我的批判占据了社群主义理论发展的核心，这种对自由主义的批判不仅在本体论层面把自我由个体置换为群体，更重要的是随着社群主义对自我理解的逐渐完善化，我们阐释政治、解释历史的思维方式发生了深刻变化，个体权利本位的政治让位与公共利益为主的政治，这种群体自我的思维方式影响到整个政治哲学的发展，政治话语方式也因此发生转向。

社群主义在自我的理论理解上除了置换了社群作为共同体与个体自我的价值定位之外，更重要的是它受马克思主义哲学的影响还原了抽象存在个体的真实社会形象，开启了从社会存在和社会关系角度理解人的新的理论维度。与马克思主义哲学具有价值同向性，社群主义自我的理解中也蕴含着类似于马克思所言的自由人联合体，人的全面发展等共同体理想，在这种其中二者内蕴的共同点就是对个体自我公共性的凸显，更强调的是个体公共意识、共享意识的确立，人们大同理想的实现。

当然，任何一种理论除了理论上发挥效用之外，在实践中也应该起到一定的指导作用，社群主义对人以及人与群体之间关系的重新定位正迎合当代西方社会的现实需要，当代西方社会暴露出来的极端发展的个人主义危害日渐严重，因此，一种回归公众的要求、回归传统的要求也越来越强烈。作为一种后自由主义思潮出现的社群主义，正是对自由主义过度发展和个人主义泛滥在哲学上的反应，开始强调社区联系、环境和传统的积极价值，强调共同的善在人们生活中的重要地位。

一 还原个体生存的社会真实

西方哲学史中一直有一种研究自我思辨意识的理性传统，马克思就曾对具有思辨意识哲学传统的德国哲学进行过批判，马克思指出："德国的哲学从天上降到地上；和它完全相反，这里我们是从地上升到天上，就是说，我们不是从人们所说的、所设想的、所想象的东西出发，不是从只存在于口头上所说的、思考出来的、设想出来的、想象出来的人出发，去理解有血有肉的人。我们的出发点是从事实际活动的人，而且从他们的现实生活过程中还可以描绘出这一生活过程在意识形态上的反射和反响的发展。"①

社群主义正是从人所生存的社会现实角度来理解自我，设定自我形象，定位个体与群体之间关系的。具体而言，社群主义所提出的自我理论的认识并不仅仅停留在对个体自我的人性认知和假定上，其实质上将个体自我和群体之间的关系进行了重新定位，将群体和个人之间在价值选择上进行了置换，而这种回归群体，突出群体的强烈主张与马克思对人与群体关系的理解具有相似性。因为，马克思批判黑格尔以绝对精神为重点的思辨意识哲学和费尔巴哈的半截子唯物主义时，所使用的就是现实的人及生动的社会存在现实。

在突出和强调人的社会属性方面，社群主义和马克思、恩格斯的理解殊途同归。社群主义认为自我作为个体归属于社群，离不开所在社群的文化、历史和传统，所以社群主义针对自由主义对人的抽象的、形而上的自足式理解进行了有力批判，以鲜活的、有生命力和现实感的个体形象置换这种抽象的人格形象。自由主义的自我与另一个自我即他者之间没有实现交流与沟通。在逻辑上和价值序列排列上，自由主义式自我不仅可以独立于外在的秩序而存在，而且其本身就是宇宙意义和秩序的选择者和规定者，总之自由主义的自我是自洽的存在，但是自由主义的自我由于脱离社会没有任何社会文化背景而无法自我表达。而社群主义对个体自我生存境遇和背景的强调弥补了过度强调个体独立的理论缺陷，使人真正成为具有现实感的生活实践中的人。这种对自我的理解与马克思主义哲学长期对人的关注在思想指向和价值诉求上是一脉相承的。

马克思早在《1844年经济学哲学手稿》中就通过人的生命活动来把握人的本质规定，他认为"人的类特性恰恰就是自由的有意识的活动"，"有意识的生命活动把人同动物的生命活动直接区别开来。"又说"通过实践创造对象世界，改造无机界，人证明自己是有意识的类存在物"等等。② 到后来，经过理论调整在《关于费尔巴哈的提纲》中总结出关于人

---

① 《马克思恩格斯选集》第 1 卷，人民出版社 1995 年版，第 73 页。
② 马克思、恩格斯：《马克思恩格斯选集》第 1 卷，人民出版社 1995 年版，第 46 页。

存在的经典论断,"人的本质并不是单个人所固有的抽象物,在其现实性上,它是一切社会关系的总和。"① 人是处在一定社会关系和政治关系中的人,是发展过程中的人,人是社会的人,人更是名副其实的政治动物,不仅是一种合群的动物,更是只有在社会中才能独立存在的动物,孤立的个人在社会之外无法存在也就更无法创造性地生产。人的发展的角度来看,社会存在是基于个人自由全面发展的现实要求。"对于各个个人来说,出发点总是他们自己,当然是在一定历史条件和关系中的个人,而不是思想家们所理解的'纯粹的个人'。"② 而马克思所设想的未来的共产主义社会所要达到的理想状态就是"自由人联合体"。在这种自由人联合体中,能够做到把人的关系和人的世界还给人自身。在马克思看来,"自由人联合体"是人与社会的真正的共同体,与过去的"虚幻的共同体"不同,在那种共同体中每个人的自由发展是一切人自由发展的条件,人与人之间是共享式的存在。

社群主义和马克思都主张还原个体人生存的社会维度,因为我们所有的活动,"它的前提是人,但不是某种处于幻想的与世隔绝、离群索居状态的人,而是处在一定条件下进行的、现实的、可以通过经验观察到的发展过程中的人。"③ 在对人的社会生活层面的强调上,社群主义和马克思主义遵从同一种方式,即都认为丧失一切现实生活关系和内容的人只是抽象的人,从抽象的人前提出发来建构理论必然会漏洞百出。

具体阐述而言,马克思非常强调人作为"类存在"的生存属性,马克思所讲的个人,不是原子式的各自毫无联系的孤立的个体,而是处于一定的社会关系中的具体的人。"任何人类历史的第一个前提无疑是有生命的个人的存在。因此第一个需要确定的具体事实就是这些个人的肉体组织,以及受肉体组织制约的他们与自然界的关系。"④ 因此,人的本质不能从自身中去找,而要到个人生活的现实条件中去找,人的本质就在社会关系的总体的联系之中。这种社会联系就是马克思一致强调的人需要合作生存的需要,所以,人需要社群,需要和他人一起合作生

---

① 马克思、恩格斯:《马克思恩格斯选集》第 1 卷,人民出版社 1995 年版,第 56 页。
② 马克思、恩格斯:《德意志意识形态》,人民出版社 1961 年版,第 76 页。
③ 同上书,第 20 页。
④ 同上书,第 13 页。

存。而社群主义认为一个人只有处在其他的自我中才能成为一个自我，自我不是一个实体，而是一种在过程中构造而成的统一性存在。自我也不是孤立的自我，虽然他能反思自我的存在，但重要的是他能把自我客观化，自我是一个指向于外在世界的主、客关系中的存在。自我是一个现实生活活动中的存在，是一个不断更新变化中的存在，是一个具有目的性、具有价值属性的存在。没有环绕于他周围的那些关系，单独的自我永远不能加以描述和形成。自我不但现实地存在社会的情境之中，而且自始至终依赖于这种情境，这种情境包括历史、文化、叙事框架以及社群背景等内容。

我们可以得出马克思认为理解人类行为的唯一正确方式就是把个人放到其社会的、文化的和历史的背景中去考察，而这种对人的真实生存场景的关注正是社群主义所加以强调的，社群主义也认为我们不能回避的就是人不论在事实层面还是在价值层面上都存在于社群之中，社群既具有历史、文化、传统和社会等等内容，成为个体自我活动的必然背景和条件，所以，单就对作为个体的人的生存的社会性的关注这一点而言，社群主义对自我与社群关系模式的阐述已经与马克思的理解高度相似，因而具有一定的合理性。

马克思理解人类生存与社会生活是从经济生活入手，从经济——政治的二元思维框架中来分析所面临的社会问题，抓住了社会生活的经济本质，从经济视角来透彻分析资本主义世界，为我们提供了分析资本主义世界、批判资本主义世界的宝贵思想钥匙。社群主义对自我的理解比较偏重于人的社会层面，或者说是从人的社会——文化二元视角出发来还原人的生存，注重个体自我所面对的活生生的社会现实，所以，我们可以认为，社群主义从社会文化角度对自我的理解完善或者说丰富了对个体自我的认知，社群主义对个体自我社会性的事实强调与价值提升可以说开启了从社会存在角度把握人的新的理论维度。

二 置换政治价值的结构方式

社群主义是建立在西方深厚的政治理论和社会实践传统之上的。从理论上讲，社群主义作为一种"后自由主义哲学"，"在形式上是修正性的，并力图把社群利益和构成联系纽带的公共价值观置于政治话语的中心。"① 社群主义在反对自由主义和阐释自身的同时伴随着对各种社会制度"衰落"和"失败"的哀叹,"他们不相信社会团结可以只靠正义原则的共享这样一种弱纽带来维系(或者还包括弱的民族身份),并且担心多样性与团结之间的平衡已经不复存在。"② 社群主义者关注我们社会制度的命运,关注他们是否具有营造伦理共同体感的能力。

政治哲学中自由主义从个体主义本位出发,从个体价值优先的角度来建构政治、解释历史,而社群主义用群体优先对这种个体价值优先进行了基础的置换,实现了西方政治解释模式的改变:社会整体主义取代个体主义。自由主义的政治话语如个体权利、理性、自由不断招致诘问,在对自由主义政治话语方式的批判中,社群主义不仅实现了政治哲学时代主题的变革——由重视个体权利到重视公共利益,更重要的是确立了社群主义对人的全新理解,人不再是自由主义视野下的孤立的、孤独的个体,人开始成为有着深厚历史、文化、传统中的社群式存在,这种对人的全新理解和认识对于当代西方社会中出现的极端个人主义现象有一定的警醒和纠正作用。同时,社群主义在对人的重新理解中也一定程度上实现了社会整体主义对自由主义个人主义的超越,在日益全球化的今天,整体主义的研究视角更能满足时代的呼求,更能体现人人相关、人人相惜的共同体情怀。

我们可以从自由主义的历史定位中简单总结其政治话语方面的个体主义特征。在西方社会的政治文化传统中,自由主义无疑占据了主导地位。自由主义不仅是资本主义一种主要的经济导向和政策实践,而且是资本主义的政治哲学、思想体系、意识形态。作为资本主义社会的基本理念,它与资本主义现代化的进程相伴随、共始终。自由主义的共同本质体现了资本主义的"现代性",个人主义、理性主义是资本主义"现代性"的主要成分,而个体本位恰恰是自由主义的核心价值,个人自由的维护问题,构成了自由主义的首要关怀及其异质于其他意识形态的特征。

自由主义与社群主义的这种话语方式的分歧与西方世界的二元式思维

---

① 韩震:《后自由主义的一种话语》,见刘军宁等《自由与社群》,三联书店1998年版,第16页。

② [加]威尔·金里卡:《当代政治哲学》(下),刘莘译,上海三联书店2004年版,第499页。

传统有关。内在与外在、感性与理性、自然与社会，这种二元式的对立在现代哲学图景中比比皆是。理性主义传统的自由主义思想家大多坚持理性和普遍性的哲学传统，认为主观主义和相对主义的出现是浪漫主义传统一手造成的。相反，社群主义则坚持认为，正是自由主义的先驱启蒙理性将一切自然主义化、独立化、客观化和工具化，造成了价值的贫乏和萎缩，才促成了今天这种相对主义盛行的局面。

社群主义对自由主义的政治话语的方式的改变可以从历史中找到根源。众所周知，早期就有人曾对自由主义所主张的自我观进行过批判，并主张个人的利益与共同体之间的紧密和谐，进而试图用这种具有较高一致性的社会秩序的"群体"理想替代自由主义所倡导的多元且世俗的个人主义观念。也正是在这种"群体"观念的支配下，卢梭对霍布斯自然状态中自私自利的人提出了异议，黑格尔对康德有关人的自主性的理想进行了反驳，而马克思则从整体上对资本主义社会进行了批判。仅从这一角度而言，尽管社群主义的当代批判对象是较为晚出的罗尔斯和诺齐克等人的新自由主义哲学，但是在某种意义上也算是对那种源自于卢梭、黑格尔和马克思等批判者的社会思想传统的一种变异性延续。

而在现代西方哲学中，社会整体主义以反对新自由主义的社群主义面目重新出现。对当代西方社会及其发生在这些社会中的冲突、矛盾和问题都做出了某种程度上的批判，同时将当代社会出现的诸多问题如社会伦理的碎裂化、公共精神的丧失等归结为支撑并支配着西方社会的自由主义和个人主义。从社群价值角度而言，当代西方社会尤其是美国社会被看作是极端孤立的个人、理性的自利主义者、存在主义的行动者、受到他们不可剥夺权利的保护并因为这种权利而互相分裂的孤立个体的大本营。

其实，自由主义与社群主义争论的重心问题其实不是表面上我们所理解的自我的构成及其如何构成问题，而是构成性自我直接的联系，即社会关系的模式。自由主义社会中的自我所有行为是自愿且松散的，一旦有可能它会几乎摆脱有限而短暂的联系，整个社会因此也就变的支离破碎，社会从根本上失去了确定和统一，自由主义的自我并不否认人的社会属性，只是在强调自我构成的关系模式上强调自我的绝对独立性，社群主义因此应该增强自由社会中人们对社群的共同关注。自由主义因为他们依据对人性和社会性质的虚构性解释而建构起来的善的社会模式，因而无法解释人类如何虚构各种社会秩序，在虚构的独立人性和整体的现实的社会秩序之间自由主义存在很难逾越的理论鸿沟。

而对于社群主义者来说，秩序和个人自由同样重要，共同组成了健康、稳定的社会基础。罗尔斯之前的自由主义一直力图从自由的角度来规范和提升人们的生活，但事实是自由的理论没能给人们带来安逸的生活，社会中充斥着不平等、暴力、社会秩序紊乱、社会成员精神虚无等不良社会表征，为此罗尔斯致力于转变政治哲学或道德哲学的研究进路，从公平正义的视角来理解和指导现实的制度设计与安排并且在公平正义的理论设计上对自由主义的普适性原则做出了让步。即使社群主义对自由主义的批判性纠正不能完全实现以社群中心的话语方式取代个人自由为中心的话语方式，但至少可以改变自由主义政治话语的结构，使其变成自由且注重公共利益的政治言说方式和践行方式。因为，"只有在集体中，个人才能获得全面发展其才能的手段，也就是说，只有在集体中才可能有个人自由"。① 从20世纪90年代以来，西方政治哲学的发展趋势越来越多元化，越来越关注社会实际问题，社群主义和自由主义的论争不仅仅停留在理论层面，相互之间在实践过程中逐渐走向融合，二者在理论发展和现实关照的双重作用下淡化了理论问题的对立逐渐走向对方，各自对立场结合实践进行了调整，因此共同点逐渐增多，理论的融合使得理论的生命力常青。

三 凸显个体自我的公共性诉求

社群主义非常重视自我的时代境遇，个体自我与历史、文化、传统的天然关联，更注重的是个体自我的相互共享，只有通过共享才能组成人类的伦理共同体，才能寄托人们的超越性情怀。共享式自我所确立的公共精神应秉承公共性，以公共利益为目的，不仅强调事实上的"共"，更强调价值取向上的"公"，强调的是一个人从只关心自我或自我的利益到超越自我，能够理解他人的利益并与他人共享。社群主义认为人的存在总是公共地存在。人一出生就被抛入由各种利益和交往所组成的社会关系的社群之中，每一个人在其生成的过程中，必然要与外界的人或物或事发生这样或那样的关联。这也表明我们必须确立一种共享的意识，通过合作、团

---

① 马克思、恩格斯：《德意志意识形态》，人民出版社1961年版，第74页。

结、仁爱和忠诚来真正实现自我的生成与发展，因此，这种具有共享意蕴的公共精神是社群形成共同的价值观和行为方式的内在凝聚力。

而马克思在批判所谓旧哲学创立唯物史观时所使用的批判武器是实践、社会历史和现实的个人等具有现实感的范畴。马克思对资本主义社会进行分析和批判注重经济、政治分析之外，在其一系列的论述中我们也能发现他对公平、正义、平等等政治价值的推崇与追求。马克思主义哲学侧重从经济视角分析社会现实，为我们进行现实分析提供理论工具和宽广视野，但到了现代，随着资本主义社会发生的一系列变化，马克思主义者的研究视野开始出现分化，以英美为代表的一大批马克思主义者开始关注平等、自我所有、正义等政治价值，开始从事实与价值层面来进行理论论证和现实分析，当然这与当代整个政治哲学发展的大繁荣密切相关。

马克思对具有公共性的人类共同体充满向往和憧憬，他认为随着分工的发展产生个体利益与公共利益的矛盾，而这种矛盾的消除其前提条件就是分工变成人自愿的、自发的选择，劳动成为人生存的必须品，这时候的公共利益和个体利益、公共目标和私人目标融为一体，真正具有公共性共享色彩的人类共同体出现，这种共同体就是马克思所讲到得自由人联合体，人们彼此之间互为条件，互为目的，彼此紧密依存，具有共同的至高无上的价值目标，这种共同体的体现就是共产主义社会，与以往马克思所谓的"虚幻共同体"不同，"而在共产主义社会里，任何人都没有特定的活动范围，每个人都可以在任何部门内发展，社会调节着整个生产，因而使我随我自己的心愿今天干这事，明天干那事，上午打猎，下午捕鱼，傍晚从事畜牧，晚饭后从事批判，但并不因此就使我成为一个猎人、渔夫、牧人或批判者。"[1]

根据个人与群体发展关联以及在人类历史上的不同作用，马克思把人的发展划分为三个阶段：第一阶段为人的依赖关系阶段，这对应的是人类最初的社会形态；第二阶段是以物的依赖性为基础的人的独立性形态，这里的物可以理解为商品等，所以由此产生社会物质交换等关系。而建立在个人全面发展和他们共同的社会生产能力成为他们的社会财富这一基础上的人的自由个性发展则属于第三阶段。相比前两个阶段，第三阶段是我们

---

[1] 马克思、恩格斯：《德意志意识形态》，人民出版社1961年版，第27页。

所欲达到的目标，但人的自由个性的全面发展必然有一个前提就是公共意识、共享意识的确立与践行，只有这样，人才能最终获得全面发展。而社群主义正是遵循这一传统，主张在重视个人价值的基础上，主张确立共同体意识，要求个体要积极参与社群的公共生活，为其服务的同时享受着公共利益。个人行为的判断标准不是个人自发的欲望、偏好和选择，而是社群所形成的共同的善，共同的善是对那些共同价值的追求，它要求限制个人选择和追逐自己的生活方式自由。

社群主义和自由主义作为西方政治哲学和道德哲学中的两种不同的智识传统而存在。作为哲学伦理学的社群主义所起的作用主要是批判性地反思当代社会人们面临的道德困境和实践困境，给予当代人一种纲领性的启发。实际上，当代社群主义对自由主义自我理论的批判，切中了现代性的核心问题。他们在维护个体自由权利的前提下，将自我放置在了特定的社会脉络当中，力图实现自我与他者、自我与社会之间的和解，进而实现对自我观的重建，其中具有的公共性意蕴对于我们当下人的生存指向具有重要的价值。

社群本身就是公共的存在，它追求公共善，"公"、"共"是它的重要体现人们对共同性社群的追寻实际上是人们对公共性的一种期望。人是以类的尺度和方式去思考和确立自己的生活，这是人的本质所在。人的存在注定是要由地域性走向世界性、由匮乏走向丰富、由片面走向全面、由狭隘走向普遍，而所有这些转变的完成，既需要公共性的理念共识，又需要公共性的过程支撑，更需要公共性的成果共享，这就使得公共性的生成和发育浸透到所有的社群以及社群的所有领域。

西方社会奠基于自由主义哲学之上的个人主义价值观的阴暗面日益凸显出来，每个人都只从自身的利益考虑问题，相互整合和妥协的余地越来越小，个人权利与公共义务、个人自由与社会秩序之间在一定程度上已失去平衡，自由主义日益陷入自身困境和无法克服的矛盾。而社群主义追求一种良善的公共生活，维护共享的价值观念，促进社群的和谐与繁荣、以避免现代社会由于过分渲染个人的自由和权利而导致的焦虑、不安、竞争、寂寞、疏离等症状和自我解构的身份危机。因此，需要重新摆正人和自然、人与人、人与社会的关系，保持全方位的和谐发展，使个体自我逐渐从对自然的贪欲、从对人的冷漠和对社会集体的不负责任中走出来，对他人、对集体产生共同意识和共同责任感，从而找到自身的精神家园。

"自我"不是独立的、自反性的、先在的实体，"自我"是关系的产物，是在自我与他者的关系中，在一定的情境中，在一定的社群文化背景中，在与他者的交流、沟通中建构出的，个体存在的意义就体现在与他人的关系中，所以社群主义自我除了把公共性作为自然而成的价值诉求之外，在社群主义自我的构成与生成的过程中其实也就包含着公共性的实现。自我的生成依赖于历史传统，只有借助于传统，个人才能获得自我理解的能力和过有意义的生活。如果过分地强调个人权利的优先性，就会损害自我的认同和理解。人总是要反思自身的认同，经过反思，人们知道自己是某一社群、传统和历史的一部分。社群主义者关心的就是努力重建现代人能接受的共同体体系。不管是在公共领域或私人领域，这种体系使人们不致有无根源的恐惧。"自我"的产生依赖于话语环境中同他人的相互关系，但是保留着影响这些语境的能力。而自由主义由于过分渲染个人的自由和权利，导致人们只顾自己的私利，丧失了对所属社群的承诺和认可。社群主义者认为，追求善必须拥有德性，在拥有德性的生活中对善的追求才是人类的好生活。在个人自由优先的民主国家，个人恰恰通过自由结社摆脱了个人原子化状态，来有效抗拒国家权力对其自由的无端侵害。

社群主义自我理论将自我放置到社群的公共领域，强化了人们的责任意识和对社群的归属感，增强了人们之间的多重联结纽带。总体而言，社群主义者期望个人在现代的各种组织之中，仍然能维系住某种程度上的共同体关系，当然他们并不是幻想人们回到前现代的传统社群之中，如家庭、邻里等为中心的时代，这些组织由于同质性过高，不符合现代背景下社会的异质性特征，所以我们面对现代情景需要重拾和重建现代人所能理解和接受的共同体关系，不管是在公共领域还是在私人领域，这种共同体关系都象征一种"连带感"，让个人不致于产生"无根漂泊"的无助与恐惧。如何求得个人、国家和社会之间公共性的平衡，如何以公共性为尺度去建构一种理想社会形态，这在人类历史的演绎中永远是亟待解决的新问题。不论是自由主义还是社群主义都不可能单独开出一劳永逸的良方，它们的意义就在于对问题的不断反思和尝试解决。

当代西方政治哲学的讨论中，社群主义质疑自由主义关于人的属性即政治社会本质的看法，认为后者的社会理论建立在原子式个体工具理性的假设之上，忽视了历史传统与社群生活所加诸到每个人身上的影响，对于人的生存而言缺少共享维度，所以这种背景下的人是可怜的、自私的个体。自由、平等、博爱一直是西方国家思想领域追求的价值序列，在长期的发展过程中，占据理论主导地位的自由主义致力于在理论和政策上突出自由和平等的价值观，而对博爱似乎关注太少，而社群主义的出现和发展可以看成是对博爱价值观的张扬，是对三种价值观的重新排序和设计。

在公共生活日益凸显的今天，为了建构全球化、信息化时代的生活，人们迫切需要一种共识性的公共性，否则公共生活的秩序无法形成，而这一切需要社群的支撑，需要社群主义自我对其的共识与躬行。伴随着近代工业对自然世界的过度开发，人类社会在全球化的今天，几乎所有的国家都陷入自然资源的匮乏和由此引起抢夺的紧张关系之中，自然因素反而在最原始的意义上极大程度地成为制约人类行为的一个瓶颈，因此，如果我们把公共性理解本身看作一个带有时代性和现实性的问题，时至今日，人类社会的任何公共性建构都应当有着自然世界和共在社群的双重考量，社群的公共作用和意义反而越来越重要。

社群主义自我的相关理论对于增强个人的社会责任意识和历史使命感，从而对实现公共性有重要价值。"社群主义的基本主张是在个人和群体之间，在权利和责任之间，在国家宪法、市场和市民社会之间寻求平衡，这是持久的事业。不过，由于这种寻求是在历史之中，在变化的社会条件中进行，评价什么是恰当的道德立场也将随时间、地点条件的变化而不同。如果我们是在今日的中国，我们会为更多的个人权利而作强有力的证明；而在当代美国，我们强调个人的和社会的责任"。[①] 社群主义中的个体自我对公共性的吁求及其存在，不单单只是关照我们人类的当下存在状态，它对我们而言具有更悠长的历史意蕴。它是要将我们当下的生存纳入深远的历史普遍性当中，从历史的整体绵延中关照我们当下的状况，从而使人的现实存在与既往的历史处在相互的连续融通之中。

---

① Amitai Etzion, The Essential Communitarian Reader, Rowman and Littlefeild Publish, Inc. Lanhanm, 1998, pp. x – xiv.

第二节　社群主义自我与时代境遇

任何理论都需要对现实有解释力、批判力和引导力，才能真正发挥理论之于现实的张力作用。社群主义自我理论其实也即对人的理解，这种自我的理解必然关乎人的生存与命运，社群主义对自我的认识必然使我们反思我们自身所处的当代境遇。当前时代是现代性理性大肆张扬和扩张的时代，同时也是所谓"解构"和"重构"并存的后现代时代，碎片化生存、价值观和意义感缺失、理性狂欢后空虚等等，这些都是当代人生存的真实写照。通过前面对社群主义自我的理论分析与阐述我们能够明确一点：社群主义这种群体性自我形态以及这种自我在价值上的优先性属性能够对我们所处的现代性背景下的人提供人文价值关怀，为后现代思潮下的人的生存提供整体性视野。

一　现代性境遇中自我的分裂与统一

自我一词本身就是一个现代性的词汇，现代性意味着个体理性的胜利，个体的自由和解放，所谓现代性意味着对自我的理解实现了从群体主义向个体主义的转变，同时也意味着主体性的大肆张扬。自由主义和社群主义关于自我的论争实质上就是现代性问题，二者的论争一定程度上彰显了现代性，也一定程度上推动了现代性。但是现代性得以彰显的同时也意味着现代道德的变迁与破碎，正如吉登斯所言，现代性的一个特征就是道德的式微，个体自我所遭遇的道德困境主要表现既是自我与共同体的分离。作为现代性产物的自由主义催生了个体的自我意识但却导致了个体自我与共同体或者社群的分离。因为，自由主义认为自我是一个不应受到外在的限制的独立存在，它使个体自我真正成为了自我存在、自我规定和自我发展的存在者，这种自我其实已经失去了对外在确定性秩序的依托，自身身份感模糊，心理缺少意义归属感，自我成为浮萍式的存在。这种自我理解意味着它不把社群或共同体看作首要价值的存在，而是把社群或共同体理解为达到某种目的而自愿地结合到一起的独立的个人的联合体。社群成为个体自我实现自身目的的工具，只是为个体提供的一种程序性框架而已，其本身不具有价值。这种个体自我既是现代性的必然产物同时也是现代性饱受诟病之处。

当代社会学家齐格蒙·鲍曼比较深刻和清晰地阐述了现代人的生存处境："我们生活在一个不确定的世界中，在这样的世界中，我们变得日益自由，然而问题是，我们不再有安全感，一切变得琢磨不定，难以预测。"[①] 经过现代性的洗礼，人的理性主体地位得以完全确立，人可以在宇宙中自由驰骋，人成为自己所遵从的上帝，人成为自我力量的表征和证明，但是"人在现代生活中，总会隐约地或显著地感受到种种的'疏离'：人与自然的疏离，人与历史的疏离，人与未来的疏离，人与他人的疏离，特别是人与自我的疏离。如果进而仔细地品味这种种的疏离，我们还会发现，一切的疏离，最深层的是人与自我的疏离。"[②] 但是在社群主义看来，植根于现代性基础上的自由主义自我尽管为个体权利的实现和自我的独立发展开辟了广阔的空间和通达的路径，但却使个体自我失去了外在的秩序框架，逐渐成为丧失归属感与价值感的存在者。而且随着这种个体自由的过度高涨，人的精神依托失去根基，人的生存越来越恐慌、空虚，人逐渐失去了对真善美的真实理解，人也在用理性战胜他者的同时失去了自我的本真性存在，人失去了历史、文化、传统乃至社群的依托和凭借，人成为分裂的存在。基于人的这种分裂性生存，自我应该恢复传统观，向社群寻找生存的灵感与动力，应该在各种社群之中明确自身的合理位置，从而获得厚重而富足的栖息。

（一）启蒙运动与理性自我的确立

启蒙时代的来临在这种认识世界和认识自我的交互激荡中肯定了人类理性的张扬与进步。启蒙要求个体独立于一切可能的传统和权威，并把理性能力抬高到人所具有的一切其他能力之上，尤其是感性和情感之上。但同时，启蒙运动的进步既意味着自我负责理性的提高，也意味着保证人类幸福的安排的进一步推进，这场运动的核心是关于人的本性的新学说，启蒙之后，人们挣脱等级、王权和上帝的束缚，成为独立、自足的主体。它高扬人的理性，探求对自然的征服，把自然现象的多样性还原为单一的普

---

① [英] 齐格蒙·鲍曼：《后现代性及其缺憾》，郁建立、李静韬译，学林出版社2002年版，第4页。

② 孙正聿：《属人的世界》，吉林人民出版社2007年版，第164—165页。

遍规律,它得出的是自由主义的社会理论,主张以伦理学中的功利主义、社会观的原子主义等为基础和内容来进行现实活动建构。在吉登斯眼里,反思性是一种社会性的建构,反思性自我应该过一种积极的生活,而不仅仅只是被动地接受各种各样的安排。

"解放"是启蒙运动的基本特征,包括使人从自然、传统和政治等多种束缚中解放出来,以便使人类能够以一种主体的姿态去主宰自然、社会及未来。所以,反对宗教神学,维护人的尊严构成了启蒙思想的核心。理性为人类带来曙光,但是如果把"理性"作为唯一原则来解释人之存在的话,理性便从解放的武器变成套在自我精神上的桎梏。启蒙理性的局限性在于对人的理解方面,理性既不能理解和表达人类的复杂性,又无法理解和表达人类经验的丰富性。启蒙理性的总体原则是理性主义的,理性压抑了人的激情与创造性,所以,并没能发现真正完整的自我。所以人们通常认为启蒙运动将我们的生活置于理性统治之下,最终导致人的道德意义的丧失和归属感的虚无。启蒙之后的时代个体理性主导地位的确立成为道德普遍主义盛行的保证。

自由主义自我观念的产生是现代性的突出标志,现代性与自我主体地位的确立有着紧密关联。因此,现代性可以理解为自我的释放过程,这可以概括为"自从笛卡尔以来,现代哲学中最持久的趋势之一,以及对哲学的最具独创性的贡献,便是对自我(有别于灵魂或一般的人或人类)的独占性关怀,并试图将所有的经历(加上这一世界以及其他的人类)缩减到一种人与其自身之间的经历。"[①] 本质上,现代性不仅是一场社会文化的转变,不仅是所有知识事务的转变,而根本上是人本身的转变,是人的身体、心灵和精神的内在构造本身的转变,不仅是人的实际生存的转变,更是人的生存标尺的转变。"现代性是以启蒙运动的宏大叙事为基础的。它追求语言的统一和理性的统一,张扬普遍主体和人性的解放,强调历史的终极性和思想的总体性。"[②] 现代性产生的主体性原则不仅是一个价值选择的自我,而且同时也是一个理性的自我。现代性的近代技术创造了十分丰富的物质财富,极大地改变并支配了人们的生存方式,工具理性

---

① [美]阿伦特:《人的条件》,竺乾威等译,上海人民出版社1999年版,第256—257页。
② 江畅:《现代西方价值哲学》,湖北出版社2003年版,第580页。

和经济理性获得人们前所未有的青睐，自我成为主体性、功利性、差异性的存在。差异性个体的自我选择加剧了价值多元化，而理性所必致的普遍性追求，使自我总是倾向于将其所认价值上升为普遍和绝对的价值。

现代性起源于启蒙运动，启蒙运动又源自自我对确定性的追求，它旨在以人为设计的方式建立起具有确定性的生存环境。面对个体理性自主与社群理想，我们需要在批判性反思和归属之间寻找恰当的平衡，来避免自我分裂，弥合归属与反思、历史与理性的二元紧张状态，实现自我认同。现代秩序的出现意味着个体自我主张惊人的膨胀，个体自我似乎完全独立自主，但实际上这种个体自我"一旦把它们维系在一起的集体性纽带被撕断，大多数人就会屈服于一个完全不同的惯例，而这一新的惯例是被赤裸裸的强制公然制造出来并受到支持的，它很少承载有'尊严、价值和荣誉'的意义。"[①] 只有放弃植根于现代性之上的自由主义先验论色彩的自我，在立足于传统、立足于社会关系、立足于社群的基础上，个体自我才能成为真正统一的、有价值感的存在。所以，这种伴随现代性出现的高度自主的理性自我最后成为忘却意义和价值的存在，个体自我本身就成为了工具理性和价值理性的矛盾存在物，人开始了寻找意义和心灵栖息的漫长之路。

(二) 完整自我与现代性

现代性意味着人的主体性的确立与张扬，这种"极端的主体主义有一个尚未被人们普遍认识到的困境，那就是无论是主体性还是非主体性之物，这种主体主义都无法把它设想成像一个独立存在的完整性那样既是完整的，同时又和他者有着内在的关联。"[②] 同时，现代性的多元价值与社会整合之间的紧张亦是现代性内部的重大论题，它内含在马克斯·韦伯所主张的历史祛魅的现代化过程之中。"在马克斯·韦伯看来，资本主义的基本过程是商业从家庭的分离，同时也是生产者从他们生计来源的分离。那一分离的两面性使得除了谋生之外的赢利行为也挣脱了道德和感情之网，摆脱了家庭和邻里的束缚。但同样地，它也使这些行为卸掉了以前习

---

① [英] 齐格蒙·鲍曼：《共同体》，欧阳景根译，江苏人民出版社2007年版，第32页。
② [美] 劳伦斯·E. 卡洪：《现代性的困境——哲学、文化与反文化》，周宪、许钧译，商务印书馆2008年版，第196页。

惯于承载的意义和内涵。"① 我们当代的境遇使我们处于现代和后现代、旧的和新的、传统与现代、普遍与特殊等许多竞争性发源地之间而无从选择，自我生活的统一越来越受到人们的关注。在黑格尔看来，整个现代社会的问题就是政治合法化和异化的问题，人们自认为在自由运用自己的意志，但得到的结果却与自我相疏离，造成自我的异化，也就是事与愿违的结果，这可能是现代社会的突出特点，为此，我们通过反思历史经验来实现自我与当代生活的某种程度上的和解。

现代是自由的王国，人完全确立了自身的主导性地位，人成为一切事物的尺度。然而当人只依据自身的时候。他便丧失了其在传统社会秩序中的地位。美国社会学家丹尼尔·贝尔在《资本主义文化矛盾》一书中深刻分析到，传统道德与宗教具有约束和整合社会的功能，而自由主义的启蒙运动却割断了这种历史的延续性，在否定、超越传统之时，开启了"放纵自我"的文化。对此，社群主义主张重新恢复美德传统，让个体重回群体，以社群替代个体，以强调公共利益代替强调个人权利等。

现代社会自由主义对人的个体主义和原子论的理解造成诸多恶果。现代自由主义的个体自我，在现实生活中使人与人之间的关系原子化，人与人相互之间原本充满情感的沟通与对话往往被冷漠的契约关系所替代。随着工具理性的日益蔓延，它对人类生活构成威胁，对社会生活产生技术统治的强有力的机械主义倾向，韦伯将工具理性的这种宰制性影响称为"铁制牢笼"。"伴随现代性的出现，随之而来的道德碎片和相应的现代的自我概念，正是这'天马行空'式的现代自我主体，才自由地、独来独往地创造了道德断裂的局面，碎片的自我导致碎片的德性。"② 现代性依托的现代社会其实就是一个碎片化的社会，人们在其中形成共同目标并加以贯彻的能力越来越弱，越来越难以形成他们的高度政治社会认同，同时在现实面前人们越发感到无能为力。"它并没有为工具性的世界提供真正的选择，这个选择产生了机械主义的视界，工具性的视界自告奋勇地甚至把我们的感觉和情感都还原到没有任何例外的规律上。""在自我选择的

---

① [美] 劳伦斯·E. 卡洪：《现代性的困境——哲学、文化与反文化》，周宪、许钧译，商务印书馆 2008 年版，第 3 页。
② 江畅：《现代西方价值哲学》，湖北出版社 2003 年版，第 517 页。

过程中，我成了实在的我，即一个具有无限向度的自我。"① 因为现代性的影响，人的全部生活不再是一个统一体，每一个自我相对其社会角色产生了异化，现代性把人的生活分割成不同的模式或者板块。"科层制的管理者、消费性审美者、心理医生、异议人士及其无数的同类，占据了几乎所有能够从文化上得到确认的角色。"② 在这个意义上可以说现代性扩展了异化的频率和领域。虽然人仍处在一定的环境之中，但是由于快速发生的变化和异化，自我和社群之间形成一种迅速的激烈适应过程。这种社会把个人从家庭、社群中剥离出来，重新组织化，但这种组织化的过程和机制中没有任何有机成分，以保证个人在社群中角色的连续性。它处于一种强制状态或迷惘、游离态中，其中缺少价值支撑，只充斥着技术和"有效性"追逐的工具性"价值"，彼此之间缺少感性的联系，这样自我随时面临着自我解构的危险。

正如托克维尔所指出的那样，"个人主义是一种只顾自己而又心安理得的情感，它使每个公民同其同胞大众隔离，同亲属和朋友疏远。因此，当每个公民各自建立了自己的小社会后，他们就不管大社会而任其自行发展了。"③ 托克维尔的预见在当今的西方世界已成为现实。现代性之后个人主义本来是要维护个人的自由的，但由于它过分关注自我，而倾向于逃避群体社会的规范和个人应对社会负责任，其结果必然是自由本身的变质或丧失。

同样的，20世纪下半叶兴起的现代化运动所带来的社会后果也不是单一的：一方面，知识转化为基本生产资源，极大地提高了个人在社会中的重要性，促进了个人权利的巩固和个人表现的自由；另一方面，也出现了个人过分自主、社会责任丧失的趋势，威胁到社会的稳定和完整。"由于脱离和疏远了传统社会，我们现代人企图借助于历史而在生成变化之中为自己建立一个立足之地。历史使我们能够衡量和划定时间，以便我们能

---

① [加] 查尔斯·泰勒：《自我的根源》，韩震等译，译林出版社2001年版，第718页。
② [美] 阿拉斯戴尔·麦金太尔：《追寻美德》，宋继杰译，译林出版社2003年版，第327页。
③ [美] 托克维尔：《论美国的民主》（下），董果良译，商务印书馆1988年版，第625页。

参照所有其他事物来确定我们的起源和地位。"① 现代人苦于道德孤立与道德自恋,"如果有人切断自己与最初学徒一样恭顺地在其中学习的共同活动的联系,将自己孤立于那些在诸如此类的活动中找到其意义与目的的共同体,就会使他自己不可能找到任何外在于他自己的善。"② 现代人的生活是破碎的、不完整的、孤立的生存,缺少整体意义上的价值关怀。

现代社会中的个体之间的利益冲突和共同目的的萎缩导致了人们的相互冷漠,而冷漠又使社会变得缺少温情,人们日益丧失社群感。反之,社群的衰弱和社会的非人格化又导致了个体过分的一意孤行,而过分的一意孤行将自我直接引向毁灭。当每一位社会成员都能够得到社群利益对个人利益的回应和维护,他们自然会热心于共同利益的发展,人际关系冷漠和道德堕落就会被最大限度的避免。社群主义者对当下个体自我的孤寂、无归属感,对政治的冷漠的生存状态和当代西方社会的社群的崩溃有深切的忧虑。在一个充满生民的虚掷和普遍的社会病症的时代里,我们应该选择向社群精神、文化和传统复归,来使我们的个体生成更有厚重感和使命感。西方社会所产生的大量的社会弊病主要原因在于社群的丧失、家庭的崩溃和解体、整体性目标的缺失,更重要的是人们缺乏对一些价值的有意义的认同和遵从,所以人变成孤独的"浮游生物",无所归依。这充分而形象地表明了现代自由主义社会的原子主义倾向会产生负面的心理和社会作用。我们需要建构和发现一种表达差异而非消除差异的具有共识的共同体,试图恢复人际之间直接情感的社群,来克服现代社会以及后现代社会人们所面临的异化情境。

二 后现代语境下自我向社群的复归

后现代主义对现代性的质疑和批判始于对现代性自我处境的关注。后现代主义认为,现代性情境下的自我处于身心分裂、自我与他者分裂的矛盾状态。因此后现代主义将视域聚焦在现代性自我的理性张扬与主体性僭越上,认为现代性激发了现代人精神分裂的欲望之流,瓦解了人的整体

---

① [美] 列奥·施特劳斯、约瑟夫·克罗波西主编:《政治哲学史》,李天然等译,河北人民出版社1993年版,第1031页。

② [美] 阿拉斯戴尔·麦金太尔:《追寻美德》,宋继杰译,译林出版社2003年版,第329页。

性，造成了人的自我分裂、自我中心主义、自我与他者疏离状态，所以，后现代主义主张将自我"解构"并"祛中心化"，抽空了现代性自我的主体性，消解自我的主体身份，使个体自我成为无中心感、碎片化的拼凑物，后现代社会的这种碎片化倾向带来了社会分裂的危险，个体原子化也容易导致公共领域的衰落，个体的过度高扬导致集体意识丧失，因此，恢复公共理性，重塑公共精神，推动新型社群的建设与发展，成为应对个人主义挑战的一项时代重任。

但后现代主义没能从根本上解决自我所面临的道德困境和内在矛盾冲突，只有自我真正回归于社群，才能祛除自我的破碎感，使自我成为有责任感、有整体性的存在。因为，"在这个迅速全球化的世界中，我们都是相互依赖的，因而没有人能够独自掌握自己的命运。存在着每个个体都要面对但又不能独自对付与解决的任务。无论把我们分裂开来并促使我们疏远的是什么东西，划定界限并设置障碍，使得对这些任务的解决变得更加困难起来。我们都要对这些条件——在这些条件下，我们与生活的挑战进行斗争——的控制权，但对我们中的大多数人来说，这种控制权只能以集体的方式才能获得。"① 理论上而言，"后现代主义思想潮流的共同倾向：对历史与现实的比较分析；对科学与文明的追问与审视；对主体主义传统的批判与超越；对工具理性主义的否定与反驳；对僵硬地二元对立的消解；对终极价值目标的存疑。"② 就后现代的历史定位而言，所谓"现代"与"后现代"并不是一个单一的历时性称谓，"后"并不表明时间上的"现代"之"后"，而是主要指文化逻辑上的一种前后递进，它们在空间上甚至可能是共时地并存，在精神上可能是杂然一体。"后"最初是一个历史分期的用语，后现代相应地也就指涉现代之后，关于后的话语总是带有一种启示色彩和一种推陈出新的断裂感，一直被认为后现代时期知识与信息成为社会新的组织原则。关于后现代的这一时间段存在有众多说法，不外乎或者认为后现代是现代之后的一个意义和特征全新的时期，或者认为后现代是现代的一种延续和超越，而后一种的理解可能更接近后现代的本意，其实，后现代的"后"只是一个拐点。

---

① ［英］齐格蒙·鲍曼：《共同体》，欧阳景根译，江苏人民出版社 2007 年版，第 176 页。
② 江畅：《现代西方价值哲学》，湖北出版社 2003 年版，第 567 页。

后现代思潮的产生和定位经历了阶段性的转换过程。从起源时间上而言，"后现代主义是20世纪60年代产生于西方发达国家的泛文化思潮。它涉及艺术、文学、美学、语言、历史、政治、伦理、社会学和哲学等观念形态的诸多领域。"①20世纪60年代一批激进的知识分子和活动家经历了他们所谓的与现代社会和文化的一次决定性的断裂，加之一些国家的政治事件，他们成为第一批后现代理论家，20世纪七八十年代是后现代话语方式的发展时期，八九十年代出现了所谓的大规模的后现代转向。总结起来，这种后现代主义拒斥统一性、整体性和普遍化的安排，而偏爱差异性、多元化、碎片化和复杂性，这种拒斥的倾向影响到我们的研究叙事模式，宣告宏大叙事的终结，微观解释性的范式出现；后现代主义者摒弃封闭结构、固定的意义、刚性秩序而赞成游戏、不确定性、不完全、可能性或多样性等等，这种复杂性、开放性以及祛中心化等在许多领域导致对本质论的拒绝；同时，后现代主义还放弃了素朴的实在论，再现说的认识论而喜爱反基础主义、相对主义和阐释学等。其实，后现代只是现代的一种变化，一种现代性内部的改变，后现代基本上还是现代的样式，而不是不同于现代的他者。后现代话语随着全球化的进程逐渐成为一个全球性的现象，现代性正在趋于瓦解，面对不确定的未来人们充满世纪末的焦虑与无助。后现代主义不仅仅是学术事项，它已经逐渐渗透到我们当下人的生存和生活领域。

现代和后现代理论均认为由于碎片化、相互冲突、相互对立和失序，当代社会与文化受到严重破坏，我们面临着一种高度冲突的时代情景，它的标志是不断增进的碎片化、冲突和分裂边界与社会境遇的内爆。"现代性的兴起伴随着道德的变迁与破碎，独特的现代道德判断观点突现过程中的每一阶段，也都伴随着独特的现代自我概念突现过程中的相应阶段；所以现在，在界定特殊的前现代美德概念时，也就有必要讨论一下与之相随的自我概念，这个自我概念的统一性存在与一种将出生、生活与死亡作为叙事的开端、中间与结尾连接起来之叙事的统一性中。"② 这表明作为一

---

① 赵光武：《后现代主义哲学概述》，《马克思主义研究》2000年第5期，第95页。
② [美] 阿拉斯戴尔·麦金太尔：《追寻美德》，宋继杰译，译林出版社2003年版，第260页。

种思潮，后现代是对历史和现实的比较与反思，对科学与文明的审视，对二元认识论的质疑，对人生价值的重新估价。

自由主义的个人主义天然内蕴着一种现代性困境，个人的这种现代性困境在后现代语境中得到延展。崇尚理性的现代性把每一个人的生活分割成不同部分，每一部分都有其自身的行为规范和模式，由此，整体人的工作和闲暇分离，私人生活与公共生活分离、团体与个人相分离，人在不同的境遇中感受和体验，但却无法体现人生的统一性，这种自我无法承载美德，"因此，在萨特模式中，一个与其各种角色相分离的自我，丧失了亚里士多德的美德在其中运作的社会关系域——假如它们还运作的话。"① 后现代的"自我"，是"祛中心"的自我，没有稳定的核心和同一性。不安全感和不确定深深影响着我们每一个人，因为我们都陷入了一个取消控制、灵活多变、充满竞争和普遍存在着不确定性的流动的、不可预料的世界，我们没要求去寻找解决体制性矛盾的的办法，我们寻找着个体从共同的困难中解救出来的办法。② 后现代的话语方式作为一种宏大背景影响到其他的理论形式及其人的生存，当然也对自由主义和社群主义的发展产生影响。所以如尼采所言，虚无主义成为时代的病灶，空虚感和现代人形象的幻灭感充斥于人们的脑海之中，因此需要为一种可靠而本真的人生而努力。现代社会变得如此混乱、破碎，缺乏创造力，就是因为它失去了创造一个活力的文化源泉。

后现代性进程促进了个人的自由与选择，却使得人们之间建立长久稳定关系变得越来越难。后现代主张将现代自我彻底颠倒过来并进行消解，因为后现代社会就是碎片化的社会。所谓自我不是一个理性的、统一的主体，只是一些空洞的指意符号，是一种精神分裂的欲望流。在后现代主义的语境中，人体验的不再是一个完整的世界与自我，而是一个变了形的外部世界和一个梦游者的幻觉性"非我"，自我没有了身份，没有了自己的存在，只是一个"祛中心"化的、碎片化的主体。后现代自我思想根源是对现代自我的彻底颠覆。后现代自我抽掉了现代自我之理性主义和主体

---

① [美] 阿拉斯戴尔·麦金太尔：《追寻美德》，宋继杰译，译林出版社2003年版，第259页。

② [英] 齐格蒙·鲍曼：《共同体》，欧阳景根译，江苏人民出版社2007年版，第170页。

性而把自我演变成为无主体性、碎片化、零散化的自我。后现代自我虽然对当下人的生存处境提出深刻的洞见，但因其理论上的悖谬，难以应对人类的生活经验和道德实践。

如卡西尔所言，自我是解决所有关联着人的存在及其意义问题的阿基米得点。如果说现代自我将自我无限化，其弊病积重难返，那么后现代自我将自我拆毁，其问题是矫枉过正，二者均不能为个人与社会提供一个平衡点。两种自我正相反对，但实际上有个共同的缺陷，那就是大大地背离了传统中的神圣性与敬畏感。因而，应该在神圣性与敬畏感的观照下借助于社群主义对自我的关注重新确立人对自身的理解。

后现代主义清醒地意识到了现代性自我的弊端，致力于"拯救"现代性自我，但是它倡导消解自我而使自我走向了另一个极端，没能为自我寻找到真正的出路。当前社会出现人们之间的联系在减少，社会的分裂在扩大，由于地理、社会和政治等多方面的变迁，人们日益缺少一种社群归属感，急需为人重新找寻自我在宇宙、社会历史和自然中的合理定位。其实，"我们怀念共同体是因为我们怀念安全感，安全感是幸福生活的至关重要的品质，但是我们栖息的这个世界，几乎不可能提供这种安全感，甚至更不愿意作出承诺。"① 社群主义认为，一个人只有在与社群的关系中才是自我，只有在一定的关系网络中，个体才能成为道德的主体。社群主义是在新自由主义发展出现弊端之后进行的矫正，它主张从人的生活世界的事实出发，希望寻求共同体以使人们具有共同的目的和价值认同，为失根的现代人寻找精神的慰藉。总之，社群主义主张通过个体向社群的复归，来终结或超越绝对的个人主义自由传统，走出西方社会个体生存的道德困境，无疑这是一种有意义的尝试。

---

① ［英］齐格蒙·鲍曼：《共同体》，欧阳景根译，江苏人民出版社2007年版，第170页。

第六章　社群主义自我理论的社会价值省思

哲学需要到对人类生存进行超越性反思，所以，为了能够更深刻全面地把握社群主义自我理论，我们需要从人类生存境遇入手，观照当下的社会现实，尤其是观照当下的中国来评价和分析社群主义自我理论的价值影响。因为理论与现实始终存在二元张力之中，再完美有效的理论也需要发挥对实践的解释力、批判力和引导力，这才是理论所闪耀的光辉所在。面对全球化时代新的政治空间，社会生活环境的变动，现代社会个体人的失落、自然的衰败、传统的遗失、社群或共同体的式微等，所有这些都迫切需要理论来作出解释和回应。社群主义者已经意识到个体理性对共同体智慧的僭越、当代科学主义对自我人性的割裂，期望以一种精神性的社群取代碎片化的道德理性，因为任何理论都需要对人类面临的现实生存困境进行深刻反思并提出解决的思路与灼见。当前我国正处于急剧的社会转型期，社会问题频发，传统共同体或者社群正在逐渐瓦解，身处其中的个体自我出现很多以往没能预料的问题，比较突出的是目前社会信任资源匮乏、个体理性下个人私欲的过度膨胀、共享发展不足等，所以我们期望从社群主义自我理论中找到能够分析和评判我国当下社会发展的理论借鉴和思路指引。

第一节　社群自我与共享发展

"近代'自我'主体的真正产生仍然不可能解决在哲学经验中存在了千年之久的'自我性'与'社会性'的矛盾问题。因为令人想起上帝的'纯粹自我'根本没有社会性的存在维度，而与人相关的经验自我本身就是既具有自我的纯粹性、绝对性又具有社会的经验性、世俗性的混合体。

是相信绝对和自明的'自我'还是相信由社会关系网络连接起来的'社会性'（群体、制度关系系统）？是'自我'内在性就足以支撑起某种承担着众多重任的主体，还是必须依赖某种社会性系统才能支撑起这样的主体来？……马克思通过对笛卡尔式内在性自我的某种怀疑，并倾注于某种社会性存在（主要是系统化的现代'劳动'）支撑起更伟大的现代主体，而仍然经受着'自我性'与'社会性'的相互撕扯与煎熬，仍然面临着必须在主体性与社会性之间寻找和确立自己的合理方位的处境。"[1] 个体和共同体的螺旋式上升关系始终是是我们需要考虑的主要议题，共同体与个体之间要保持一种微妙的平衡和适当的张力。

一 原子式自我与互惠共享的社群自我

社群主义者认为个体并非单子式的、任意的特立独行者，而总是从属于一定的群体，分享着群体的经验、实践及原则，也只有在这个群体之中，人才具有归属感并获得生命的意义，才有安身立命的感觉，才能与他者共荣共享，共同发展。社群需要有对一套共享的价值、规范和意义及对一种共享的历史和认同，简言之，即一种共享的文化的承诺。社群主义自我强调人与人共享存在，是因为人与人之间无论内在还是外在层面都是可以通约的，可以共在发展，个体自我只有与他者共享存在、共享发展才能走出现代性所产生的道德困境。因为，人的存在注定是要由地域性走向世界性、由匮乏走向丰富、由片面走向全面、由狭隘走向普遍、由个体走向共同体。我们应该抛弃自由主义的原子化自我而走向共享式的自我，"自由主义看待公民个人的抽象方式（个人作为自利的功利最大化者，作为本性上的竞争者、获取者和占有者，作为权利的拥有者，等等）被当作社会和历史方面的特定描述，是资本主义意识形态的一部分，甚至把人当作理性的、自决的、自由选择者的诱人形象，也被认为是对资本主义中广大自由公民的真实生活条件的幻觉。"[2] 自由主义的自我是一个独断专行、只凭主观臆断的自我，它阻碍了自我与他人之间的交流与沟通，也使得自

---

[1] 刘森林：《主体：在自我性与社会性之间——马克思的主体实现论检思》，《社会科学战线》2008年第11期，第39页。

[2] ［英］杰弗里·托马斯：《政治哲学导论》，顾肃、刘雪梅译，中国人民大学出版社2006年版，第350页。

我成为被遗忘的片面化的存在，自我失去了社群生活，失去和他者的共享关系，个体自我就是一个抽象的、虚幻的概念而已，如果自我都是各自为阵的"原子式自我"，整个社会无整体性可言，因为，作为整体的人的存在，总是自为与自在的共在。

互惠、共享、忠诚、共同向善等是完整人类生活的重要特征。"共同体中的'共同'这个概念，并非狭义的'共享或共有物质资源'。人们生活在一个共同体中，意味着他们的物质和精神生活在某种程度上是共享的、共有的，共同体成员以不同形式互惠，并且在非工具价值意义上彼此珍视。这种'珍视'当然可以是某种情感上的喜爱，但更多的是指共同为某种事业或理念奋斗的共享价值观，或者指构建或遵循某种可以促进大家共同福利的特定规则。"[①] 共享发展涉及两个层面的内涵：一是共同的社会秩序，关乎整体的公平正义；二是组成共同社会秩序的个体自我，关乎个体的自由权利，因此，共享发展内蕴着社群文化，社群必然促进共享发展。人需要处理人与自然、人与社会、人与他人的关系，人自然就会形成一种新型的共享关系，这种共享基于对话和交往来进一步实现和加强，借助于个体自我所在社群，人实现了与他人的共享，人也只有在这种共享的关系中才能实现自身发展和共同体的共同发展。共享发展实际上强调人人参与、人人尽力、人人享有，其根本指向为公平正义。公平正义既是共享发展达成的重要条件，又是共享发展内蕴的基本价值取向，是现实和理想、手段和目的的高度统一。共享不是平均主义，而是效率与公平的统一，公平与正义的统一。

社群主义共享发展观念与自由主义的共享发展观念存在差异。自由主义的共享发展观念只是限定在法律逻辑层面的公共领域，具体体现为个体自我对程序性框架的尊重、认可与遵从。所以这种共享观是形式有余而实质不足，具体而言，自由主义自我强调，人们唯一共同享有的是尊重法律和定义彼此相等权利的适当规则。社群主义共享发展观念则将融合的共同体理想视为目标，表征的是在一个共享的整体中以人们相互间的一致性来看待人的愿望。共享发展不仅仅是人作为社会性主体追求全面自由发展的

[①] 朱恒鹏、徐静婷：《共享发展、共同体认同与社会保障制度构建》，《财贸经济》2016年第10期，第6页。

要求,也是国家和社会发展的最终价值目标。

社群与共享发展具有历史亲缘性。因为"共享意识与公共精神古已有之。古希腊城邦的政治共同体概念就内含着共同的生活目标与伦理价值取向,城邦农民之间以信任、合作与共同利益的关系共同分享着至善的生活方式,这种生活方式体现着平等、自由共享的价值追求。"[①] 古希腊城邦制度就是社群主义的萌芽,城邦就是共同体,就是个体共享的价值之所。中国古代也有明显的共享意识,"中国传统文化中天人合一的宇宙观为天下大同、家国一体的共享情怀提供了形而上基础,并最终推广至万物,体现共识、共信和共享的天下观,如儒家的仁爱万物、道家的物无贵贱、佛家的众生平等等。其中。墨子的兼爱思想就强调'共同、兼备'之意,不以血缘关系的亲疏远近和社会地位的高低贵贱来区分个体,注重人与人之间的平等性和包容性。"[②] 总之,社群中的个体自我天然就有共享发展的基因,也内蕴着发展的整体性要求,发展不能脱离社会系统而独立,应该从社会进步的历史进程和社会生活领域来寻找坐标和确定本质。社群主义自我主张共享发展,其实就是寻找"我们"意识和建立公共社群,因为,现代的每个个体都只是"原子化"、彼此隔膜的"我","我们"已经不复存在,我们需要共同的精神归属和共同的话语空间,这就需要我们恢复社群传统,实现个体自我的共享。社群主义自我是开放的自我,厚重的自我形态,其自我理论为我们理解人与自然、人与社会、人与他人、代际之间等提供了一种共享存在和共享发展的长远视野。

在社群主义看来,社群意味着要有所共享,不仅有共同地域、共同的生活,还有共同的目的、共同的情感、共同的意识、共同的价值观念,以及共享的利益和共享的义务。当然,社群主义的共享不是否定主体自我之间以及主体内部的本体论上的差异,事实上,共享决不是完全的相互理解和互惠,共享发展也绝对不是无差别的整齐划一的共享,共享发展也是有一定前提的。共享发展的前提是群体认同,这种认同是尊重个性差异基础上的认同,也注重基于历史文化背景中基于道德共识的文化认同。社群的

---

① 张彦、顾青青:《共享发展:当代发展伦理的中国表达》,《思想理论研究》2016 年第 7 期,第 33 页。

② 同上。

共识会随着时代的发展而被挑战和改变,社群主义者强调,共同体的道德共识非常重要,如果没有这种道德共识,不仅个人选择无法单独实现,整个社会的目标也很难达成。人不是独立于其他存在者的孤立的理性自足的个体,而是与他人、社群乃至整个世界紧密相连的,兼具理性、身体性和情感性等因素的复杂个体。个体为摆脱被孤立或者被分离的境遇,获取其他个体成员的认同,他可能主动采取顺从的行为,比如通过学习社群语言,遵循社群的共同道德和价值观等来获得社群的接纳进而获得个体的身份认可和归属。社群主义强调自我与其所生活的社群应该形成稳固的承诺,强调社群成员之间应有共同的价值认知,这样有利于增进社会的凝聚力。而自由主义个体的自由选择一定程度上将会偏离社会的"共同生活方式",削弱个体自我对公共价值观的认可,对公共利益的认同,造成更高层次的个体原子化状态,进而影响到整个社会共同体的存在与发展。社群主义更比较偏重于文化认同,一致强调个体是社会的产物,同时也是文化的产物,桑德尔、沃尔泽、麦金太尔、泰勒等社群主义者一致认为,社群自身具有独特的社会文化形态,社群认同不可回避地发生在某种历史与文化的背景下,历史文化应该是个体形成社群认同的背景关系,个体只有在文化情境下才能认同所在社群,才能与其他成员个体共同在场存在,共享互惠,只有在一种公共精神文化所宣扬的共同体生活中,个体才能感受到相互独立性与相互依赖性的共存。社群主义正是提供了这样一种更具深度的互惠式共享关系背景,这种关系不像自由主义个体自我那样只是重视狭隘的、短期的、自利的需求,而是转向了更宽泛的、更明智的、更长期的理性利益。互惠式共享关系主要需要来自于成员对社群的深刻认同以及由此生发的对其他成员的深刻关怀。

社群主义者查尔斯·泰勒就认为,社会成员之间的关系应该是一种对话的关系不应当是一种独白的状态,这种对话关系实际上就是一种共享状态,立足于这种对话关系,人与人之间能够实现情感思想的交流与融通,能够实现共同体的共享发展。人本质上是一种关系的存在,只有在社会关系中人才能成为真正的个体,海德格尔把人与人之间的关系揭示为一种共在,强调了人与人的相互依存和相互联系性。人的具体活动需要在现实生活中展开,"共同体主义所梦想的共同体,其魅力有赖于对简化的允诺:

从它的逻辑限度上说，简化就意味着许多的相同性和最低限度的多样性。"① 所以，共享发展不仅仅具有"工具性"维度，更具有"目的性"维度。"真正的政治共同体必须不仅是个霍布斯式的互利社团，每个公民把所有其他人当作达到自己目标的有用的工具，它必须是每个人对别人的幸福本身有一份特殊关切的社团。"②社群在实现共享发展的同时，不能缺失发展的价值维度也就是人的维度，就是要求社群在实现发展的前提下，要时刻关注发展最终是为了人本身，而不是为了除了人之外的任何其他之物。

罗尔斯等自由主义者认为，个体自由是一切问题的逻辑出发点和落脚点，个体在社会生活中具有本体意义，处于优先地位，个体在先群体在后的逻辑序列使得个体自我处于超验的状态，在自由主义者那里，社会是个人的集合体，而不是有机整体，自由主义依托个人主义进行理论架构。社群主义基于群体本位的方法论基础，相较基于方法论个人主义的自由主义更具经验依据，社群能为成员提供某种确定性和安全感，而身居其中的成员则维系着一种紧密的社会关系，相互依存、信任和互助。社群主义个体自我需要虑及个体所在社群特殊的共享关系也就是一个个体自我在社群中的地位。社群主义从哲学人类学的视野将人类视为具有社会规定的存在，在文化、叙事、传统以及共享意义并相互理解的背景中共存。而且社群主义者反复强调，自我只有在社会中才能实现和完成个体化，自由主义的自我只能是理论上幻象。自由主义强调自我实体化，自我实体化意味着自我只依赖自身而不需要他物，自我于是在这种满足中阻塞了自己与他人之间的交流与沟通。人的自我理解可以划分为三重维度，分别是生物性的自我、社会性的自我和反思性的自我，这种对自我的理解涵盖了人的生物性、社会性和思维性特质。生物性的自我与身体相关，社会性的自我处在社会和文化的互动之中，个体与他人与群体传统的联系赋予人们集体认同与价值共享，反思性的自我则意味着人能够反观自身，积极能动地注视自身，提高自我。人终归是要超越生物性的存在，成为社会性的反思性存在

---

① ［英］齐格蒙·鲍曼：《共同体》，欧阳景根译，江苏人民出版社 2007 年版，第 175 页。
② ［美］罗纳德·德沃金：《至上的美德——平等的理论与实践》，冯克利译，江苏人民出版社 2007 年版，第 222 页。

者。社会性自我和反思性自我都需要在合作的社群中来进行定位和自我确证。

社群主义主张将个体自我的发展与所在生活社群的发展、国家政治社群的发展以及人类的整体进步结合起来。每个个体通过积极主动地参与所在社群的资源分配活动，保持个体差异的前提下分享共治、动态平衡的社会生态环境，努力发挥个人潜能服务于社群，从而协调和保障个人与他人、组织与社会的利益得以顺利实现。社群主义的核心预设是共享共同善。对共同善的追求与实现更需要社群成员的共同参与、共同努力、共同建设，因为社群主义的自我就是具有社群文化凝聚力的个体。因为，社群成员的"共享需要共建，共建为了共享。实现共享发展，就要激发全体人民的建设热情和创造活力，使全体人民在'共建'中各尽所能，在'共享'中各得其所。只有牢牢把握共建与共享的辩证法，在全社会营造人人参与、人人尽力、人人享有的良好环境，以共享引领共建、以共建推动共享，才能厚植发展优势、凝聚发展伟力、提升发展境界。"[①] 在社群主义者看来，共同体的善是共同体成员所共享的，共同追求的目标，正义必然受制于这样一种善。社群主义则从共同体先于个人、共同体所具有的奠基性、先在性强调共同体的善具有的优先性。人们需要共同体不仅有物质需要，更有精神需要和身份认同的需要，因为，在社群中存在着一种共同的善，它是社群成员所普遍认同并成为评价人们行为、偏好的决定性标准，这种共同的善是个体之善与社群之善的有机结合。

现代社会与传统社会的一个根本性区别在于，现代社会确证自我的方式是通过契约，而传统社会确定自我是通过身份，所谓的身份就是个体自我在特定社会结构中的身份属性和成分构成。麦金太尔认为，在从传统社会向现代社会转换过程中，现代社会的自我在通过理性争取到自主权的同时，失去了自我的身份规定和能使自我更为美好的传统规定性。在当代社会发展过程中，传统共同体不断地趋于衰落，导致原本归属于特定共同体的人，逐渐丧失原先的身份认同与归属，处于不确定状态，失去了安全感，其根源在于西方自由主义者所激发的自由与个体的极度张扬。随着技

[①] 董振华：《共享发展理念的马克思主义世界观方法论探析》，《哲学研究》2016年第6期，第18页。

术的不断进步,社会结构的持续变革,经济社会有序发展,人处于一种"被抛"的状态,个体处于一个彼此冷漠甚至充满敌意的生活世界,人们之间遵从冰冷的制度性规则办事而单单缺少了以往社群中人与人之间的亲昵与温情,人缺少共享发展意识,缺乏共享发展精神,人成为一个孤独的个体,人所追求的是短暂而肤浅的快乐,人变成一个自我封闭,无法通达他人的存在者,至此,人也就是失去了真正意义上的人的群体生存的价值维度。从一个城市开始,逐步扩展到一个地区,进而渗透到整个国家,最后形成一个分享的世界。"尽管'相互性'意味着交换原则因而也意味着主体的多元性,但'分享'概念也可能提示一种无需交换的团结状态,比如,分享一个笑话、一种愿望或者一种理解。"① 新社群主义主张以"互惠"的理念看待个人责任与社会责任,负责的社群与负责的个体是同时并存的。社群主义从成员之间命运共同体的角度,强调个人责任并非是自利个体的纯粹自我负责,而是既要自我负责,还要对社群其他成员与整个社群负责。负责不是自我牺牲的要求,而是自我意识到社群成员之间的命运相互联系性。

现代性的张扬与现代国家的确立,现代性自我的意义感消解是工业革命与工具理性的膨胀的直接后果。现代性使得个体自我失去了在社群固有的传统情感纽带和紧密结合中彼此承认的伙伴身份,更失去了在共同活动中的所体会到的和实现了的心理满足,"我们怀念共同体是因为我们怀念安全感,安全感是幸福生活的至关重要的品质,但是我们栖居的这个世界,几乎不可能提供这种安全感,甚至更不愿意作出许诺。"② 传统共同体为自我提供意义感和安身立命的价值依托,而现代性自我在碎片化为"孤零零的个人"的同时远离了道德,也逃离了责任。桑德尔就认为只有在和谐的共同体中仁爱德性才能发挥作用。桑德尔认为,罗尔斯的非历史性、原子化的自我主观性地割裂了个体自我与社群的有机关联,事实上,自我是在他所处的社群中形成的,不可能脱离人们赖以生存的社群来定义自我的角色和目的。而个体自我的任何目的都不可能独自实现的,目的不

---

① [英]迈克尔·J. 桑德尔:《自由主义与正义的局限》,万俊人等译,译林出版社 2001 年,第 183 页。

② [英]齐格蒙特·鲍曼:《共同体》,江苏人民出版社 2007 年版,第 170 页。

仅构成了个体自我本身,更有助于对个体自我德性的养成,个体需要与社群中的他人一起共享社群,共享这一目的,这种共享为社群起到构成性的作用。人与人只有组成共同体,才有可能克服个体欠缺,通过共享实现完全意义上的发展,因为"对生命的寻根,是寻求社会的和谐;对'家园'的向往,是向往生活于美好和谐的社会。离开社会生命,人的生物生命和精神生命,就会成为'上不着天、下不着地'的悬浮之物。"①个体只有通过直接参与社会生活,才能实现公民权利和集体责任,增加个体自我融入社会的程度,缓解社会排斥现象,也强化个体对政治共同体的认同。在现实中,如果人处于某一社群与社群中其余的人共享价值观,共享公共利益的个体自我比独立于任何社群之外的原子化的个体将更有可能成为一个积极参与公共事务的人,更能体会到生存意义的厚重感。

二 共享发展与马克思的"自由人联合体"

自我依赖于他者的对话关系之中,而非独断式自我的独白之中。在一个拥有丰富社会资本存量的社群中生活会很容易,"在相互利益上无法达成合作从本质上讲并不像霍布斯以来的哲学家们强调的那样意味着无知、非理性或恶意。休谟描述的农夫的困境(指的是农夫为了从对方获得帮助或好处,就必须给予对方同样的回报)并不是因为农夫木讷、疯癫或罪恶,而是因为他们无法摆脱这种困境。社会科学家早就开始用不同的方法来分析这个根本性的困境,如公用地的悲剧、集体行动的逻辑、公共品以及囚徒的困境等。就像休谟所描绘的乡村情境一样,在所有这种情况下,如果每个人都能够合作,每个人就会获得利益。然而,在缺乏协作和可信的相互承诺的条件下,如果每一个人都背叛对方,那就会打击彼此间的期望。"② 所以,人需要合作共享、增强社会合作,提高社会资本存量来共谋发展。社群主义强调和突出个体存在所具有的共同体价值前提和德性要素,在群体中与他人分享、合作、协调一致地行动,是社群的功能价值的重要体现。

社群主义认为个人的理性选择能力及其个人权利等都离不开个人所在

---

① 孙正聿:《属人的世界》,吉林人民出版社 2007 年版,第 89 页。
② 李惠斌、杨雪冬:《社会资本与社会发展》,社会科学文献出版社 2000 年版,第 155 页。

的社会群体，个人的权利与自由既无法离开一定的社群结构而得到，也不能自发地达到公共利益的实现。同样，个体自我只有在社群之中才能有身份归属，社群给人以归属感和相互认同，社群的共同利益将能获得公民更为广泛的关注和认同，激发他们积极参与政治生活，以维护和实现自身的权利，同时，每个个体都积极参与集体活动，整个社群的共同目标就能够得以最大程度的实现，因为共享发展需要每个个体自我的积极参与公共生活。每一个个体自我需要从属于社群，进行社群合作并对共享资源进行自我治理，所以，个体只有与社群成员一起才是完全的存在，不再是碎片化的存在，也只有与社群成员共享终极目的才能真正实现自我。自我是相对于他者而言的，意味着只有在社会关系中，只有在与他人的关系中才能确立起自我，也就是，用他者来界定自我。在社群中，成员资格介于自我与社群之间，在个体权利与责任之间担当桥梁，在享有权利同时也要承担一定的责任，在私人身份和公共属性之间提供支撑，使个体在社群中既能保证社群利益的实现又能实现自我价值，社群更为强调一种聚集的个体存在方式，社群的存在可以增强个体之间的内在联系，提高公民的叙事能力并促进公民进行表达的愿望和决心。

人是一种社群动物，在一个群体内与他人的互动交流、协作共享、共同行动，是人性需求和生命本能。社群构成了个体自我的身份归属，赋予个体自我以身份归属与成员资格，主要通过成员之间自愿达成的契约式规则来协调相互行为。"对于他们来说，共同体描述的，不只是他们作为公民拥有什么，而且还有他们是什么；不是他们所选择的一种关系（如同在一个志愿组织中），而是他们发现的依附；不只是一种属性，而且还是他们身份的构成成分。"① 社群除了提供自我的构成性属性之外也给予个体自我诸如牺牲奉献、团结互助、正直宽容、诚实守信的美德，使我们能够实现我们自己的人生价值。成员资格将个体与社群、个体利益与社群利益等连结在一起，进而保证整个社群甚至整个政治共同体顺利正当运作。成员资格在被赋予个体权利的同时也被赋予社群义务，通过在社群内合理分配责任和利益，更好的维持个体价值和社群善的平衡。总之，在人类历

---

① ［英］迈克尔·J. 桑德尔：《自由主义与正义的局限》，万俊人等译，译林出版社 2001 年版，第 181—182 页。

史上，实际上从来不曾存在过这种分离的、自由独立的个体，在现实社会生活中，个体总是存在于社会群体和政治秩序之中，所以，存在于社会群体的独立个体不是对个体自我情况的真实描述，而是反思性的观念建构。

日裔美国社会学家弗朗西斯·福山强调人们需要共享伦理信念和道德规则，拥有共同的事业和目标，彼此之间相互信任的社群文化及其生存状况，并且要想实现自由民主人们更需要一种强有力的社群的文化感。"对于一个严格意义上的共同体社会，该共同体必须由参与者所共享的自我理解构成，并且体现在社会制度安排中，而不仅仅是由参与者的人生计划的某种特征构成。"①社群或共同体在个人所处的历史和传统，在个人的自我身份认同上所扮演的建构性角色，互利合作可以进一步滋长为分享和参与，与人们日常生活息息相关的社群是孕育公共精神的基础。"自由主义者把一切委诸自由似乎需要一个前提，即社会成员对发生在他们私生活领域以内的任何事情都一概不闻不问；而这实际上标明，自由仅仅存在于私生活中。"② 桑德尔就此批评自由主义自我缺少公共精神视野，只是过分重视公民个体自由与独立，认为独立个体不受公共精神与道德或公民纽带束缚，当个体陷入孤立，自我过分沉迷于私人化领域，个体之间缺乏互动和交往，缺少友爱和合作，个体自我只顾追求自己所理解的美好生活，就会远离公共生活，成为原子化的自我，这样的理论认知导致公民个体退缩在私人领域，而对社会公共领域漠不关心，无法"敞开"与其他人合作共享。

正如麦金太尔所言，一个真正的社群是一个注重个体自我人生目的，追求德性的社群，真正的社群有全体成员都追求的共同分享的目的，社群成员之间对基本善有共同的认知，能够彼此激励促进公共善的实现，社群的存在并不仅仅是为了人们的生活，同时，它还是为了人们美好的生活，这里所谓更美好的生活就是共享未来发展。社群主义所面对的是一个文明高度发达而道德却滑坡严重的自由主义社会，社群本身的价值已渐行渐远，个人过分自主、社会责任丧失的趋势正威胁到社会的稳定和完善。所

---

① ［英］迈克尔·J. 桑德尔：《自由主义与正义的局限》，万俊人等译，译林出版社2001年版，第209页。
② ［美］劳伦斯·E. 卡洪：《现代性的困境——哲学、文化与反文化》，周宪、许钧译，商务印书馆2008年版，第24页。

以，要想实现良好的共享发展，需要社群主义个体自我立足于温暖的社群，积极培育公民美德，提高个体的主体性价值，期望能够对解决当代社会所面临的道德困境提供帮助。

马克思认为，人本质上是类存在物，人只有在自己的个人劳动、自己的经验生活、自己的个人关系中，才能成为类存在物。这种对人的理解再一次强调了人需要合作共享。"人类被认为是'有着共享性终极目的的，'通过共同体参与而参与到'已实现的他人之自然资赋的总和之中。'"[①] 马克思所言"每个人的自由发展是一切人自由发展的条件"，其实就是强调我们每一个个体需要依托他人，需要依托社群来证明自身存在、实现自身存在，这种彼此依托的共享发展是人的发展的最高形式，也是个体自我发展的最高追求。在未来社会，马克思所提倡的"自由人联合体"就是真正的共体，因为，在"真正的共同体"中，个人与社会的关系将发生根本性的变化，扬弃各种"虚幻的共同体"，个体成员之间从对立对抗、矛盾分裂，走向相互依存、和谐共生，在这种理想社会中，每个人在自由全面发展的基础上，通过"自由人联合体"共建共享社会发展成果。马克思的未来真正社会中，人与人的关系状态是，每个人的自由发展是其他人自由发展的前提和基础，社会的发展消除了外在的统一性的形式，社会是个人发展的前提和条件。在马克思看来，"真正的共同体"是由高度发达的生产力所造就的独立个人自由结成的联合体。自主的有个性的活动和劳动成为人的第一需要从而劳动和自由与发展趋近一致，是真正共同体的基本特质。

无论我们多么珍爱个体自主性和有多大能力来捍卫这种自主性，但是我们经常会感到需要归属感，社群理想的一个重要表现就是社群成员之间能够共享所谓的各种好处，人们需要一个充满确定性与信赖的舒适的庇护所。按照马克思的逻辑，现代性危机的解决只能依靠个人与个人、个人与社会的重新统一，只能是在未来的社会，这就是人类社会或社会化的人类即自由人的联合体。只有在未来的理想社会，个人同时是作为社会性的人，才实现了真正的自由，人与人、人与社会才真正地实现了统一。

---

① ［英］迈克尔·J. 桑德尔：《自由主义与正义的局限》，万俊人等译，译林出版社 2001 年版，第 182 页。

第二节 社群自我与社会信任

作为人类社会交往的基本准则，信任本身就是一种价值，信任给纷繁复杂的世界一个可以遵循的规章，是社会合作与和谐共处的保障，信任可以说是社会生活的黏合剂，离开人与人之间的信任社会将会变成一盘散沙。而社群一般而言就是在相互影响密切的基础上通过相互信任联系在一起的群体，社群离不开信任。社群主义主张个体自我离不开社群，强调个体自我要积极参与公共生活，积极建立基于信任与合作为基础的强大的社会共同体，所以，社会信任建设无论对个人还是对整个社会的发展都有至关重要的意义。社会信任在社会运行过程中，一方面能够增强社会成员的集体意识，促进社会集体活动；另一方面能够增强社会凝聚力，促进社会发展。信任作为一种社会活动机制，它是契约社会形成的核心要素。另外，信任也是经济交换的润滑剂，是控制契约的最有效机制，信任本身就是含蓄的契约，是不容易买到的独特的商品，世界上很多地区经济的落后大都是由于缺少相互信任。从某种意义上来说，信任是成员间对他人行为能够符合自身期望的依赖，是契约社会形成的核心要素。弗朗西斯·福山认为，一定程度上，美国社会在20世纪90年代末以前都是不稳定的。20世纪七八十年代，美国存在许多社会混乱、社会错置现象，这表现为家庭的破裂、高犯罪率和人们之间社会信任的普遍缺乏。而到了20世纪90年代，这种状况发展到顶峰之后，社会开始变得越来越有秩序，这是人们所作出的一种自然的调整，因为人们毕竟是社会的动物，他们的生活需要秩序。[①] 但是，当代社会，信任资源匮乏，信任危机和信任焦虑成为社会的不良表现，信任焦虑正在以每一个个体都能切实感受到的方式继续扩散，这种信任焦虑体现在诸多方面：人际信任焦虑、公益信任焦虑、商业信任焦虑以及政务信任焦虑。"信任焦虑症"已经成为社会的心理疾病，我们需要恢复和重建社会信任，信任与诚信是一个公民、一个企业、一个国家精神的永恒存续和灵魂内核，只有重建信任，才能根治"信任焦虑症"。

---

① 陈家刚：《危机与未来：福山中国讲演录》，中央编译出版社2012年版，第92页。

因为社会信任既是社会顺畅发展的缓冲器和调节阀，更是社会建设的情感工具与情感依托，总体而言，社会信任是社会建设的道德基础，是社群发展的价值支撑。

一 社群在先的社会信任

社会信任产生于交往主体之间的社会交互活动中，通过交往主体之间的互相信任而建立起来的一种亲密联系。这种信任是基于社会关系结构或制度，透过社会交往主体的相互交往过程，而不可能通过单个社会个体本身来获得。社会交往主体在进行社会交往活动过程中离不开社区或者群体，个体只有在社群中才能交往，才能形成信任。人生活在社会关系之中，"但是，人的本质不是单个人所固有的抽象物，在其现实性上，它是一切社会关系的总和。"① 社会是无数人们交往活动的产物，社会关系的维护是一个复杂的系统，而信任作为社会活动的简化机制，它是复杂社会系统的运行、整合的重要因素。社会信任是人们在社交活动中对他人的信赖，相信某人的行为或态度符合自己的期望。但同时人作为社会互动中最基本的独立个体，一方面需要维护其个体性存在的身体、财产等的安全；另一方面还要作为社会性存在，通过与他人互动建立互助和合作的社会联系，获得社会帮助和认同。社会中的每个人都无法完全自给自足，需要有群体的帮助和个体之间的相互往来与合作，也正是每个个体形态各异的社会事件和行为才构成了五彩缤纷的公共生活和世界。信任文化的发展对社会的影响是巨大的，有了信任文化就能激励社会合作的实现，也能够调动更广泛的社会资源参与到社会活动中。不信任文化发展到一定程度时，会给社会带来毁灭性的伤害，社会失去有利的合作机会，更像社会合作事业都面临失败和遭受损失，社会个体也会面临巨大的心理压力，个体难以在熟人之外建立起社会关系。"在不信任的气氛充斥的社会里，日常生活也能构成一种为生存而进行的战斗。"② 互助和合作关系的建立对克服个人能力、信息等方面有着重要作用，有利于规避未知风险，提供工作效率，

---

① 《马克思恩格斯选集》，人民出版社 1995 年版，第 56 页。
② [美] 埃里克·尤斯拉纳：《信任的道德基础》，张敦敏译，中国社会科学出版社 2006 年版，第 13 页。

但同时社会关系的建立也不必然给个人带来好处，也可能给个人带来风险，造成彼此间不信任，所以我们需要一种社会信任机制来规避个体自我的道德风险，实现自我与所在社群的和谐发展。

人类社会早期信任局限于熟人圈子，随着人们居住的社群越来越大，他们越来越多地与那些不同于自己的人接触。他们与远方的人们建立贸易关系，从而使自己的经济走向繁荣，信任使人们在自己社群的言行中发挥积极作用。传统社会信任文化建立在熟人关系基础上，表现为以情感为基础的人格信任系统；现代社会的信任文化是建立在陌生人关系基础上，表现为以平等合作为前提的非情感性的契约信任或规则信任系统。到了现代，随着人口的增加、分工的发展和社会规模的扩大，制度性因素的作用显然更为突出。而制度作为一种社会性规制，其能够顺利实施，除了依靠一定的组织机构作为执行者，还需要人们的配合，信任制度是公正的，相信按照这种制度规定该社会的成员就能得到共同的好处和利益，相信作为共同体的成员其他人也能够按照制度要求去行事，相信制度设立者的承诺，如果有人违反了制度的规定就必然要受到相应的惩罚。如果没有这种制度的信任和对制度维护者的基本信任，这种制度是无论如何也难以顺利推行，合理的社会秩序是难以建立或无法维持的。其结果就是大量的内耗，普遍的混乱，甚至严重冲突。随着现代社会的急剧转型，共同伦理文化的式微导致个人行为更加难以预料，这大大削弱了人际间的信任。随着全球化的到来，区域隔离被打破，人类交往变得更加简便、快捷，联系和沟通日益频繁，相互影响日益增强，从而对社会信任提出了更高的要求，需要社会成员之间、社会成员与社会组织之间、社会组织相互间建立必要的信任，但无论何种形式的信任，都需要以具备丰富社会关系的社群作为前提和依托。

传统类型的社群随着社会发展逐渐在瓦解，原有的共同体情怀也日益萎缩。"就现代性的绝大部分历史而言，现代性是一个'社会工程'的时代，在这个时代中，自发出现和秩序再生产不会被信任；因为前现代社会的这种自我再生的制度已经一去不复返，唯一而已想象的秩序，是用理性权力设计出来并通过日常的监视和管理来加以维系的秩序。"[①] 所以，我

---

① [英]齐格蒙·鲍曼：《共同体》，欧阳景根译，江苏人民出版社2007年版，第41页。

们需要重新设计规则,确定社会交往原则,维持社会秩序。总之,社会信任是人类文明的基石和社会互动的桥梁。德国著名社会学家齐美尔在其《货币哲学》一书中曾指出:"离开了人们之间的一般性信任,社会自身将变成一盘散沙,因为几乎很少有什么关系能够建立在对他人确切的认知之上。"①

"信任必须习得,而不是挣得。"② 信任的习得特质就以为信任需要依托社群长期积累,不能一蹴而就。社会信任是社会发展过程不断累积的结果,因此,社会信任属于社会资本的重要组成部分。真正使社会资本概念引起广泛关注的是哈佛大学社会学教授罗伯特·D. 普特南(Robert D. Putman)。普特南提出了社会资本的三个特征,即规范、网络与信任,成为应用这一概念的主导分析范式,同时他通过把社会资本与现代自由民主制度联系起来,把价值因素注入了社会资本概念之中,使这一概念不仅是一个分析范畴,而且成为一个评价标准。更值得注意的是普特南的社会资本理论尤为关注"信任"。他认为社会资本和经济资本、人力资本同样重要,对于个体进步和社会发展意义重大。信任是社会资本必不可少的组成部分,所以一个团体,如果其成员可以信赖,且成员之间能相互信赖,那么它能比缺乏这些资本的相应团体取得更大的成就。

日裔美国社会学家弗朗西斯·福山在界定社会资本时也强调了信任的重要性。他认为公民有较高社会信任水平的高社会资本的经济主导21世纪。他提出社会资本就是一个群体成员共同遵守的一套非正式价值观和行为规范,群体内的成员按照这一套价值观和规范彼此合作。而非正式的价值观和行为规范,福山认为应该包括"诚实、互惠、互相信任",信任就是社会发展的润滑剂,它能使任何一个群体或组织的运转变得更加顺畅有效。因此,一个社会的信任度或者说信用水平会极大地影响社会资本存量,人与人之间的相互信任是一种重要的可量化的社会资本形式。从更深刻的意义上讲,社会资本就是社会信任、互惠规范以及公民参与网络三者的有机统一。

---

① [德]齐美尔:《货币哲学》,陈戎女译,华夏出版社2002年版,第178页。
② [美]埃里克·尤斯拉纳:《信任的道德基础》,张敦敏译,中国社会科学出版社2006年版,第98页。

社会信任产生于交往主体之间的社会交互活动中，通过交往主体之间的互相信任而建立起来的一种亲密联系。这种信任是基于社会关系结构或制度，透过社会交往主体的相互交往过程，而不可能通过单个社会个体本身来获得。社会交往主体在进行社会交往活动过程中离不开社区或者群体，个体只有在社群中才能交往，才能形成信任。

社群主义者认为社群是我们理解世界和分析世界的基础范式，社群中内蕴着社会信任，社会信任离不开社群，二者具有天然关联性。因为"当群体失去孕育信任的功能后，残存的信任是鸡零狗碎的，它们不可能成为建立社会秩序的资源。"[1]在社群主义者戴维·米勒看来，社群对形成个人的认同具有决定性的影响，而个人的认同部分地由其社群归属感构成，社群不仅是一种相对于其他人而言的感情上的归属感，它也因此而深深地进入认同，如果隔断与社群的关系，个人的生活就将失去重要的意义。因此，自我与社群的关系问题是近代以来政治哲学、道德哲学所涉及的主要问题。

社会信任因其有助于促成自发性的合作与协调，用以改善社会行动的作用被视为社会资本。从社群主义视角来理解社会信任，比较偏重于社会资本，"社会信任可以看作是人们在社会活动和交往过程形成的一种理性化的交往态度，是基于对自己的安全考虑和行为结果的预期而形成的一种价值心理，是一种提高社会效率的社会资本。"[2] 这种对社会信任的理解统合了众多研究视角，再次强调了一种认识，那就是社会信任作为一种社会资本，是任何一个社会正常发展的必要条件。如果一个社会的信任状况比较好，社会信任度也比较高，人们之间的交往活动就比较容易开展和扩大，整个社会的活动效率就比较高，反过来又促进了社会信任的进一步加强，形成一种良性循环。反之，社会信任程度差，不仅会增加交易成本，影响交易频率和范围，降低社会的活动效率，更严重的加剧人际的不信任，从而阻碍社会的合理发展。"在人们能相互信任并值得相互信任的地方，以及在社会成员的互动可以重复或复制的地方，日常的商业和社会交

---

[1] 郑也夫：《信任论》，中国广播电视出版社2001年版，第125页。
[2] 张豪：《转型期中国社会信任危机的伦理审视》，硕士学位论文，新疆师范大学，2013年3月。

往的成本将会大大降低。"① 因为,"没有必要花费时间和金钱来确保人们维持既定的安排,或是在他们放弃的情况下就对他们进行惩处"。②

社会学家普遍认为,社会人际信任与社会资本均来自自愿性社团内部个体之间的互动,是这些中间组织推动了人们之间的合作并促使了信任的形成。社会中间组织是由政治权威以外的社会力量建立起来的群体或组织,对整个社会结构的运行起着至关重要的作用。公民是国家构成中的单个个体,但是单靠公民这个个体是不能有效维护国家长久可持续发展的,这就需要社会中间组织发挥其凝聚和带动作用。"信任产生于社会中介组织:宗族和自愿组织。这些与领地或准领地相系结的组织,有着清晰的边界,边界保护了成员间的识别性和频繁的博弈,避免了混乱型冲突,边界内有着相互依赖的双向关系和赖此建立的相互间的义务。"③ 社会中介组织就是社群的现代形态,植根于社群的社会信任是具体而丰富的,有实质内容,才能成为现实的在场的存在,离开了具体组织或者社群的社会信任只能是一种虚无的想象而已。

进入现代社会,随着社会分工越来越精细,合作越来越紧密,人与人之间的相互依赖就越来越强,人与人之间更需要社会信任;同时随着社会流动性越来越强,曾经发挥主导作用的社会习俗、道德规范开始逐渐丧失其主导地位,控制能力日趋减弱甚至丧失,社会失范必然发生,更加需要社会信任来恢复或者维护正常的社会秩序,寻找失去的社群安全感。"个体孤军奋战的困境,可能是痛苦的、不讨人喜欢的,而一起行动的坚定而有约束力的承诺,可能预示着伤害要比收获更多。"④所以,人们希望在社群抑或共同体之中来寻找寄托和庇护。"如果信任把我们与自己的社群联系起来,并且帮助我们解决集体行动中遇到的问题,这必然是道德主义信任的作用。策略信任只能使人们和已经认识的人合作,因此它只适合小规模地解决的问题。道德信任有助于让我们与那些不同于我们的人相处。

---

① [美]罗伯特·普特南:《独自打保龄球——美国社区的衰落与复兴》,刘波等译,北京大学出版社2011年版,第334页。
② 同上。
③ 郑也夫:《信任论》,中国广播电视出版社2001年版,第121页。
④ [英]齐格蒙·鲍曼:《共同体》,欧阳景根译,江苏人民出版社2007年版,第54页。

它把我们与更大的社群联系在一起，使我们能够从事善行，解决分歧。"①这里的策略信任是基于信息、知识和以往的经验所产生的信任；而道德信任并不首先以个人经验为依据，它主要依据于共同的价值观。它是一种对人的本性的普遍看法，道德主义信任是一种信任，即信仰他人与你共有基本的道德价值，因此，他人也应该得到你所希望从他人那里得到的待遇，这种所谓道德信任更具有普遍适用性。"这种对陌生人的信任是一个公民社会的最关键的基础。我称它为'道德主义信任'，即信任我们不认识的人，信任与我们不同的人。我们不能把对陌生人的信任的基础建立在他们的可信性上，因为我们无法知道他们是否诚实。我们只是在假定他们是诚实的。我们相信，他人与我们共有基础性的道德价值。道德主义信任提供的是与他人共处和实现妥协的基本原理。"②

社群也即共同体是一个"温馨"之所，正如鲍曼在其《共同体》的序曲中所所谈到的那样，"谁不希望生活在一个我们可以信任、他人的所言所行我们又可以依赖的友好的、心地善良的人群之中呢？我们恰好生活在残酷无情的时代里，而这是一个竞争的、胜人一筹的时代，在这个时代，我们周围的人看来都守口如瓶，很少有人会急着要帮助我们；人们在回应我们救援的呼声时，我们听到的却是让我们自力更生的劝告；只有迫不及待地要抵押我们财产的银行，在向我们献媚并想要说'同意'，而且即使是它们，也仅仅是在商业宣传中而不是在它们的办事处才是如此。"③所以，社群不仅仅是我们指的是我们的安身立命之所，我们需要社群来确保生活的确定性，但同时可能我们要考虑失去部分自由，因而，确定性和自由之间的争执就成为我们的重要选择。

二 自我与社会信任

"传统""现代"的二元性划分是经典现代化理论分析的重要的视角与思维框架，所以，我们运用现代化理论将社会信任区分为传统与现代形态。其中传统的社会信任是与传统社会及政治系统、社会环境和信任表达

---

① [美]埃里克·尤斯拉纳：《信任的道德基础》，张敦敏译，中国社会科学出版社2006年版，第24页。

② 同上书，第18页。

③ [英]齐格蒙·鲍曼：《共同体》，欧阳景根译，江苏人民出版社2007年版，第4页。

方式相适应的信任形态；现代的社会信任形态决定于现代社会及政治系统中信任表达的结构状态。如果说社会现代化是包括政治现代化的一个系统工程，那么政治现代化的一个重要内涵就是社会信任关系和信任心理的现代化，或者说，就是社会信任"现代"部分的逐渐扩展，"传统"部分日趋萎缩的过程，就是社会信任形态由传统走向现代的过程。"这是一个高速度和高加速度的时代，是一个缩短承诺期限的时代，是一个灵活多变的、缩小规模和'外部采办'的时代"。① 传统信任规则已经不复存在，我们需要重新寻求外部规则。

传统社会是一种在场的交往，而现代社会是一种缺场的交往。社群主义通过对社群及社群价值的强调，突出社会信任建设过程中社会信任主体之间的在场性，这就在一定程度上弥补了制度信任抽象、逐利、缺少监督的不足，使社会建设具有根本物质基础，更有生机和活力。中国传统社会中的信任特点与中华文明的起源密切相关，血缘关系是中华文明早期发展的基础，由此决定了中国传统社会的人际关系呈现的是亲疏有别的特征，中国人是否信任他人往往以"内外有别"作为信任与否的区分标准，基于血缘、地缘、业缘等的人往往被认定为自己人，建构在"自己人"基础上的信任具有较高水平，而对"外人"则表现出较低的信任度。而现代社会一直淡化血缘地域等传统特质，信任陌生主体，逐渐转而信任基于普遍主义道德的道德主义信任，从个别信任过渡到普遍信任，普遍信任的基础是道德主义信任，但二者是不同的，普遍信任是我们共同体范围的度量指标，它的基础既是道德的又是我们的集体经验，"同类人构成的共同体一般具有社会同质性、隔绝性和排他性，并有能力实行强制执行深厚信任所必须的严格的社会制裁措施。深厚信任基于强维系，普遍信任基于弱维系，这种联系产生于我们与我们自己不同的人们偶尔的接触。"②

社群主义使社会信任从"抽象化"状态分离出来，使社会信任具有了深厚的现实根基。因为社群是具体的存在，"社会成员间对相互习惯的依赖及对相互保持习惯的信任形成了社会关系和公共秩序的预期性。日常

---

① ［英］齐格蒙·鲍曼：《共同体》，欧阳景根译，江苏人民出版社2007年版，第44页。
② ［美］埃里克·尤斯拉纳：《信任的道德基础》，张敦敏译，中国社会科学出版社2006年版，第33页。

惯例造就了生活的稳定和预期性，并造就了人们心理上的安定和信心，这种心理的感受帮助人们掩盖和克服本体中的不可预期性。"① 所以，社群是信任产生的物质依托，自下而上的社会秩序不是靠孤立的个人们去建立的，而是靠着群体，因为基于社群的信任为人们生活提供了本体论意义上的存在感和安全感。

一定的社会信任模式总是依赖于一定个体的交往模式，并与一定的社群交往模式相适应。社会信任直接地内在地受社会交往发展水平的制约，同时也受个体交往方式的制约。马克思曾根据人的发展程度把历史分为三大形态：一是以"人的依赖关系"为主要特征的最初状态。在这种情况下，人们的交往活动或交往关系主要建立在自然分工的基础上，受血缘关系、地域关系、等级关系等多重束缚，个人是一定的自然形成的人群共同体的附属物，是家庭或家族的附属物。这种由自然条件影响的狭小环境下构成了人们交往的天然屏障，人们的信任关系主要从共同体内部产生，主要基于亲情关系和由于长期接触、彼此熟悉，而对于非亲属范围的或其他共同体成员基本选择不信任。二是"以物的依赖性"基础上的个体独立发展形态，个人摆脱了血缘、地域的羁绊，从家庭人、村落人变成了社会人，从熟人社会逐渐过渡到陌生人社会。原来基于各种等级、身份而形成的交往被平等的契约式交往所替代，交往的频率和半径大大扩大，契约也渐渐演变成为制度约束，在这种条件下，社会为了维持一定的交往秩序，需要制定出一系列利于交往的法律制度，用法律的形式保护交往各方的正当利益，"因为我们不可能信任人们，我们可能尝试信赖作为信任中介和普及者的制度。例如，我可能会相信，制度将不断地按照我已知它们将要运作的常规方式运作。从这一角度看，制度规则被看成是自我再生、自动实施、具有路径依赖和可以永久存在的，而且没有人能指望歪曲它们或干涉它们的预期运作，因此值得信赖。"② 三是只有到了以生产的普遍发展和与此有关的世界性交往的普遍发展为前提的共产主义的人的自由而全面发展的阶段，才是人的自由个性的阶段，是人的自由交往能够充分展开和真正实现的阶段。这种外在需要以他律为主要保障形式，建立在以真正的

---

① 郑也夫：《信任论》，中国广播电视出版社 2001 年版，第 72—73 页。
② ［美］马克·E. 沃伦：《民主与信任》，吴辉译，华夏出版社 2004 年，第 61 页。

诚信的人格的基础上的开放社会。

中国社会正经历从传统社会向现代社会的叠加转型，个体正处于马克思所划分的人类交往的第二个阶段即"以物的依赖性"基础上的个体独立发展阶段，社会制度、社会结构和社会规范等发生剧烈变革，社会信任体系的制度系统维系和运作困难不断，面对当今社会严重的道德滑坡，普遍存在的社会信任危机，这种转型就一直在加速前进，急剧的社会演变带来的是从生活方式到交往方式，从社会关系到社会环境的多方面变化，急速的社会转型对原有社会链接模式和社会信任模式都造成了强烈的冲击。而此时，维持、调整人们之间社会联系的社会信任便尤为重要，面对现代社会不断增强的异质性、不确定性和匿名化，社会信任是人与人社会交往中最有效的简化机制，"从严格意义上讲，只有行为者才能被信任，因为他们是唯一能够互给信任的单位。相反，制度首先是一系列规则。但不止于此，它们还提供可以信赖的规范基点和价值观以证明那些规则合理和可行。换言之，制度被赋予一种精神、一种气质、一种模糊的道德理论、一种观念导向，或一种处理社群生活的略带偏爱方式的观念。我的论点是，正是制度的这种暗含的规范意义以及我假定它对于其他人所具有的道德合理性使我信任那些处于相同制度中的人——尽管他们是陌生人且不为我个人所了解。"①

人的价值只有在社会生活中才能实现，是以人际交往作为平台，人只有在群体生活和社会交往中才能体现自身价值，福莱特认为只有生活在群体中的人才是现代社会真正意义上的人。信任危机使得人人尽量减少交往机会和交往深度，人与人之间不愿显露出自己的真实情感，是戴着各种"面具"生活的，不去了解别人也不会让别人轻易地了解自己，人人都把真实的自己封闭起来，社会交往即使看似仍在进行，而其背后却是一个个隐藏的"自我"，这样人与人之间无法形成正常的交往关系，也就不利于现代个体人格的发展和自身价值的实现。社群主义呼吁回归传统道德，强调社群成员的相互依赖与信任，倡导公共责任观，加强对个体美德教育，培养团结友爱、互助合作、诚信友爱和自我奉献等传统精神等主张，一定程度上与我国恢复和重建社会信任的现实需求相契合，为我们提供了另一

---

① ［美］马克·E. 沃伦：《民主与信任》，吴辉译，华夏出版社2004年，第61页。

种可供考量、可供借鉴的解决思路。

第三节 社群主义自我理论的价值缺憾

社群主义与自由主义的宏大争论影响了整个政治哲学发展，强调集体意识的社群主义批判过分张扬个体自由和权利的自由主义只是一种纠正，社群主义的目标就是要缓解各种新型的社会矛盾，找到促进资本主义社会协调发展的有效途径，但社群主义并不是治疗自由主义病灶的良药。马克思超越了社群主义将个体与社会对立起来的极端化观点，强调个人与社会是基于物质生产实践基础上的对立统一的关系。社群主义看到了资本主义条件下个体自我的道德缺失现状，但社群主义对个体自我的理解主要停留在社会文化层面，注重对道德领域的个体自我的关注，马克思则是从经济政治二元分析框架来分析资本主义个体自我面临的生存境遇，切中了资本主义社会问题的实质，其实，道德领域的问题其实质在经济层面，正是因为资本主义私有制条件下，由于社会贫富差距的拉大以及人与人之间社会地位的不平等，才使得人们对公共社会生活丧失信心，缺少公共意识，公共责任感淡漠，对民主生活和他人冷漠，才会导致产生极端个人主义泛滥的道德危机。

其实争论双方各有所长，也同时各有所短，正像社群主义者认为权利基础论是自由主义的"阿基里斯之踵"，而对传统、社会的过分偏重也构成了社群主义的"达摩克利斯之剑"。社群主义所谓的自我是一个在人与人之间互动、交流和逐渐形成的自我。自由主义所秉承的先天自足的自我被社群主义者指责为抽象的虚幻观念。社群主义认为只有在社群中而且只有通过社群，个体才能成其为个体，强大、健康和道德上富有活力的社群是强大、健康和道德上富有活力的个体的重要前提。

作为自由主义对立物的当代西方社群主义思潮的出现显然有其积极合理的意义。社群主义提出从社会历史传统、社群整体以及实践的角度理解个体自我与社群的关系是难能可贵的，其许多理论主张带有某种程度的集体主义倾向，对社会正义、平等等概念的发挥也吸收了许多社会主义的因素，使人们看到了其理论的重大价值和深远意义。社群主义的独特解释回应了当今资本主义世界的社会现实，社群主义想要予以纠正的是目前像仁爱、团结、共享等崇高道德的缺失状况。所以，有一种说法认为："因此，在某些情况下，对正义的关注越多，就越反映出道德状况的恶化，而不是标志着道德提升。"① 它对社群自我、社会本位、道德取向、文化认同等方面的强调，有助于我们重新认识人类生活中固有的不可或缺的价值之维，有助于基于这一维度深入反思自由主义个体价值取向的缺失与不足，是对曾经体现在西方古典政治哲学和东方传统政治哲学中的旨在坚持的政治的合目的性这一人类政治学精神的积极卫护。

然而，另一方面，其关于自我理论在其理论主张与价值关注方面仍然存在一定不足。

首先，社群主义特别强调自我的情境性，主张将自我放置在历史脉络之中，在此逻辑前提下，尤其突出公共利益至上性，由此可能会带来一系列严重后果，即群体容易对自我形成宰制，公共利益压制个体利益。真正的社群应该通过自愿的机制来实现自我约束，而不能仅仅依靠外在的善来创造维系承诺的环境。社群主义是西方自由主义极端发达的产物，是对个人主义基础不足的弥补，它的价值只能通过自由主义才能得到补偿，联系的纽带当然可以为自我提供支持和安全感，但也会成为限制和束缚自我的牢笼。自我应该形成对构成性社群的认同，放弃认同会给自我带来伤害，同样的这种认同本身就有可能是有害的存在物。社群主义理论对政治现实关注不足，这一点和自由主义犯了同样的错误。不懂得人的活动和人的社会关系是个人与社会整体统一的本体基础。找不到现实的连接和统一，也就自然没有理论和方法上的逻辑通道。

社群主义强调社群价值对个人价值的优先性，公共利益和公共的善的至上性，这在政治实践中有一定价值合理性，但是根据这一逻辑，如果无辨别性地、一味地提高公共利益至上，就会出现国家或其他政治社群为了公共利益而去牺牲个人利益的不合理状况，会对合理的个人利益造成损失，这种逻辑也会常常成为政治极权主义和霸权主义的理论依据，并且在政治实践活动中很容易出现集权主义形态。因为，只要人类共同生活在一起，就必然会存在公共的利益，这一点在社群主义者那里已经达成共识。

---

① [加]威尔·金里卡：《当代政治哲学》（下），刘莘译，上海三联书店 2004 年版，第 380 页。

但是，如何确认公共利益，是不是所有的公共利益都毫无差别地处在绝对优先的地位，这是将社群主义应用到实践活动中需要认真考量的议题。

其次，社群主义对自我与社群关系的过度强调，会使自我丧失对社群的批判和反思能力。自由主义认为，自我的自主性是指自我所具有的批判和反思能力。在自由主义看来，任何社会和政治生活的合理性之证明都是建立在自我的反省和批判基础上的。的确，自我的存在是处于一定的历史和现实脉络之中的，但是自我存在的社会性并不意味着自我不应与现实保持一定的距离从而保持反思和批判能力。"现代社会是一个多元的社会，在其中，每个个体都有自己特定的价值观念，都有自己考察和分析现实的视角。真正的社群应该通过自愿的机制来实现自我约束，而不能仅仅依靠外在的善来创造维系承诺的环境，如果一味强调社群的优先性，则会使自我丧失批判和反思能力，最终危及现代性的成果。"[1]社群主义的缺陷在于没能说明如何创造社群的条件以及维持社群存在的机制。虽然有社群主义者提出通过同质性与道德教育来创造和维持社群，但始终存在集体作恶的危险。

社群主义从黑格尔那里吸取理论来源，主张社群价值一直存在于共同习俗、文化传统和社会共识之中，我们不必重构社群或者共同体，我们只要尊重共同体及其所有，安心接纳所给予的世界。而且，"社群主义的镶嵌自我观对于绝大多数生活在西方民主制下的公民而言，并不是一个关于自我理解的言之成理的观念。"[2] 所以，社群主义自我中的所理解的自我不能拒斥无意义以及角色认知，自我缺少批判和反思的能力。

麦金太尔、泰勒和桑德尔不断强调我们重要的依附关系既不是我们选择的也不可随意切断，但这样做容易使自我彻底丧失自主，把自我消解在一连串由一个人的社会地位所强加的、不具反省意识的角色。缺少自主性的自我被吸纳到社群之中没有能力批判性地反思其角色、义务及其所在社群，这种个体可能在无意之中会变成不道德生活的共犯，个体自主选择能力萎缩以后，人作为道德行动者的地位就岌岌可危了。

---

[1] 吴玉军：《现代自我观的批判与重建——对自由主义政治哲学困境的一种考察》，《浙江社会科学》2008年第8期，第75页。

[2] ［加］威尔·金里卡：《当代政治哲学》（下），刘莘译，上海三联书店2004年版，第418页。

社群主义的理想是既可以保持社群的统一稳定，又可以获得个体自我的认同和完善，但社群主义一再地强调自我对社群的依赖，一再地强调个体自我需要融入社群，个体自我离不开社群的文化、历史，自我需要对所在社群保持忠诚，这些都有可能将个体自我的自主性、独立性和反思性消融淹没在社群强大的政治生命中，进而导致压制群体内的差异或将部分人排挤出社群，如果过度强调社群可能会出现传统极权社会再现的隐忧。

在马克思看来，共同体是一个整体概念，包括物质、文化、精神各个方面，其中物质活动起着决定性作用。马克思擅长从经济领域来解析社会，在马克思主义哲学看来，社群主义在对人的本质的解释中未能遵循一种科学的方法论，只是关注了社群中的人的生活层面，而马克思主义哲学对政治哲学的基本问题进行阐述与分析时以唯物史观为基础，以经济政治的二元视角来分析个体与共同体的关系，更有一定的现实说服力。整体而言，与马克思主义哲学相比，社群主义缺少对现实的批判和革命精神，因为马克思主义认为一个真正的共产主义的任务就是推翻现存的东西，通过推翻现存创造全新世界实现全人类的美好价值理想，这是马克思主义哲学具有持久生命力的重要原因。

再次，社群主义批评自由主义者自我概念的虚构性，而他们自己所提出的解决方法同样具有不可避免的虚构性，是另一种形式的乌托邦。有学者认为，社群主义的自我是一个社会学或者说人类学意义上的自我，这显然是一个现代甚至后现代哲学的视野。因为，个体自我与历史过程之间是辩证的互动的生成与再生成的过程，自我不仅仅只是"叙事的动物"或语言的存在者，更不是抽象概念式的我，自我是真真切切地与社会现实发生关联，只有通过实在的社会生产实践活动，人才能真正鲜活而生动起来，只有生产实践活动才能使自我有存在根基，与群体、社会联系起来。

当代的社群主义是在批判自由主义的前提下产生的，而究其现实的社会根源，是因为在当代个人主义已经发展到极端，个体自我逐渐丧失了安全感、稳定感和团结感。其实，新自由主义的杰出代表约翰·罗尔斯在极力倡导作为公平的正义原则的同时，也仍然承认出身、地位、天资等特殊的经验生活是属于个体自我的，他在构想原初状态，设计无知之幕时，并没有把作为主体的自我所具有的经验完全剥离，也并没有否认无知之幕的下的各方是拥有自我利益的主体，所以，自由主义的自我也并不完全是虚幻的、不真实的自我。如今不是亚里士多德的时代，恢复正义、真诚、勇敢和理智等德性，如果不结合现时代的社会经济和文化特点那也将是一种虚幻。它以政治上的抽象的价值取向完全代替了其现实的科学取向，这使其政治理想既缺乏一定可操作性手段又无坚强的制度保障，其结果就可能是社群主义的种种努力往往只能最终停留在一种对人类精神的不无空洞的终极关怀上。因此，正如自由主义的政治学说是一种片面的、单向度的学说一样，社群主义的政治学说亦有其自身难以逾越的理论局限性。

如果说自由主义自我理论以一种抽象的人性论作为其理论前提，他们不可能正确的解释个人的本质，那么社群主义与自由主义一样，也未能正确把握人的本质，他们在强调人的社会属性的同时而忽视了人的自然属性，过分偏重于社群，完全以社会整体为本位，漠视个人的价值，把社群看成是脱离了个人而存在的抽象整体，是一种抽象的整体论，立足抽象整体论基础上的自我也同样是抽象的自我形象。

社群主义与自由主义二者在自我理论的论争其主要分歧在于自由主义侧重从政治层面入手把自我理解为一种政治概念而非哲学中的形而上学概念，我们把它定位为一种政治自我，政治领域中的人更多是一种法律概念，所以需要承担相应的权利与义务，需要在权利与义务之间寻找政治的最佳平衡；而在社群主义那里，社群主要是伦理层面的社群，它注重从社会层面来理解自我，这种自我更多地体现为是一种道德自我的形象，主要考虑的是自我的身份认同与社群的公共精神等伦理层面的内容而非自由主义的权利与责任的均衡。概括而言，社群主义与自由主义对自我理解的层面不同：一个注重政治层面；一个注重社会层面，同时对自我的定位也存在差异：一个是政治自我的形象；一个是道德自我的形象，同时他们对自我所在社群的关注也不同：一个关注政治社群；一个重视人所存在的伦理社群或者社会社群，所以，二者对自我的理解并非处同一视角，他们对自我的理解也不是基于同一概念水平之上。

最后，社群主义以社会本位取代自由主义的个人本位，这对批判个人主义确实起到了一定的积极作用，但它未能完全准确地把握个人与社群、自我与传统、历史等的真实关系。虽然个人不是像自由主义所描绘的"抽象的、虚幻的个人"个体具有社会性并且受一定社会关系所制约，但与此同时，个人也不是像社群主义设想的那样和社会截然对立。我们应当避免把"社会"当作抽象的共同体同个体简单对立起来，实际上，个体本质上是社会存在物。正像我们说自由主义不应该把人看成是完全自足、抽象的个体一样，社群主义也不该把社会传统看成是脱离个人而存在的抽象整体，古特曼曾批评桑德尔和麦金太尔搞"二元论的暴政"，认为自我和社群的对立是"虚假的争论"。而实际上，二者并不是从自我和社群对立的角度出发来进行阐述的，而是为了论证的逻辑而故意强调一方忽略另一方。所不同的是，如果说自由主义之失在于其未能顾及社会的伦理价值而无力应答政治价值主体的性质问题的话，那么社群主义之失则表现为其无视政治的科学制度的依托而无法将其所高扬的人性真正落实在现实政治之中。

社群主义是西方社会发展过程中个人主义极端发达的产物，是对个人主义不足的弥补，它的价值只有在自由主义和个人主义极端发达的前提下才得以凸显，其不足也只有通过自由主义才能得到补偿。所以，离开发达的自由主义就无法真正理解社群主义，而离开自由主义谈论社群主义就会发生时代的错位。因此，一种真正健全的人类政治学说的建立必须克服非此即彼的思维定式，即坚持自由主义与社群主义二者形似对立其实却是以"离则两伤"而"合则两美"的方式而二极相通达的。而我们之所以坚持二者的互补性是因为，正如青年马克思所说，"特定的个人不过是一个特定的类的存在物"[①]，也正如黑格尔在《精神现象学》里所说，自我的权利只有在被他人承认时才能成立，作为政治生活之主体的人实际上既是一种相互维度中的个体，同时也是一种相互维度中的社群。

事实上，个人与社群不是抽象对立的，而是相互通连，彼此同构的。新社群主义者在对早期社群主义理论进行批判反思的过程中试图实现自我与共同体、集体责任与个人责任、普遍的个体权利和公共利益之间的合理均衡，"华盛顿大学的阿米泰·伊兹欧尼教授，这位社群主义的提倡者曾指出，在一个好社会里，'人们相互之间强有力的纽带必须与同样有力的自主性保护措施达成平衡'。而一个好社会，也就是他所说的一个真正的共同体，不仅需要自由，而且需要秩序。因此，它必须在社会的向心力和社会的离心力这对基本力量之间保持平衡：前者带来社群的服务、动员和

---

① 马克思：《1844年经济学——哲学手稿》，刘丕坤译，人民出版社1979年版，第76页。

团结，而后者则导致更多的差异以及个性。"① 我们要承认个人的尊严，也承认人的存在的社会维度，由此可以看出，伊兹欧尼强调越是严密的社会秩序，越需要尊重个体的自主性，同样个体自主性越高的社会，则更需要社会秩序来加以制衡，个体自主性和社会秩序二者呈现出一种反向共生、相互增强的关系，而不是必然的无法共存的零合敌对关系。

只有从社群中的自我与自我所在的社群这一双向角度出发才能使人全方位地展开其生命的完整意义，才能使人实现其人之所以为人的真正的文明，只有既关注人的个性差异，又强调社群的文化感，才能形成一个所谓的美好社会，过分偏重于一方，都容易出现非良序的社会状态。这意味着，正是由于人的个体性，才使政治对人成为真正的必要；同时也正是由于人的群体性，才使政治对人成为真正的可能。因为，现代社会存在着两种言说方式：第一种是占据主导地位的个体主义言说，每个人可以自由地界定和追求自己认为合适的权利，每个个体都是自由独立的存在；第二种就是共同体主义的言说方式，共同体主义认为个人之间存在着紧密的关联，人类在追寻共同的人性和尊严所决定的自我实现上天然地处于合作状态。

西方社会的个人主义在过去一直被看作整合其他价值观的核心，如今社群主义试图改变西方价值观的坐标，替代个人主义以社群式自我而作新的整合，表明资本主义世界及其发展正面临重重矛盾与困境时所作的主动尝试，但这一尝试未能超越资本主义的视域。所以，应该首先拒绝自我与社群的虚假对立，摒弃这样一种认识即认为自我要么就是各行其是的散沙状个体，相互之间缺少价值关怀，要么就是小我淹没于大我之中，被集体所限制。尤其社群主义自我对于我们国家而言，在我国历史上，自由主义和个人主义的理论传统历来比较薄弱，而集体主义的思想影响则相对比较强劲，在这种文化传统氛围中，人们从心理和习惯两方面都比较容易接受社群主义群体自我理论，可能会自由主义的个体主义有些抵制甚至难以接受，所以，我们应该以一种开放的、宽容的心态来看待社群主义群体自我理论，能够理性平和地意识到社群主义与我国集体主义在理念上的部分相似性，但是更应该注意到对社群主义自我的辩证性理解，力图在保证社

---

① 陈家刚：《危机与未来：福山中国讲演录》，中央编译出版社2012年版，第92页。

完整性的同时确保个体自由的合理实现。总之，我们应该超越自由主义和社群主义这种两极对立的思维方式与具体主张，立足社会现实建构一种新的社群凝聚模式，当然这种想法后来在新社群主义者那里得以实现。

结　语

　　20世纪80年代兴起的社群主义通过对以罗尔斯为首的新自由主义的批判带动了政治哲学领域的再度繁荣，关于社群主义的著作得以大量涌现，其实，政治哲学著作的大量问世可以看成是社会本身正在经历艰难困苦时期的征兆，于是，人们对社群主义的关注得到了社会现实的验证。现代社会出现个体价值混乱、传统美德缺失，人们缺少生活的目标和激情，社会成了缺少方向感的简单集合，人的社会严重碎片化，人们逐渐丧失对公共事务的热情，与公共生活与政治生活日渐疏远，人变成了孤独的、缺少归属感的行者，漂浮而动荡，人们开始关注社群主义，其实就是试图通过社群回归复兴人与人之间那种更为亲密、更为温暖、更为和谐的情感纽带，恢复能够给个体生存提供意义支撑的社群感，某种意义上而言，自我对于社群更是一种情感依托和情感渴望，这种情感肯定要关乎人与人之间的持久联系、自我与社群之间的互惠关联。因此，从另一角度而言，社群主义的出现以及对群体自我的关注满足了西方社会个体主义背景下人们心理上的道德期待，社群主义推出社群式自我来矫治西方社会的发展之弊，某种意义而言，共同情感本身就是社会秩序的建构性力量。社群主义对自我的全新理解对当时的社会现实无疑起到了分析和救治的功能。

　　而社群与自我的关系一直以来受到人们的关注，在一定情境下二者的关系可以被看成是个体与社会关系的一个翻版，从这个意义上而言，马克思主义哲学虽然没有明确讲到社群与自我这样的字眼，但关于个体与社会的论述以及关于人的理解为我们留下了宝贵的精神资源。马克思主义哲学侧重于从经济与社会角度理解个体，社群主义对自我的理解则偏重于文化、价值、历史、传统等方面，社群主义之所以对自我有这样的理解是基于西方社会个体生存的困境这样一种现实背景。无论是马克思主义哲学还是社群主义，他们都对人以及人的生存价值的关注是共同的。因此，就这一点而言，社群主义对自我的认识值得我们思考。

但我们在对社群主义自我进行分析、研究与借鉴的同时，需要考虑到社群主义的时间性，作为一种上个世纪兴起的政治理论思潮，同时又是西方发达国家的理论成果，在当今的社会历史前提下，我们对这种社群式自我应该如何加以创新性的理解，这个问题值得我们进一步思考。有一些学者开始在西方社群主义与中国传统文化之间寻找链接点，当代社群主义的新生力量代表丹尼尔·贝尔就对社群主义和新儒学的关系问题很感兴趣，但无论怎样，社群主义对公共性的强调，对公共精神的倡导，对公共价值和公共责任观的推崇是我们这个时代或下个历史时代都应注重的重大主题。

另外，我们也应该考虑到社群主义的中国语境，在西方主张回归社会，寻找本真性自我的同时，我们在呼吁个体权利，看似不同进路，实际上，中国由于家国同构的理念，对社群的理解或者过于狭隘或者过于宽泛，狭隘的理解回到个体只顾私利，而对社群的宽泛理解又容易导致公共生活对私人生活的侵害，当然，一把社群主义放到中国语境下，有人就会认为社群主义对自我的理解在西方的个体自由传统背景下可以起到纠偏作用，而在中国容易出现社群对个体自我的公共宰制，但我认为随着中国民主化的进程以及法治的完善，这种所谓的集权主义的危险不会出现，除非有恶意政治的因素出现。

选取社群主义自我理论进行分析是一项困难的工作，因为，社群是自我的社群、自我是社群的自我，无论何时，自我与社群二者之间"离则两伤，合则两美"，所以，对这种缠绕性的关系进行梳理真是有力不从心之感，但我还是希望通过对社群主义自我内在理论逻辑的探讨为政治哲学理论的发展做出一点尝试，因为哲学问题永远是未决问题，哲学思考也永不停止。

参考文献

［1］［德］马克思、恩格斯：《马克思恩格斯选集》（1—4卷），人民出版社1995年版。

［2］［德］马克思、恩格斯：《马克思恩格斯全集》第1卷，人民出版社1995年版。

［3］［德］马克思、恩格斯：《马克思恩格斯全集》第3卷，人民出版社2002年版。

［4］［德］马克思、恩格斯：《德意志意识形态》，人民出版社1961年版。

［5］［古希腊］亚里士多德：《尼各马可伦理学》，廖申白译注，商务印书馆2003年版。

［6］亚里士多德：《政治学》，商务印书馆1965年版。

［7］［德］黑格尔：《哲学史讲演录》（1—4卷），贺麟、王太庆译，商务印书馆1959年版。

［8］［德］黑格尔：《精神现象学》，贺麟、王玖兴译，商务印书馆1979年版。

［9］［英］洛克：《人类理解论》，关文运译，商务印书馆1997年版。

［10］［德］康德：《道德形而上学原理》，苗力田译，上海人民出版社1986年版。

［11］［德］黑格尔：《法哲学原理》，范扬等译，商务印书馆1961年版。

［12］［德］海德格尔：《人诗意地安居》，郜元宝译，广西师范大学出版社2000年版。

［13］［德］海德格尔：《存在与时间》，陈嘉映、王庆节译，三联书

店 1999 年版。

［14］［德］海德格尔：《林中路》，孙周兴译，上海译文出版社 2004 年版。

［15］［德］埃德蒙德·胡塞尔：《欧洲科学危机和超验现象学》，张庆熊译，上海译文出版社 2005 年版。

［16］［法］让－保罗·萨特：《存在主义是一种人道主义》，周煦良、汤永宽译，上海译文出版社 2005 年版。

［17］［法］让－保罗·萨特：《存在与虚无》，陈宣良等译，三联书店 1987 年版。

［18］［法］让－保罗·萨特：《辩证理性批判》（上），林骧华等译，安徽文艺出版社 1998 年版。

［19］［德］卡尔·雅斯贝尔斯：《生存哲学》，王玖兴译，上海译文出版社 2005 年版。

［20］［德］卡尔·雅斯贝尔斯：《时代的精神状况》，上海世纪出版集团 2005 年版。

［21］［德］马尔库塞：《单向度的人》，上海译文出版社 1989 年版。

［22］［美］弗莱德·R. 多尔迈：《主体性的黄昏》，万俊人等译，上海人民出版社 1992 年版。

［23］［德］诺贝特·艾利亚斯：《个体的社会》，翟三江、陆兴华译，译林出版社 2003 年版。

［24］［英］安东尼·阿巴拉斯特：《西方自由主义的兴衰》，曹海军等译，吉林人民出版社 2004 年版。

［25］［英］史蒂夫·缪哈尔、亚当·斯威夫特：《自由主义者与社群主义者》，孙晓春译，吉林人民出版社 2007 年版。

［26］［澳］菲利普·佩迪特：《共和主义——一种关于自由与政府的理论》，刘训练译，江苏人民出版社 2006 年版。

［27］［美］迈克尔·桑德尔：《自由主义与正义的局限》，万俊人等译，译林出版社 2001 年版。

［28］［美］阿拉斯戴尔·麦金太尔：《追寻美德——伦理理论研究》，宋继杰译，译林出版社 2003 年版。

［29］［美］阿拉斯戴尔·麦金太尔：《三种对立的道德探究观》，万

俊人等译，中国社会科学出版社 1999 年版。

[30]［美］迈克尔·沃尔泽：《正义诸领域：为多元主义与平等一辩》，褚松燕译，译林出版社 2002 年版。

[31]［加］查尔斯·泰勒：《自我的根源：现代认同的形成》，韩震等译，译林出版社 2001 年版。

[32]［加］查尔斯·泰勒：《黑格尔》，张国清、朱进东译，译林出版社 2002 年版。

[33]［加］查尔斯·泰勒：《现代性之隐忧》，程炼译，中央编译出版社 2001 年版。

[34]［英］安东尼·吉登斯：《现代性的后果》，田禾译，译林出版社 2000 年版。

[35]［美］约翰·罗尔斯：《正义论》，何怀宏等译，中国社会科学出版社 1988 年版。

[36]［美］约翰·罗尔斯：《作为公平的正义——正义新论》，姚大志译，上海三联书店 2002 年版。

[37]［美］约翰·罗尔斯：《政治自由主义》，万俊人译，译林出版社 2000 年版。

[38]［美］罗伯特·诺齐克：《无政府、国家与乌托邦》，何怀宏等译，中国社会科学出版社 1991 年版。

[39]［美］罗纳德·德沃金：《认真对待权利》，信春鹰、吴玉章译，中国大百科全书出版社 1998 年版。

[40]［加］威尔·金里卡：《当代政治哲学》（上下），刘莘译，上海三联书店 2004 年版。

[41]［加］威尔·金里卡：《自由主义、社群与文化》，应奇、葛水林译，上海译文出版社 2005 年版。

[42]［法］皮埃尔·莫内：《自由主义思想文化史》，曹海军译，吉林人民出版社 2004 年版。

[43]［英］约翰·格雷：《自由主义的两张面孔》，江苏人民出版社 2002 年版。

[44]［英］约瑟夫·拉兹：《自由的道德》，曹海军等译，吉林人民出版社 2006 年版。

[45]［美］汉娜·阿伦特：《马克思与西方思想传统》，人民出版社2007年版。

[46]［英］G. A. 柯亨：《马克思与诺齐克之间》，吕增奎编，江苏人民出版社2008年版。

[47]［英］布莱恩·巴利：《作为公道的正义》，曹海军等译，江苏人民出版社2008年版。

[48]［英］理查德·贝拉米：《自由主义与现代社会》，毛兴贵等译，江苏人民出版社2008年版。

[49]［英］乔治·克劳德：《自由主义与价值多元论》，应奇等译，江苏人民出版社2008年版。

[50]［美］威廉·盖尔斯敦：《自由多元主义》，佟德志译，江苏人民出版社2008年版。

[51]［美］丹尼尔·贝尔：《资本主义文化矛盾》，严蓓雯译，江苏人民出版社2007年版。

[52]［英］G. A. 柯亨：《自我所有、自由和平等》，李朝辉译，东方出版社2008年版。

[53]［英］肖恩·塞耶斯：《马克思主义与人性》，冯颜利译，东方出版社2008年版。

[54]［美］A. 马塞勒等：《文化与自我——东西方人的透视》，任鹰等译，浙江人民出版社1988年版。

[55]［美］阿拉斯戴尔·麦金太尔：《伦理学简史》，龚群译，商务印书馆2003年版。

[56]［美］迈克尔·沃尔泽：《论宽容》，袁建华译，上海世纪出版集团2000年版。

[57]［美］罗伯特·D. 帕特南：《使民主运转起来》，王列、赖海榕译，江西人民出版社2001年版。

[58]［英］迈克尔·H. 莱斯诺夫：《二十世纪的政治哲学家》，冯克利译，商务印书馆2001年版。

[59]［美］斯蒂芬·埃里克·布隆纳：《重申启蒙——论一种积极参与的政治》，殷杲译，江苏人民出版社2006年版。

[60]［美］约翰·凯克斯：《反对自由主义》，应奇译，江苏人民出

版社 2005 年版。

[61][美]约翰·凯克斯:《为保守主义辩护》,应奇、葛水林译,江苏人民出版社 2003 年版。

[62][英]安东尼·吉登斯:《超越左与右——激进政治的未来》,社会科学文献出版社 2000 年版。

[63][美]伊曼努尔·华勒斯坦:《自由主义的终结》,郝名玮等译,社会科学文献出版社 2002 年版。

[64][美]斯蒂芬·霍尔姆斯:《反自由主义剖析》,中国社会科学出版社 2002 年版。

[65][美]丹尼尔·贝尔:《社群主义及其批评者》,生活·读书·新知三联书店 2002 年版。

[66][美]列奥·施特劳斯、约瑟夫·克罗波西:《政治哲学史》,李天然等译,河北人民出版社 1998 年版。

[67][美]乔治·霍兰·萨拜因:《政治学说史》,托马斯·兰敦·索尔森修订,盛葵阳、崔妙因译,商务印书馆 1986 年版。

[68][英]史蒂文·卢克斯:《个人主义》,阎克文译,江苏人民出版社 2001 年版。

[69][法]托克维尔:《论美国的民主》,董果良译,商务印书馆 1988 年版。

[70][美]尚塔尔·墨菲:《政治的回归》,王恒等译,江苏人民出版社 2005 年版。

[71][美]罗纳德·德沃金:《至上的美德:平等的理论与实践》,冯克利译,江苏人民出版 2007 年版。

[72][英]戴维·米勒:《社会正义原则》,应奇译,江苏人民出版社 2001 年版。

[73][英]J.C.亚历山大:《国家与市民社会:一种社会理论的研究路径》,邓正来等编译,中央编译出版社 2005 年版。

[74][德]哈贝马斯:《公共领域的结构转型》,曹卫东等译,学林出版社 1999 年版。

[75][英]以赛亚·伯林:《自由论》,胡传胜译,译林出版社 2003 年版。

[76]［美］卡尔·博格斯:《政治的终结》,陈家刚译,社会科学文献出版社2001年版。

[77]［德］曼弗雷德·弗兰克:《个体的不可消逝性》,先刚译,华夏出版社2001年版。

[78]［美］列奥·施特劳斯:《自然权利与历史》,彭刚译,生活·读书·新知三联书店2003年版。

[79]［美］贝思·J.辛格:《可操作的权利》,邵强进等译,上海人民出版社2005年版。

[80]［苏］伊·谢·科恩:《自我论——个人与个人自我意识》,生活·读书·新知三联书店1988年版。

[81]［美］约翰·杜威:《人的问题》,上海人民出版社2006年版。

[82]［英］齐格蒙特·鲍曼:《共同体》,欧阳景根译,江苏人民出版社2007年版。

[83]［英］齐格蒙特·鲍曼:《现代性与大屠杀》,杨渝东等译,江苏人民出版社2002年版。

[84]［美］罗蒂:《后哲学文化》,黄勇编译,上海译文出版社2004年版。

[85]［德］乌尔里希·贝克、［英］安东尼·吉登斯、斯科特·拉什:《自反性现代化——现代社会秩序中的政治、传统与美学》,赵文书译,商务印书馆2001年版。

[86]［美］劳伦斯·E.卡洪:《现代性的困境——哲学、文化和反文化》,商务印书馆2008年版。

[87] S.N.艾森斯塔特:《反思现代性》,旷新年、王爱松译,生活·读书·新知三联书店2006年版。

[88]［美］戴维·哈维:《后现代的状况——对文化变迁之缘起的探究》,阎嘉译,商务印书馆2003年版。

[89]［美］埃里克·尤斯拉纳:《信任的道德基础》,张敦敏译,中国社会科学出版社2006年版。

[90]［美］马克·E.沃伦:《民主与信任》,吴辉译,华夏出版社2004年版。

[91]［美］罗伯特·普特南:《独自打保龄球——美国社区的衰落与

复兴》，刘波等译，北京大学出版社 2011 年版。

［92］［美］劳伦斯·E. 卡洪：《现代性的困境——哲学、文化与反文化》，周宪、许钧译，商务印书馆 2008 年版。

［93］张奎良：《马克思的哲学思想及其当代意义》，黑龙江教育出版社 2001 年版。

［94］衣俊卿：《现代化与日常生活批判》，人民出版社 2005 年版。

［95］丁立群：《哲学·实践与终极关怀》，黑龙江出版社 2000 年版。

［96］赵汀阳：《论可能生活》，生活·读书·新知三联书店 1995 年版。

［97］颜一编：《亚里士多德选集——政治学卷》，中国人民大学出版社 1999 年版。

［98］俞可平：《社群主义》（修订版），中国社会科学出版社 2005 年版。

［99］应奇：《社群主义》，扬智文化事业股份有限公司 1999 年版。

［100］俞可平：《权利政治与公益政治》，社会科学文献出版社 2003 年版。

［101］俞可平：《民主与陀螺》，北京大学出版社 2006 年版。

［102］孙正聿：《属人的世界》，吉林人民出版社 2007 年版。

［103］顾肃：《自由主义基本理念》，中央编译出版社 2005 年版。

［104］应奇：《从自由主义到后自由主义》，生活·读书·新知三联书店 2003 年版。

［105］姚大志：《现代之后——20 世纪晚期西方哲学》，东方出版社 2000 年版。

［106］姚大志：《何谓正义：当代西方政治哲学研究》，人民出版社 2007 年版。

［107］龚群：《罗尔斯政治哲学》，商务印书馆 2006 年版。

［108］江畅：《现代西方价值哲学》，湖北出版社 2003 年版。

［109］张文喜：《自我的建构与解构》，上海人民出版社 2002 年版。

［110］张文喜：《历史唯物主义的政治哲学向度》，江苏人民出版社 2008 年版。

［111］刘军宁等主编：《自由与社群》，《公共论丛》第五辑，三联书

店 1998 年版。

[112] 许纪霖主编：《全球正义与文明对话》，江苏人民出版社 2004 年版。

[113] 许纪霖主编：《共和、社群与公民》，江苏人民出版社 2004 年版。

[114] 许纪霖主编：《公共性与公民观》，江苏人民出版社 2006 年版。

[115] 汪晖、陈燕谷主编：《文化与公共性》，生活·读书·新知三联书店 2005 年版。

[116] 应奇、刘训练编：《公民共和主义》，东方出版社 2006 年版。

[117] 应奇、刘训练编：《共和的黄昏——自由主义、社群主义和共和主义》，吉林出版集团有限责任公司 2007 年版。

[118] 丛日云：《西方政治文化传统》，吉林出版集团有限责任公司 2007 年版。

[119] 丛日云：《在上帝与恺撒之间——基督教二元政治观与近代自由主义》，生活·读书·新知三联书店 2003 年版。

[120] 应奇编：《自由主义中立性及其批评者》，江苏人民出版社 2007 年版。

[121] 许纪霖：《回归公共空间》，江苏人民出版社 2006 年版。

[122] 马德普：《普遍主义的贫困——自由主义政治哲学批判》，人民出版社 2005 年版。

[123] 徐大同：《当代西方政治思潮：20 世纪 70 年代以来》，天津人民出版社 2001 年版。

[124] 李强：《自由主义》，中国社会科学出版社 1998 年版。

[125] 倪梁康：《自识与反思——近现代西方哲学的基本问题》，商务印书馆 2002 年版。

[126] 欧阳英：《走进西方政治哲学——历史、模式与解构》，中央编译出版社 2006 年版。

[127] 张桂林：《西方政治哲学——从古希腊到当代》，中国政法大学出版社 1999 年版。

[128] 徐向东：《自由主义、社会契约与政治辩护》，北京大学出版

社 2005 年版。

[129] 高秉江：《胡塞尔与西方主体主义哲学》，武汉大学出版社 2000 年版。

[130] 周贵莲、丁冬红：《国外康德哲学新论》，求是出版社 1990 年版。

[131] 洪涛：《本原与事变——政治哲学十篇》，上海人民出版社 2009 年版。

[132] 朱新民：《西方后现代哲学——西方民主理论批判》，上海人民出版社 2007 年版。

[133] 周国文：《公民伦理观的历史源流》，中央编译出版社 2008 年版。

[134] 万俊人：《现代性的伦理话语》，黑龙江人民出版社 2002 年版。

[135] 胡真圣：《两种正义观——马克思、罗尔斯正义思想比论》，中国社会科学出版社 2000 年版。

[136] 徐友渔：《重读自由主义及其他》，河南大学出版社 2008 年版。

[137] 罗云力：《西方国家的一种新治理方式——社会民主主义第三条道路研究》，重庆出版社 2003 年版。

[138] 李明辉：《儒家视野下的政治思想》，北京大学出版社 2005 年版。

[139] 刘擎：《悬而未决的时刻——现代性论域中的西方思想》，新星出版社 2006 年版。

[140] 石元康：《当代西方自由主义》，上海三联书店 2000 年版。

[141] 何怀宏：《契约伦理与社会正义——罗尔斯正义论中的历史与理性》，中国人民大学出版社 1993 年版。

[142] 李惠斌、杨雪冬：《社会资本与社会发展》，社会科学文献出版社 2000 年版。

[143] 郑也夫：《信任论》，中国广播电视出版社 2001 年版。

[144] 陈家刚：《危机与未来：福山中国讲演录》，中央编译出版社 2012 年版。

[145] Michael Sandel. *Liberalism and the Limits of Justice*. Cambirdge Press, 1982.

[146] Alisdair MacIntyre. *After Virtue: A Study in Moral Theory*. Duckworth, 1981.

[147] Michael Walzer. *Spheres of Justice: A Defence of Pluralsm and Equality*. Blackwell, 1983.

[148] Charles Taylor, *Philosophy and the Human Sciences: Philosophical Papers*, Vol. II, Cambridge University Press, 1985.

[149] Charles Taylor. *Sources of the Self: The Making of the Modern Identity*. Cambridge University Press, 1989.

[150] Shlomo Avineri and Avner de-Shalit (eds.). *Communitarianism and Individualism*. Oxford University Press, 1992.

[151] Rainer Forst. *Contexts of Justice – Political Philosophy beyond Liberalism and Communitarianism*. University of California Press, 2002.

[152] Richard Sorabji. *Self – Ancient and Modern Insights about Individuality, Life, and Death*. The University of Chicago Press, 2006.

[153] C. F. Delaney (editor), *The liberalism – Communitarianism Debate*, Rowman &Littlefield Publishers, Inc. 1994.